Littérature contemporaine en bibliothèque

Littérature contemporaine en bibliothèque

sous la direction de
Martine Poulain

avec la collaboration de
Marie-Odile André – Colette Bergeal – Annie Béthery
Jacques Chevrier – Benoît Conort – Marie-Charlotte Delmas
Madeleine Deloule – Thierry Ermakoff – Christine Genin
Jean-Claude Utard

et la participation de
Marie-France Eymery

Collection
Bibliothèques

ÉDITIONS
DU CERCLE DE LA LIBRAIRIE

Catalogage Electre-Bibliographie

Littérature contemporaine en bibliothèque / dir. Martine Poulain ;
collab. Marie-Odile André, Colette Bergeal, Annie Béthery et al. –
Paris : Electre-Éditions du Cercle de la Librairie, 2001. – (Bibliothèques)
ISBN 2-7654-0798-3

Rameau :	acquisitions (bibliothèques) : littérature littérature : 20ᵉ siècle : histoire et critique bibliothèques et société
Dewey :	025 : Opérations bibliothéconomiques et documentaires 809.3 : Histoire, analyse, critiques littéraires générales (portant sur plus d'une littérature nationale). Littérature d'une période déterminée
Public concerné :	Professionnel, spécialiste

Sommaire

Bibliothèques, temps et récit

C'est sans doute Paul Ricœur qui, dans son lumineux *Temps et récit*[1], a montré avec le plus de grâce l'importance ontologique de la littérature dans la destinée humaine.

La littérature, essentielle à l'humain

Rappelons modestement quelques-unes de ses analyses et de ses convictions. Le roman, tout comme le récit historique, permettent l'ancrage de l'homme dans le temps.

Ils autorisent une « mise en intrigue » de la destinée humaine, seule apte à permettre aux hommes de se situer dans le monde. Cette « mise en intrigue » s'effectue en diverses étapes, au cours desquelles les hommes, par le récit historique comme par la fiction, se figurent le monde. Si l'auteur, ou l'historien, sont à l'origine de la proposition de mise en intrigue, c'est le lecteur qui rend celle-ci possible, ou active. Par le récit historique comme par la fiction, le langage se fait métaphore. Comme telle, celle-ci suppose et suscite un lecteur invité à se configurer le monde, ce qui l'autorisera plus tard à se refigurer sa propre expérience, « car si le lecteur vit dans le monde irréel de la fable, il est en même temps un être de chair qui est changé par l'acte de lecture[2] ».

Rappelant l'ambition de Proust : « Mais, pour en revenir à moi-même, je pensais plus modestement à mon livre, et ce serait même inexact que de dire en pensant à ceux qui le liraient, à mes lecteurs. Car ils ne seraient pas, selon moi, mes lecteurs, mais les propres lecteurs d'eux-mêmes, mon livre n'étant qu'une sorte de ces verres grossissants comme ceux que tendait à un acheteur l'opticien de Combray ; mon livre, grâce auquel je leur fournirais le moyen de lire en eux-

1. Paul Ricœur, *La Métaphore vive*, Paris, Seuil, 1975 ; *Temps et récit*, 3 volumes, Paris, Seuil, 1983-1985 (rééd. Points-Essais, Seuil, 1991). Paul Ricœur prolonge sa pensée sur ce sujet dans certaines parties de *Soi-même comme un autre*, Paris, Seuil, 1990 (rééd. Points-Essais, Seuil, 1996).
2. Paul Ricœur, *La Critique et la Conviction. Entretien avec François Azouvi et Marc de Launay*, Paris, Calmann-Lévy, 1995 (rééd. Hachette, Pluriel, 2001).

mêmes[1] », Paul Ricœur estime que la littérature autorise ce travail du lecteur, qui, par et grâce à la littérature, réfléchit à sa propre expérience. Les personnages de la fiction sont, pour le lecteur, à la fois identiques à lui-même et différents, et la narration transporte le lecteur dans cet aller et retour incessant entre le semblable et le différent, la « mêmeté » et l'« ipséité » : « dans la fiction littéraire, l'espace de variations ouvert aux rapports entre les deux modalités d'identité est immense[2] ». Le texte de la fiction, tout comme le langage, autorise tout à la fois la distanciation du réel et sa refiguration : « Le langage, pour moi, veut dire le monde parce qu'il l'a d'abord quitté ; il procède ainsi à une espèce de mouvement de reconquête du réel perdu par la conquête première de la signifiance en elle-même et pour elle-même... Le langage littéraire et poétique fonctionne de façon plus subtile, plus détournée, dans la mesure où l'abîme entre le langage et la réalité a été creusé beaucoup plus profondément[3]. » Et c'est dans ce processus de refiguration que se nouent les relations entre littérature et éthique : « La littérature est un vaste laboratoire où sont essayés des estimations, des évaluations, des jugements d'approbation et de condamnation par quoi la narrativité sert de propédeutique à l'éthique[4]. »

Voilà pourquoi la littérature est essentielle à l'homme, voilà pourquoi sa lecture n'est pas une fuite, moins encore un exil, mais un moment essentiel de la construction de l'identité, comme d'une compréhension de l'altérité. Toute lecture est une « migration » provisoire dans le monde du texte, migration pendant laquelle se construit une compréhension et se prépare un retour dans le monde réel.

La littérature, un miroir trouble

La relation entre la société et la littérature, territoire de l'imaginaire sacralisé autant que suspecté, parce qu'incontrôlable, n'en a pas moins été questionnée, voire conflictuelle.

On doit se souvenir que le pouvoir royal fut tenté, au début du XVIIIᵉ siècle, et devant son succès auprès des cercles de lecteurs, d'interdire le genre roman lui-même[5]. Tentative vouée à l'échec bien sûr... Toute statistique sur l'histoire de la censure montrerait d'évidence que la littérature a été bien plus souvent interdite, finalement, que les essais ou ouvrages scientifiques ou politiques. Un tel constat est, en soi, paradoxal. Ce sont pourtant les essais en tout genre qui ont été, dans l'histoire, explicitement porteurs de contestations, d'opinions hérétiques, bien plus

1. Marcel Proust, *À la recherche du temps perdu. Le temps retrouvé*, cité par Paul Ricœur, *La Critique et la Conviction, op. cit.*
2. Paul Ricœur, *Soi-même comme un autre, op. cit.*
3. Paul Ricœur, *La Critique et la Conviction, op. cit.*
4. Paul Ricœur, *Soi-même comme un autre, op. cit.*
5. Françoise Weil, *L'Interdiction du roman et la librairie : 1728-1750*, Paris, Aux Amateurs de livres, 1986 et *Histoire de l'édition française. Le livre conquérant, XVIᵉ-XVIIIᵉ siècles*, sous la direction de Henri-Jean Martin et Roger Chartier, Paris, Promodis, 1983 (réédition Fayard, 1999).

que le roman. Mais on pourrait se demander si les idées de remises en cause sociales n'ont pas été autant portées par *Les Provinciales*, *Les Lettres persanes* ou *Les Confessions* que *Les Pensées*, *L'Esprit des lois* ou *Du contrat social*, écrits par les memes auteurs. L'affrontement des pouvoirs avec des opinions hérétiques (terme employé ici dans un entendement large, qui peut concerner aussi bien les tentatives du pouvoir soviétique d'interdire la publication et la lecture d'*Une journée dans la vie d'Ivan Denissovitch*, d'Alexandre Soljenitsyne, que celle de l'Église mettant à l'index *Madame Bovary*) est direct dans le cas d'un essai contestataire d'un ordre social. Il doit se faire le plus souvent masqué, prenant des voies plus complexes, dans le cas d'une œuvre de fiction. Le procès intenté à l'éditeur POL et à Mathieu Lindon pour le roman de ce dernier *Le Procès de Jean-Marie Le Pen*[1], par l'homme politique du même nom, constitue l'un des meilleurs exemples récents de la difficulté dans laquelle s'est trouvée tant l'accusation que parfois la défense de préciser les frontières poreuses entre œuvre de fiction et œuvre de témoignage.

La crainte de l'imaginaire est immanente aux sociétés. Elle prend des formes diverses, selon le degré de liberté dont ces sociétés se sont dotées, mais elle est portée par toutes les sociétés. Elle est toujours du présent, jamais du passé. Seules ses formes changent.

Bibliothèques et littérature

La littérature a toujours constitué une part majeure de l'offre des bibliothèques. Fondatrice, cette relation entre bibliothèques et littérature n'a jamais été pour autant dénuée de questions. La place de la littérature y a été discutée. Largement accueillie, elle fit pourtant à chaque époque l'objet de réticences de divers types. Comme si, pour évidente qu'elle soit, cette présence n'allait pas, en tout, de soi.

Les bibliothécaires d'Ancien Régime avaient, on le sait, une conception sélective de la bibliothèque. La littérature y avait place de choix, place première, mais le terme même de littérature, dans un processus métonymique qui perdure parfois aujourd'hui, recouvrait en fait l'intégralité de la production imprimée. Tout était littérature, mais tout pour autant n'était pas fiction. La synonymie nouvelle entre littérature et fiction s'imposa avec la croissance du genre roman, auquel les bibliothèques d'Ancien Régime firent un accueil mitigé. Distant (« condescendant »

---

1. Cf. le texte de Paul-Otchakowsky-Laurens, « À mort la littérature », *Le Monde*, nov. 1999. On doit rappeler que ce procès s'est conclu, en juin 2000, par la condamnation de l'éditeur et de l'auteur, après une plaidoirie hautement ambiguë de l'avocat général, qui, commençant son propos, comme tous les procureurs, par une brillante dissertation arguant de son profond respect pour la littérature, a demandé la condamnation des deux prévenus pour diffamation envers le plaignant. On ne peut pas dire, d'autre part, que l'émotion de la communauté intellectuelle se soit manifestée avec virulence à l'annonce de ce verdict. Ce qui ne laisse pas d'étonner... Combien de bibliothèques ont-elles, d'autre part, explicitement promu et recommandé ce livre à leurs lecteurs, en soutien à la liberté d'expression, au moment des poursuites dont il a fait l'objet ? Il aurait été intéressant de le savoir...

dit Claude Jolly[1]) dans la bibliothèque de l'érudit robin, cet accueil fut plus libre et plus curieux dans la bibliothèque choisie de l'honnête homme. Au XIXᵉ siècle, les bibliothèques municipales, dotées de moyens insuffisants, orientent leurs acquisitions avant tout vers l'histoire et la littérature classique. Les sciences exactes, mais aussi la littérature contemporaine, reconnue ou méprisée, en sont les grandes absentes. Eugène Morel dénoncera avec virulence ces « archéologues qui dirigent les bibliothèques et les entraînent vers la pure curiosité historique[2] ». La place et le succès des romans ne fit que croître dans les cabinets de lecture, quand bien même ces derniers accueillaient des romans qui figuraient sur la liste des « ouvrages à supprimer des cabinets de lecture[3] ». Quant aux bibliothèques populaires, que leur projet soit l'émancipation du peuple, ou plus souvent, son contrôle, elles donnèrent à la bibliothèque une mission d'instruction dans laquelle le roman n'avait qu'une place réduite. Elles se méfièrent particulièrement de ce genre, susceptible d'encourager une lecture solitaire et voluptueuse, notamment chez les femmes.

De ces intérêts et de ces méfiances, les bibliothèques publiques du XXᵉ siècle sont nécessairement les héritières. Se construisant contre les modèles précédents, elles en recueillent pourtant quelques croyances.

Le modèle de lecture publique tel que cherchent à le définir en France ses promoteurs au début du siècle s'intéresse avant tout à la lecture comme source d'information. Dans son souci de rapprocher la lecture des lecteurs, il construit une nouvelle représentation de ces derniers comme avant tout guidés par des besoins d'information pragmatique, par le souci d'une lecture intégrée dans la quotidienneté. Refusant la référence exclusive à l'instruction, ces nouvelles tendances disent vouloir favoriser un usage de documentation. Ce faisant, elles partagent avec les modèles qui les ont précédées une réticence vis-à-vis de la littérature quand elle se fait roman. Le premier nom de la section Lecture publique de l'Association des bibliothécaires français à la fin des années 1950 n'a-t-il pas été Section des petites et moyennes bibliothèques à visée éducative ? Les sections jeunesse n'ont-elles pas longtemps cherché à encourager avant tout la lecture de documentaires, en exigeant que les enfants empruntent « deux documentaires pour un roman » ? Plus tard, se méfiant du divertissement, elles ne savent plus très bien quelle place faire à la littérature. Les exemples abondent, qui perdurent encore aujourd'hui, le discours actuel sur la société de l'information pouvant aussi être

---

1. Claude Jolly, « Introduction », *in Histoire des bibliothèques françaises. Les bibliothèques sous l'Ancien Régime, 1530-1789*, sous la direction de Claude Jolly, Paris, Promodis-Éditions du Cercle de la librairie, 1988.
2. Cité dans l'excellent article de Corinne Le Bitouzé et Philippe Vallas : « L'accroissement des collections dans les bibliothèques municipales », *in Histoire des bibliothèques françaises. Les bibliothèques de la Révolution et du XIXᵉ siècle*, sous la direction de Dominique Varry, Paris, Promodis-Éditions du Cercle de la librairie, 1991.
3. Voir encore Françoise Parent, « Les cabinets de lecture », *in Histoire des bibliothèques françaises. Les bibliothèques de la Révolution et du XIXᵉ siècle, op. cit.*

interprété comme une dénégation en actes de l'importance de l'imaginaire dans la structuration des sociétés et des individus qui les composent.

L'incertitude n'a jamais, dit-on, concerné la littérature classique, toujours présente dans les bibliothèques. Mais celle-ci fut pourtant longtemps, est souvent encore spatialement séparée du roman. Jusqu'à une période récente, proche encore une fois, de fait, des choix de l'école, la bibliothèque désigne deux littératures : une littérature classique, bien identifiée, destinée à l'étude ; une autre littérature, appelée roman, aux contours plus indistincts, protéiforme, destinée, de fait, au prêt et au « grand public », nouveau nom des classes populaires. Un grand public qu'il faut encore encadrer, lui qui a toujours tendance à vouloir se divertir. Dans ces espaces destinés aux romans, tous ne sont donc pas acceptés : oui aux Goncourt, non aux Harlequin...

Puis viennent les années 1970 et les bibliothèques, comme les autres institutions éducatives et culturelles réévaluent leur offre à la lumière de nouvelles analyses : celles qui s'interrogent sur les limites de la fréquentation, ou qui critiquent les insuffisances, plus grandes encore, de la démocratisation ; celles qui s'interrogent sur le paradoxe qu'il y a à vouloir accueillir toutes les couches de la population tout en refusant d'offrir les collections dont ces populations sont parfois amatrices, voire ferventes. Les analyses des sociologues, au premier rang desquels Pierre Bourdieu, viennent renforcer ces doutes [1]. Les interrogations sur les usages sociaux de la culture, sur les rapports de pouvoir et de domination dans lesquelles ceux-ci s'intègrent, se multiplient. Est ainsi initié un débat, qui perdure parfois encore, sur les effets de sélection sociale de l'exclusion des « mauvais genres » (policiers, bandes dessinées, science-fiction, romans d'amour, ancienne – Delly – ou nouvelle – Harlequin – manière, et autres best-sellers... [2]). Le débat a d'abord constitué à réinstaurer du classement et de la différence au sein des dits « mauvais genres » : enseignants, critiques, médiateurs et amateurs ont montré depuis qu'il y avait du noble dans tous les genres, et que s'il existait, au plan littéraire, de mauvais titres, il n'y avait pas de mauvais genres... Les mauvais genres ont ainsi été anoblis et sont rentrés, par la petite porte, dans les bibliothèques. On s'est efforcé de ne pas confondre classement des textes et classement des lecteurs. Pour autant, les bibliothèques publiques françaises ont toujours, dans l'ensemble, refusé de se situer, contrairement à une partie de leurs homologues britanniques ou allemandes, dans une logique où l'offre se doit de répondre, sans état d'âme, à la demande – si tant est qu'il existe une demande... Elles ont toujours revendiqué leur rôle culturel et les accuser d'avoir été séduites par un relativisme culturel qui mettrait sur le même plan « une paire de bottes et Shakespeare » et serait à l'origine source de toutes les « défaite(s) de la pensée », fossoyeurs de la culture française, est un mauvais

---

1. Pierre Bourdieu, *La Distinction. Pour une critique sociale du jugement*, Paris, Seuil, 1978.
2. Pour une participation à une sociologie de la lecture et des publics des bibliothèques très marquée par ces analyses, voir Martine Poulain, dir., *Pour une sociologie de la lecture. Lectures et lecteurs dans La France contemporaine*, Paris, Éditions du Cercle de la Librairie, 1988, « Collection Bibliothèques ». Cf. notamment l'article de Patrick Parmentier, « Bons ou mauvais genres : classification des lectures et classement des lecteurs ».

procès[1]. Pour autant, le débat n'est pas simple et l'on peut penser, en effet, que le faible développement de véritables politiques d'acquisition en France, la réticence qu'éprouve ce milieu professionnel à un débat interne dès qu'il risque de se faire divergence, la quasi-inexistence de traditions dans l'évaluation des collections, fragilisent le propos des bibliothécaires français. L'affirmation de la vocation culturelle de la bibliothèque, de son rôle dans le soutien à la création ou, au contraire, la revendication d'ouverture à d'autres critères d'acquisition, tels l'acceptation de la demande même lorsque celle-ci paraît « illégitime » au plan littéraire, devrait, en tout état de cause, s'accompagner de volontés d'examiner précisément l'offre effective de la bibliothèque, pour savoir ce que, au-delà des positions de principe et des discours de la croyance, celle-ci propose réellement.

Plus récemment, les analyses de Michel de Certeau[2] ou les apports des historiens de la lecture ont rendu la question plus complexe encore[3], en soulignant, en même temps que ces impositions, deux libertés : celle des textes et celle des lecteurs. Celle des textes d'abord : opposer une culture aristocratique ou, plus tard, une culture « bourgeoise » à une culture populaire est trop simple. Les textes circulent entre les classes sociales en même temps qu'ils les séparent ; s'ils révèlent et suscitent de la différence, ils créent aussi du partage. La créativité des lecteurs ensuite, ceux-ci étant dans leur lecture, à la fois soumis et libres, dominés et inventifs, rusant dans les interstices du texte avec deux régimes d'imposition : celle de l'auteur, celle de leur histoire de lecteur inégalement habile[4].

C'est dire que cette nouvelle réflexion interdit de poser une relation trop simple, d'adéquation, entre types de textes et types de lecteurs. Tout est aussi dans les manières de lire... Riches de subtilité, refusant les manichéismes trop simples, situant textes et lecteurs dans une dialectique entre créativité et contrainte, ces analyses rendent d'autant plus complexe toute politique de la lecture : que doit être une politique culturelle, si la qualité des textes ou la qualité des lectures et des lecteurs ont des frontières aussi mouvantes ?

---

1. L'un des initiateurs de ce questionnement salutaire a été, aux États-Unis, Allan Bloom, *L'Âme désarmée : essai sur le déclin de la culture générale*, Paris, Julliard, 1987. En France l'inlassable combattant contre une supposée décadence généralisée est Alain Finkelkraut, dont le livre *La Défaite de la pensée*, Gallimard, 1987, est encore aujourd'hui le porteur de toutes ces interrogations. Pour une analyse proche dans le domaine de la lecture, voir Danièle Sallenave, *Le Don des morts*, Gallimard, 1991. Dans le domaine des bibliothèques, Thierry Giappiconi n'a pas de mots assez durs pour fustiger le relativisme culturel censé servir aujourd'hui de seul horizon aux bibliothécaires de lecture publique, fascinés par le seul accroissement de la fréquentation de leur établissement, sans s'interroger plus avant sur la qualité des collections et des services rendus (cf. *Manuel théorique et pratique d'évaluation des bibliothèques et centres de documentation*, Paris, Éditions du Cercle de la Librairie, 2001, « Collection Bibliothèques »).
2. Michel de Certeau, « Lire, un braconnage », *L'Invention du quotidien*, Paris, UGE, 1980, (10/18).
3. Voir notamment les travaux de Roger Chartier ; par exemple, *Les Usages de l'imprimé. Lectures et lecteurs dans la France d'Ancien Régime*, dir. par R. Chartier, Seuil, 1987.
4. Pour autant, le beau texte de Michel de Certeau, qui insiste particulièrement sur les processus de domination à l'œuvre dans la lecture, ne peut absolument pas être lu comme une douce apologie de la liberté des lecteurs, comme a eu tendance à le faire une interprétation « libertaire » de son texte dans le milieu des bibliothécaires. Le braconnage n'est pas vraiment une pratique victorieuse et

La responsabilité des bibliothécaires :
affirmer des choix et accepter le doute

Comment les bibliothécaires peuvent-ils penser dès lors leur politique d'offre ?

Dans la contradiction et dans le doute, seuls ferments créateurs. Mais aussi dans la rigueur. Dans la contradiction : la bibliothèque publique[1] remplit, on l'a beaucoup dit, des missions multiples, éducatives et culturelles, mais aussi d'information, sociales, de loisir. La bibliothèque publique n'a pas le même point de vue sur la constitution de ses collections que la bibliothèque d'étude, loin s'en faut. Elle n'a pas la responsabilité dans la formation des lecteurs qu'ont l'école ou l'université. Toutes les institutions éducatives et culturelles, tous les types de bibliothèque n'ont pas à se donner les mêmes missions, ni le même regard sur leur offre. Sinon, à quoi sert la diversité ? Un choix peut être légitime dans une institution et ne pas se justifier dans une autre. Les acquisitions se situent toujours dans un processus contextuel et il devrait y avoir à la fois de l'éternel et du contextuel dans une politique d'acquisitions. Il revient donc à chaque établissement de définir précisément ses objectifs et de revendiquer clairement ses choix, sans se satisfaire de déclarations vagues, et donc éminemment et à peu de frais, consensuelles. Ce qui ne veut pas dire pour autant que tous les choix sont légitimes.

L'attitude essentielle nous semble être d'accepter dans un même mouvement la certitude et le doute. Toute proposition bibliothèque est une tentative. Tentative de constitution d'une offre et d'invitation à l'usage. Comme telle, elle doit être toujours en question, prête à la remise en cause. Elle se doit d'interroger la manière dont elle constitue ses collections. Elle se doit d'évaluer régulièrement ses collections et leur usage. Non pour faire des statistiques d'usage. Mais pour interroger les tensions fondatrices entre plusieurs objectifs, tous généralement louables.

---

souveraine, comme pourrait le laisser croire toutes les citations tronquées du texte de Michel de Certeau, mais, d'un certain point de vue, la marque d'un désarroi. Rien à voir, donc, avec le « braconneur » tout puissant que mettent en scène parfois les appropriations du texte, fameux maintenant, de Michel de Certeau par les bibliothécaires de lecture publique. Le braconneur valorisé par les discours professionnels, c'est un lecteur souverain qui, comme disait Ernest Coyecque, fait son marché dans la bibliothèque, un marché, qui, si l'on veut filer la métaphore au risque qu'elle devienne lourde, s'appuie sur un important congélateur à domicile, autrement dit sur un capital culturel solide et bien formé par l'école et la famille. C'est un braconneur volontaire, qui, en cela, correspond tout à fait au public idéal mis en scène par le modèle de la lecture publique : il apprécie la richesse des collections, et le libre accès en bibliothèque parce qu'il en connaît les codes et qu'il sait s'en servir ; il peut éventuellement pratiquer une lecture du fragment, parce que chez lui, un fragment fait toujours partie d'un beau puzzle... Le « braconneur » qu'évoquait Michel de Certeau n'a que peu à voir avec ce premier modèle : il braconne, comme tout bon braconnier, parce qu'il n'est pas propriétaire du terrain de chasse, et, pire, qu'il y est peut-être interdit...

1. Mais aussi, aujourd'hui, la bibliothèque d'étude, l'article de Christine Genin dans ce volume le montre.

La responsabilité de la bibliothèque dans le soutien à la diffusion de la création littéraire

Le choix de ce livre est clair. Son propos est d'aider les bibliothèques à mener à bien l'une de leurs missions essentielles : la diffusion de la création littéraire contemporaine.

On peut penser, en effet, qu'un tel soutien ne va pas de soi. Pour plusieurs raisons. Les multiples missions données aux bibliothèques, évoquées plus haut, peuvent avoir brouillé cette responsabilité en matière de promotion des textes les plus novateurs. Connaître et suivre les évolutions de la création littéraire contemporaine n'est pas facile. Celle-ci, c'est son principe même d'être en rupture et de connaître des aléas dans la reconnaissance, ne fait bien sûr pas consensus au moment où elle émerge. Bien au contraire : elle peut aussi être refusée et plus encore, de nos jours, ignorée dans l'océan de la surproduction. La formation des bibliothécaires n'est pas toujours apte à leur donner des armes en ce domaine : ces formations sont traditionnellement essentiellement techniques, et la part donnée au traitement du document est toujours plus importante que celle donnée à la connaissance des contenus. On peut le regretter.

Enfin, une raison sociologique joue son rôle : les bibliothécaires, médiateurs, intermédiaires, appartiennent aux classes moyennes. Qu'ils le veuillent ou non, ils en représentent spontanément les goûts. Une sociologie de la profession pourrait faire apparaître que nous sommes structurellement portés vers des choix moyens, consensuels.

Une place significative doit donc être faite à la littérature contemporaine de création. Objectiver ses goûts relève d'un travail sur soi-même et sur ses conceptions professionnelles qu'il n'est pas toujours aisé de faire. Pour cerner la présence de cette littérature dans les bibliothèques, nous avons interrogé les catalogues en ligne d'une vingtaine d'entre elles, en prenant comme test huit auteurs dont les ouvrages peuvent être considérés comme « de qualité ». Chacun, à la lecture du tableau, pourra critiquer le choix fait. Il n'est qu'un test, rapidement effectué, et ne prétend en rien avoir choisi les meilleurs exemples (Jean Echenoz a eu un prix Goncourt, ce qui a quelque peu changé son statut, Louis-René des Forêts fait déjà partie des écrivains consacrés, même si sa renommée devrait être plus large, trois de ces auteurs publient chez Minuit, deux chez Verdier, etc.). Enfin, ils ne sont pas tous en rupture profonde avec une certaine tradition littéraire. Mais, avec toutes ses limites, ce tableau permettra à chacun d'estimer si les bibliothèques font leur travail de soutien à la connaissance de la littérature contemporaine, de s'interroger sur quelques absences, sur quelques différences, etc.

Dans l'ensemble, ces premières indications peuvent être considérées comme positives, confirmant en cela un test voisin fait par la Direction du livre et de la lecture au moment des débats sur le droit de prêt[1]. Il est rare qu'une bibliothèque

---

1. Note interne, non publiée.

fasse l'impasse sur ces auteurs contemporains, parfois largement proposés aux lecteurs. Peut-être pourrait-on par exemple s'étonner que Louis-René des Forêts, sans doute le plus grand d'entre eux, soit moins présent dans les collections que d'autres auteurs, dont l'œuvre sera moins pérenne. Sans doute la rareté et la discrétion de l'auteur du *Bavard* y sont-elles pour quelque chose... Il conviendrait toutefois que les bibliothèques élargissent et planifient ce type de test, en y incluant bien sûr les statistiques de prêt.

C'est en rendant publique le soutien qu'elles apportent à la création littéraire, avec à l'appui des données concrètes, qu'elles renforceront leur image auprès de ceux-là mêmes, auteurs et éditeurs, qu'elles cherchent à soutenir et à faire lire.

Martine POULAIN
Directrice de Médiadix,
Université Paris-X

Présence de huit écrivains contemporains dans les catalogues de 21 bibliothèques publiques (en nombre d'exemplaires, tous titres confondus)

	Pierre Bergounioux	Georges-Olivier Château-reynaud	Louis-René des Forêts	Jean Echenoz	Christian Gailly	Éric Laurrent	Pierre Michon	Marc Petit
Espaces Libre accès BNF	20	13	15	12	9	5	9	0
Bibliothèque publique d'information	21	10	10	9	0	0	1	0
Arles	10	8	8	8	0	2	9	0
Besançon	7	8	3	16	5	1	7	2
Blois	9	9	1	10	9	2	8	12
Brest	6	11	9	10	7	3	4	2
Caen	6	20	6	9	9	3	8	7
Clermont-Ferrand	6	13	5	9	2	2	7	1
Fresnes	4	7	3	8	0	1	5	2
Gravellines	2	7	0	8	20	2	3	4
Grenoble	15	20	10	10	7	3	8	1
Loudun	1	2	1	8	2	1	4	0
Lyon	22	27	17	11	9	5	13	16
Mantes-la-Jolie	2	4	0	6	2	2	3	1
Nice	16	22	12	11	7	3	7	12
Parthenay	5	9	0	7	2	0	3	3
Reims	7	17	6	10	8	5	5	9
Rennes	11	86	8	40	2	0	10	8
Taverny	3	6	1	6	2	1	3	6
Tours	24	51	13	23	12	4	20	5
Troyes	6	7	3	10	3	1	4	1
Valenciennes	10	12	1	9	5	1	6	3

Qu'est-ce que la littérature ?

Qui oserait trancher aujourd'hui entre ce qui est
littérature et ce qui ne l'est pas, face à la variété
irréductible des écrits qui s'offrent à nous,
dans des perspectives infiniment différentes[1].

Tzvetan TODOROV

Qu'est-ce que la littérature ? Loin de moi la prétention, en reprenant le titre du célèbre essai de Jean-Paul Sartre[2], de vouloir régler ici un débat qui n'a pas fini de faire couler l'encre des théoriciens. Si le domaine littéraire a mis quelques siècles à se structurer, il serait illusoire de croire qu'il est aujourd'hui parfaitement balisé et que le terme « littérature » s'incarne de façon univoque dans une réalité partagée par la communauté des professionnels du livre et des lecteurs. Bien au contraire, la notion de littérature comporte toujours quelques zones un peu floues dans lesquelles s'engouffrent les débats récurrents autour du jugement esthétique des textes, lesquels conduisent parfois à des oppositions sans aucun fondement théorique, telle celle qui distingue, par exemple, littérature et paralittérature ou encore littérature et littérature populaire ou littérature enfantine. Cet article, qui n'a pas l'ambition de clore le débat, se propose simplement de dégager un certain nombre d'éléments susceptibles d'éclairer la construction et la perception de la notion contemporaine de littérature. Je partirai pour cela d'un rappel historique sur l'évolution de la définition du mot « littérature », du XVe siècle à nos jours, afin de démontrer que les extensions et glissements sémantiques de ce terme ont généré des confusions toujours à l'œuvre. Les deux points suivants, lesquels découlent de cette approche sémantique, ont trait, d'une part, à la mouvance historique du domaine littéraire comme ensemble générique et textuel et, d'autre part, aux critères permettant de déterminer ce qui fait d'un texte un texte littéraire.

---

1. Tzvetan Todorov, *La Notion de littérature et autres essais*, Paris, Seuil, « Points », 1987.
2. Jean-Paul Sartre, *Qu'est-ce que la littérature ?*, Paris, Gallimard, 1948.

1. L'évolution sémantique de la notion de littérature

Le mot « littérature » est issu du latin *litteratura* qui signifie « écriture » (Cicéron), « grammaire, art du langage » (Sénèque) ou encore « ensemble de lettres » dans le sens d'alphabet (Tacite). Alain Rey précise qu'« en latin médiéval, *litteratura* définit la langue savante par rapport au "vulgaire", le français[1] ».

De cette distinction (du savant et du vulgaire), naîtra une première définition de la littérature. En effet, au début du XVe siècle, le terme « littérature » est employé pour qualifier la culture générale, l'érudition, laissant à l'expression « Lettres » ou « Belles Lettres » le soin d'englober un ensemble de discours. Il ne faut toutefois pas se méprendre sur le champ que recouvrent ces termes à cette époque. L'*Essai d'un dictionnaire universel* de Furetière (publié en 1690) qui présente toujours la littérature comme « doctrine, connaissance profonde des lettres » précise à l'article « Lettres » : « Se dit aussi des sciences. » Et quelques lignes plus loin, il écrit « On appelle les Lettres humaines, et abusivement les Belles Lettres, la connaissance des poëtes et des orateurs ; au lieu que les vrayes belles Lettres sont la Physique, la Géométrie et les Sciences Solides. »

Cette précision témoigne de l'évolution de l'emploi de « Belles Lettres ». Bien que Furetière désapprouve le nouvel usage de ce terme, celui-ci commence à se spécialiser pour désigner une partie du domaine de l'érudition, de la connaissance (c'est-à-dire de la « littérature ») par l'exclusion des sciences dites « dures ». Si Furetière ajoute aux définitions de « Lettres », « Se dit aussi de plusieurs livres et de leurs titres », les exemples qu'il fournit prouvent qu'il décrit uniquement l'ensemble des écrits et commentaires d'un auteur en tant que forme d'expression et d'érudition.

La spécialisation du domaine des « Belles Lettres » sera validée par de Jaucourt en 1765 dans l'*Encyclopédie*. Si ce dernier donne encore comme définition de la littérature « Terme général, qui désigne l'érudition, la connaissance des Belles-Lettres et des matières qui y ont rapport », il limite désormais les « Lettres » à « La Grammaire, l'Éloquence, la Poésie, l'Histoire, la Critique, en un mot, toutes les parties de la Littérature... ».

En 1800, dans le discours préliminaire de son ouvrage *De la littérature*[2] *considérée dans ses rapports avec les institutions sociales*, Madame de Staël va rapprocher le terme « littérature » de son usage moderne :

> [...] il est nécessaire de retracer l'importance de la littérature considérée dans son acception la plus étendue : c'est-à-dire renfermant en elle les écrits philosophiques et les ouvrages d'imagination, tout ce qui concerne enfin l'exercice de la pensée dans les écrits, les sciences physiques exceptées.

1. Alain Rey, « Littérature » dans Jean-Pierre de Beaumarchais, Daniel Couty et Alain Rey, *Dictionnaire des littératures de langue française*, Paris, Bordas, 1987.
2. Germaine de Staël, *De la Littérature*, éd. établie par Gérard Gengembre et Jean Goldzing, Paris, Flammarion, 1991.

Nous assistons donc à un double mouvement. D'un côté, le domaine des « Belles Lettres » se spécialise ; de l'autre, « Littérature » se substitue à « Belles Lettres » et sa définition passe de la connaissance d'un ensemble d'écrits aux productions elles-mêmes.

Ce nouvel usage du mot « littérature » va se fixer au XIXᵉ siècle, comme en témoigne le *Dictionnaire de la langue française* de Littré. Si l'auteur donne comme sens premier à « littérature », « Connaissance des belles lettres », emploi encore usité à cette époque, le deuxième sens de ce terme devient « L'ensemble de productions littéraires d'une nation, d'un pays, d'une époque ». Cette extension du terme « littérature » est liée au développement de la production et de l'édition dans ce domaine ainsi qu'a celui des études historiques qui l'accompagnent. En effet, le XIXᵉ siècle est celui des « histoires nationales » de la littérature comme en témoignent les ouvrages de Sainte-Beuve[1], Désiré Nisard[2], Hippolyte Taine[3] ou encore Gustave Lanson[4]. Ces histoires nationales présentent de façon chrono-logique une sélection d'auteurs et maintiennent, par le fait, un jugement de valeur fondé sur des critères notionnels divers selon le point de vue choisi (esthétique, caractère moral des œuvres, qualités personnelles des écrivains...). La critique s'articule essentiellement autour de l'étude des œuvres d'un auteur, que celles-ci soient liées à ce dernier et à ses influences, de façon plutôt subjective (Sainte-Beuve), ou qu'elles se placent dans une dimension positiviste, revendiquant une approche plus scientifique et plus « objectivée » des textes (Taine).

Ce n'est qu'au XXᵉ siècle que la critique, puis la poétique, vont aborder la notion de littérature de façon plus théorique. Le développement des sciences humaines (psychanalyse, sociologie, linguistique, sémiologie...) va, en effet, générer des pistes de recherche nouvelles. Avec les formalistes russes, dont les textes publiés dès 1916 ne seront traduits et diffusés en France qu'en 1965, on assiste à un rejet des histoires littéraires liées à l'étude contextuelle des œuvres, y compris dans leur déclinaison marxiste. Le texte est considéré comme un objet clos qu'il convient d'analyser d'un point de vue linguistique. Il s'agit désormais de distinguer ce qui, au sein des différentes pratiques verbales, différencie le discours littéraire des autres discours, c'est-à-dire de déceler ce que Jakobson a baptisé la littérarité. « L'objet de la science littéraire n'est pas la littérature, mais la "littérarité", c'est-à-dire ce qui fait d'une œuvre donnée une œuvre littéraire[5]. »

Cette conception de l'étude des textes littéraires va s'incarner dans les nouvelles significations du mot « littérature ». En effet, la consultation des dictionnaires contemporains nous apprend que les emplois de « littérature » ont poursuivi leur

---

1. Charles-Augustin Sainte-Beuve, *Tableau historique et critique de la poésie française et du théâtre français au XVIᵉ siècle*, 1828.
2. Désiré Nisard, *Histoire de la littérature française*, 1844.
3. Hippolyte Taine, *Histoire de la littérature anglaise*, 1864-1869.
4. Gustave Lanson, *Histoire de la littérature française*, 1894, Paris, Hachette littératures, 1967.
5. Roman Jakobson, « La Poésie moderne russe, esquisse I, Prague 1921 » dans les textes des formalistes russes réunis, présentés et traduits par Tzvetan Todorov, *Théorie de la Littérature*, Paris, Seuil, « Tel Quel », 1965.

évolution. Le vieux sens d'érudition, déclaré « vieilli », n'est plus en usage et les deux sens qui dominent désormais créent un véritable paradoxe. D'une part, la littérature se voit définie comme « l'usage esthétique du langage » ce qui la limite de manière formelle ; d'autre part, comme « ensemble des productions intellectuelles qui se lisent, qui s'écoutent », ce qui en élargit le domaine. La littérature apparaît donc tout à la fois comme une forme spécifique, un art du langage (ce qui sépare tout à la fois l'art littéraire des autres formes d'art[1] et le langage littéraire des autres formes de langages) et des ensembles de productions intellectuelles (on parle de littératures musicale, orale, scientifique...). Comme le souligne Robert Escarpit dans *Le Littéraire et le Social*[2] : « [...] la hiérarchie de référence est fondée soit sur les valeurs de l'esprit, soit sur les valeurs de l'art ». L'auteur ajoute :

> Les contemporains n'ont d'ailleurs pas tellement conscience de ce dualisme, et les malentendus, les quiproquos qui se produisent alors gêneront désormais l'étude de la création littéraire et en obscurciront la compréhension. C'est de là que naîtra la malencontreuse distinction du fond et de la forme qui est la plaie des études littéraires.

De fait, la définition contemporaine de la notion de littérature nous conduit à reconsidérer la question-titre de cet article sous deux angles différents, lesquels ne sont dissociables que pour le besoin de l'analyse. D'une part, qu'est-ce que la littérature en tant que domaine culturel ? c'est-à-dire de quels textes se compose la littérature de façon transhistorique ? ; d'autre part, qu'est-ce que la littérature en tant que forme spécifique du langage ?

2. La littérature en tant que domaine culturel

À partir du moment où le terme « littérature » renvoie à un ensemble de textes, le problème va consister à déterminer son corpus et sa structure. S'il est composé de textes, le domaine littéraire est également structuré par un certain nombre de classes génériques et va donc se trouver limité, à chaque époque, aux genres qu'il inclut. Ainsi que le souligne Jean-Marie Schaeffer :

> [...] la littérature n'est pas une notion immuable. Il s'agit non pas d'une classe unique de textes fondée sur des critères constants, mais d'un agrégat de classes fondées sur des notions diverses, ces classes étant le précipité actuel de toute une

---

1. Cette séparation nous renvoie à l'esthétique comparée. Dans *Vocabulaire de l'esthétique*, Paris, PUF, « Quadrige », 1999, Étienne Souriau donne la définition suivante : « La littérature se définit par l'emploi du langage articulé comme matériau de l'œuvre d'art. » Il précise que même si l'étymologie (*littera*, caractère d'alphabet) met l'accent sur l'écrit, il s'agit là d'une réduction qui ne tient pas compte de l'importance de la littérature orale.
2. Robert Escarpit, « Le littéraire et le social » dans Robert Escarpit (dir.), *Le Littéraire et le social, éléments pour une sociologie de la littérature*, Paris, Flammarion, « Sciences de l'homme », 1970.

série de réaménagements historiques obéissant à des stratégies et des critères notionnels divers[1].

Ainsi, l'auteur regroupe sous l'appellation « littérature », non pas des textes
individuels, rassemblés en fonction de critères esthétiques, mais des formes d'expression (la poésie – qui englobe à cette époque le théâtre ou drame poétique,
l'éloquence – qui recouvre les discours en prose) et des domaines du savoir,
comme l'histoire ou la philosophie. Les textes appartenant à ce corpus n'ont en
commun ni un style (versification ou prose) ni une relation au « réel » – même si
Madame de Staël établit au sein de la littérature une différence entre l'imagination
(fiction) et la pensée.

Au XIXᵉ siècle, les histoires nationales de la littérature, qui tendent à déterminer
l'essence d'une époque, voire d'une nation, incluent toujours dans leur corpus
l'histoire, l'éloquence, les essais politiques ou religieux. Il en va d'ailleurs encore
de même pour les manuels de littérature publiés de nos jours. Ces ouvrages, qui
découpent la littérature par siècle et sont destinés à servir de supports à l'enseignement, se situent dans une perspective historique et ne peuvent faire l'économie
des auteurs reconnus par leurs prédécesseurs. C'est ainsi que l'on continue d'y
présenter Guizot, Alexis de Tocqueville ou Michelet.

La littérature, en tant qu'ensemble de textes et domaine culturel, se présente
comme un système dynamique, mû par une recomposition permanente : recomposition historique de sa structure au fur et à mesure de son autonomisation par
le rejet ou la naissance de genres nouveaux, recomposition à l'intérieur des genres
par l'arrivée et la dérive de certains textes qui, situés dans un premier temps à la
limite d'une classe, finissent par en créer une autre ; ou, à l'opposé, la raréfaction
de la production peut conduire au rassemblement de certains genres sous un genre
fédérateur.

Si l'on peut considérer que la fiction (théâtre, roman) et la poésie se classent
sans ambiguïté en littérature (encore qu'il soit parfois difficile de déterminer le
degré fictionnel de certains textes), il n'en va pas nécessairement de même pour
les essais, les discours, la correspondance et divers autres écrits (mémoires, récits
de voyages, écrits intimes...) pour lesquels il est parfois difficile de déterminer la
place. Certains de ces textes, privés ou publics, destinés ou pas par leurs auteurs
à être publiés, peuvent néanmoins être amenés à rejoindre la grande famille des
œuvres littéraires. Là encore, peu importe la forme du texte et son mode de relation
au réel. Nous en déduisons donc que, quelle que soit la fonction initiale d'un texte
(informer, traduire, communiquer des sentiments ou un vécu...), la fonction littéraire peut la remplacer sur simple décision ou reconnaissance de certains récep-
teurs, lesquels sont habilités, au sein du domaine littéraire, à émettre un jugement
et à déterminer les critères classificatoires de la littérature. Reprenant en partie la

---

1. Jean-Marie Schaeffer, *Qu'est-ce qu'un genre littéraire ?*, Paris, Seuil, « Poétique », 1989.

définition de Georges Dickie[1] pour l'œuvre d'art, nous dirons qu'il s'agit de « personnes agissant au nom d'une certaine institution sociale » (pour nous, le monde des Lettres, au sens large) qui confèrent au texte « le statut de candidat à l'appréciation ». Mais, pour l'auteur de l'article « Définir l'art », « le statut de candidat à l'appréciation n'exige pas que l'œuvre soit effectivement appréciée », mais simplement « valable », c'est-à-dire capable de figurer dans le domaine littéraire, dont elle incarne l'un des genres. Or, il se trouve que cette « appréciation » s'est doublée (et se double encore) d'un jugement de valeur au sein duquel cohabitent des critères esthétiques, qui évoluent d'une époque à l'autre, et des jugements sociaux aussi divers que contradictoires. Pour reprendre les termes d'Eva Kushner, la construction du domaine littéraire :

> implique une sélection parmi les textes, sur la base de critères esthétiques, ou encore moraux, religieux, politiques, évoluant d'une manière générale entre l'histoire des formes (y compris celle des genres, bien que celle-ci, de son côté, oscille entre les préoccupations formelles et pragmatiques) et celle des idées et des mentalités[2]...

Rappelons-nous que le roman, dont le terme reste longtemps encore attaché aux romans héroïques et galants de la période baroque, très vite démodés, a du mal à s'imposer en tant que genre littéraire et sera encore discuté et méprisé pendant les deux premiers tiers du XVIIIᵉ siècle. Les auteurs eux-mêmes choisissent le plus souvent l'anonymat et intitulent leurs fictions *Mémoires*, *Voyages*... Même si certains nobles ou bourgeois avouent se divertir par la lecture de romans, voire même par le biais des livrets de la Bibliothèque Bleue, il ne s'agit à leurs yeux que d'un genre frivole que l'on ne peut sérieusement ranger dans le domaine des « Belles Lettres ».

Plus près de nous, cette attitude a conduit à l'apparition de concepts particulièrement confus autour de textes ou de genres considérés comme marginaux ou mineurs et que l'on a regroupés sous l'appellation « littérature de masse » ou qualifiés de « paralittérature » ou de « littérature marginale »[3]. Comme le souligne Alain Rey[4], ces concepts « dont on abuse, manifestent une résistance des jugements de valeur conventionnels devant des phénomènes sociaux inévitables, et gênants pour le maintien de ces jugements ».

---

1. Georges Dickie, « Définir l'art » dans les textes réunis et présentés par Gérard Genette, *Esthétique et Poétique*, Paris, Seuil, « Points essais », 1992.
2. Eva Kushner, « Articulation historique de la littérature » dans Marc Angenot, Jean Bessière (dir.) *Théorie littéraire, problèmes et perspectives*, Paris, PUF, « Fondamental », 1989.
3. « Le phénomène lexical est récent – vers 1940-1950 – et significatif d'une réaction de défense de la *doxa* quant aux systèmes de valeur. Ce qui montre, s'il en était encore besoin, que les spécifications objectives, les taxinomies génériques, culturelles, etc, sont parasitées par des hiérarchies dont les critères (jugements de valeur) sont souvent niés, et le plus souvent implicites. » Alain Rey, *op. cit.*
4. *Ibid.*

Ces quelques exemples démontrent, s'il en était besoin, que la littérature est un domaine particulièrement difficile à circonscrire dans la mesure où ses frontières, celles des genres qui le structurent, mais aussi les discours idéologiques qui président à l'introduction ou au rejet de certains textes, sont en perpétuelle évolution.

Sur les rayonnages d'une bibliothèque publique, le domaine littéraire se trouve formalisé au travers de la classification employée, laquelle fait sens par ce qu'elle inclut ou exclut de la classe « littérature ». J'évoquerai, à titre d'exemple, la classification décimale de Melvil Dewey. L'auteur rassemble, en les distinguant, « Littérature et rhétorique » dans la classe 800 et renvoie en 400 l'étude de langue et de ses applications non littéraires (ce qui n'est pas le cas de Brunet[1]). Nous retrouverons donc en littérature les textes appartenant aux genres canoniques de ce domaine, écrits à des fins littéraires, et ce, quel que soit leur degré de littérarité. De fait, cette classification n'établit aucun jugement de valeur vis-à-vis des textes de fiction et les romans dits « de gare » ne font l'objet d'aucune ségrégation particulière. Par contre, la littérature populaire (récits et contes) se voit renvoyée en folklore (398.2), bien que l'art de conter et de réciter soit inclus dans la partie rhétorique de la classe 800. D'un côté, la littérature orale est explicitement présentée comme un genre littéraire ; de l'autre, ses productions sont exclues de la classe Littérature. Dewey renvoie aussi dans les autres classes tous les textes dont la fonction n'est pas spécifiquement littéraire, à l'exclusion toutefois des textes classiques dont le caractère universel et ancien permet de transcender la fonction. Ainsi, le journal d'un historien ou d'un témoin de l'histoire pourra soit être considéré pour sa valeur historique (et classé en Histoire), quelles que soient ses « qualités » littéraires, soit passer au panthéon de la littérature. Il en va de même pour les voyages littéraires pour lesquels il faudra trancher entre valeur poétique ou valeur géographique. Reprenant la logique classificatoire qui est la sienne pour l'ensemble des domaines, Dewey inclut dans la littérature les études métalittéraires touchant aux textes, à leurs auteurs, à l'histoire ou à la théorie de la littérature.

Par ailleurs, devant l'explosion du genre romanesque, l'usage a conduit à une autonomisation des romans. Généralement, les romans « classiques » disposant d'un appareil critique restent dans la classe 800 tandis que les autres se retrouvent classés à part par ordre alphabétique d'auteurs, puis de titres. D'un côté, sont les valeurs sûres de la « L »ittérature, les œuvres reconnues par l'institution, en particulier par l'institution scolaire, dont les préfaces et commentaires érudits rapprochent la littérature de sa première définition ; de l'autre, se trouve rassemblé un important ensemble de textes au sein duquel se mélangent les non-canonisés et ceux parmi lesquels certains le seront peut-être un jour. Il va de soi que cette

---

1. Jean-Charles Brunet, *Manuel du libraire et de l'amateur de livres* (1re édition, 1810). Brunet propose le classement suivant : I. Linguistique (étude des langues et leurs grammaires) ; II. Rhétorique (rhéteurs et orateurs) ; III. Poésie (y compris la poésie dramatique) ; IV. Fiction et prose (ouvrages classés par langue) ; V. Philologie ; VI. Dialogues et entretiens ; VII. Épistolaires ; VIII. Polygraphes ; IX. Collections d'ouvrages et d'extraits de différents auteurs, recueils de pièces, mélanges.

scission, motivée, dit-on, par des raisons d'ordre pratique, est elle aussi porteuse de sens.

Que ce soit dans le monde des lettres ou dans celui des bibliothèques, tout choix classificatoire met en jeu une dimension idéologique. Si toute classification du domaine littéraire est forcément arbitraire, elle n'en contribue pas moins à ancrer une certaine vision de la littérature ou/et à brouiller les repères d'un public pour lequel l'apprentissage et l'usage collectif sont parfois bien différents.

3. Littérature et littérarité

Si décider du statut littéraire d'un texte consiste à inclure et à classer ce texte dans l'un des genres et sous-genres reconnus comme littéraires ou appartenant à la littérature d'une époque, c'est aussi reconnaître que ce texte est doté d'éléments attestant de sa littérarité.

Dans son ouvrage *Fiction et Diction*[1], Gérard Genette aborde la littérarité sous un angle nouveau et particulièrement intéressant dans le cadre de cette réflexion. Partant de l'interrogation suivante, « Qu'est-ce qui fait d'un texte oral ou écrit, une œuvre d'art ? », l'auteur remarque qu'il y a deux façons d'entendre cette question.

– « Quels sont les textes qui sont des œuvres ? » (dans la mesure où on admet comme acquise et universelle la littérarité de certains textes). Genette nomme la théorie qui sous-tend cette interprétation « constitutiviste » ou « essentialiste » de la littérarité.

– « À quelles conditions ou dans quelles circonstances un texte peut-il, sans modification interne, devenir une œuvre ? » (ou cesser d'être une œuvre). Il s'agit ici pour l'auteur de la théorie « conditionnaliste ».

Pour la théorie essentialiste, certains textes sont littéraires par essence. Genette distingue deux critères historiques de la littérarité essentialiste : la forme du texte et/ou son thème.

La poétique essentialiste thématique fut longtemps fondée sur la pensée d'Aristote, pour lequel la littérature se définit par l'utilisation du langage à des fins de création (*poièsis*). Mais, pour le philosophe, cette création ne peut être prise en compte que si elle se met au service de la « mimésis », c'est-à-dire de l'imitation, de la fiction. En d'autres termes, ce qui caractérise le « poète » c'est qu'il utilise le langage non pas pour décrire une réalité mais pour la feindre et la recréer. Peu importe qu'un traité sur un sujet quelconque soit écrit en vers. Ce n'est pas sa forme qui déterminera son introduction dans le domaine poétique. La frontière se situe entre le fictionnel et le non-fictionnel. La littérature (ou la poésie pour Aristote) se caractérise par sa fonction narrative. Nombre de théoriciens et, au-delà, ce que l'on nomme le « grand public », adhèrent à cette thèse, faisant de la fiction l'essentiel de la littérature. Ce critère a le grand mérite d'être simple et fermé. Il

---

1. Gérard Genette, *Fiction et diction*, Paris, Seuil, « Poétique », 1991.

n'implique pas de différence entre littérature et paralittérature. Par contre, de par sa clôture, cette théorie a l'inconvénient de ne pas prendre en compte certains genres, comme la poésie lyrique ou satirique, par exemple, qui sortent du domaine de la fiction pure.

Le deuxième critère qui découpe le champ de la théorie essentialiste est celui de la forme. Pour les tenants de cette théorie, à laquelle adhèrent les formalistes russes, la littérarité passe par une utilisation poétique de la langue en tant que matériau. Le langage poétique se différencie du langage « ordinaire ». La forme du texte devient donc un critère qui transcende la notion de fictionnalité. Mais si l'on peut parler ici de forme ou d'utilisation esthétique du langage, cela n'implique *a priori* aucun jugement de valeur. Un texte est littéraire dans la mesure où le message qu'il véhicule n'est pas destiné à communiquer des informations de type utilitaire. C'est l'agencement, la succession, la combinaison des mots et des phrases qui, joints au caractère désintéressé (c'est-à-dire sans but pratique) du texte, vont déterminer sa littérarité. Dans son article « Linguistique et poétique », Jakobson insiste sur l'objectivité nécessaire à l'analyse poétique :

> La confusion terminologique des « études littéraires » avec la « critique » pousse le spécialiste de la littérature à se poser en censeur, à remplacer par un verdict subjectif la description des beautés intrinsèques de l'œuvre littéraire. La dénomination de « critique littéraire » appliquée à un savant étudiant la littérature est aussi erronée que le serait celle de « critique grammatical (ou lexical) » appliquée à un linguiste.

À la fonction narrative de la littérature prônée par Aristote et ses disciples, s'oppose ici la fonction poétique mise en évidence par Jakobson qui notait par ailleurs que « la frontière qui sépare l'œuvre poétique de ce qui n'est pas œuvre poétique est plus instable que la frontière des territoires administratifs de la Chine[1] ».

Mais, comme le remarque Gérard Genette, si les deux définitions de la littérarité essentialiste (contenu fictionnel et forme poétique) sont susceptibles de se compléter, elles ne parviennent pas à recouvrir l'ensemble du champ littéraire. Par leur caractère fermé, elles excluent certains genres « historiques » de la littérature (éloquence, essais, histoire, voyages...) ou certains textes singuliers appelés à y entrer.

L'ouverture que propose la théorie conditionnaliste va permettre de combler ces lacunes. Elle consiste à considérer qu'un texte appartient à la littérature en fonction de critères esthétiques liés à un jugement de goût individuel. Tel texte provoque en moi une émotion esthétique (au sens grec de ce terme, c'est-à-dire qui affecte mes sens) et je décide qu'il remplit les conditions de littérarité nécessaires pour être considéré comme un texte littéraire. Peu importe qu'il s'agisse d'une page d'histoire, d'un discours, d'une correspondance ou d'une recette de cuisine. Il va de soi que si j'appartiens à l'institution littéraire, mon jugement peut

---

1. Roman Jakobson, *Questions de poétique*, Paris, Seuil, « Poétique », 1973.

faire autorité. Cette position ne pose aucun problème tant qu'il s'agit de donner à des textes un statut littéraire. Par contre, il en va tout autrement, si, en inversant ce principe, je dévalorise certains textes, c'est-à-dire si je nie leur prétention à appartenir à la littérature. Et c'est bien ici qu'une certaine vision élitiste de la littérature trouve sa source. Si la théorie conditionnaliste permet à tout texte quel qu'il soit d'être crédité d'une fonction esthétique, elle va également engendrer des rejets. C'est ainsi que certains genres ou textes à vocation commerciale[1] vont se trouver exclus et enfermés dans des appellations du type « littérature de masse » ou « paralittérature ». La Littérature avec un « L » renoue avec l'ancienne « noblesse » de sa première définition, tandis que la littérature (avec un « l ») généralement suivie d'un qualificatif (littérature populaire, littérature enfantine...) reprend le sens d'ensemble d'écrits.

Par contre, la littérarité conditionnaliste ne peut pas se permettre d'évacuer totalement le critère formel de la littérarité essentialiste, du moins en ce qui concerne certains genres classiques. On peut apprécier ou pas les qualités esthétiques d'un recueil de poésies, il n'en reste pas moins que, de par sa forme, la poésie appartient historiquement à la « L »ittérature.

Il existe plusieurs façons de répondre à la question « Qu'est-ce que la littérature ? » mais aucune n'est satisfaisante à elle seule. Il faut donc admettre qu'il ne peut y avoir qu'une réponse plurielle et pluraliste, au risque de laisser sur le terrain des critères essentiels de la littérarité. Cela permet de déclarer la validité d'un texte en tant que texte littéraire, sans augurer de sa « qualité », sans poser sur lui un jugement de valeur subjectif.

Du côté des bibliothèques, la question de la littérarité va intervenir à un autre niveau par le biais du choix de livres. Choisir, c'est opérer une sélection en fonction de certains critères. Le regard du bibliothécaire n'est pas le même quant à l'analyse d'un ouvrage de fiction ou d'un documentaire. Rares, je pense, sont les professionnels qui se contentent de sélectionner un ouvrage d'histoire ou de mathématiques sur ses qualités stylistiques. L'exactitude des données et leur intérêt demeurent des critères essentiels et si le style d'un document est pris en compte, c'est surtout du point de vue de sa lisibilité et non de son originalité ou de sa richesse. Le domaine littéraire et, en particulier, celui de la fiction, est sûrement celui pour lequel les critères de sélection restent les plus flous et les plus implicites.

La politique d'acquisition d'une bibliothèque publique en matière de littérature (comme dans d'autres domaines) se situe à la croisée de deux axes. D'une part, un axe historique ou diachronique : la collection doit rendre compte de l'histoire de la littérature et des œuvres qui l'incarnent. D'autre part, un axe horizontal ou

---

1. « Une opinion assez couramment répandue tend à reconnaître à la "paralittérature" plus volontiers qu'à toute autre production textuelle son caractère d'objet commercial. Née avec la révolution industrielle, la paralittérature avait pour vocation de se vendre en grande quantité. Qu'elle fut accessible au client potentiel présupposait qu'elle acquît progressivement une identité matérielle, visuelle, parfaitement reconnaissable, repérable. De cette vocation marchande, commerciale – "industrielle" écrira Sainte-Beuve – procède notamment l'invention des séries ou des collections. » Daniel Couégnas, *Introduction à la paralittérature*, Paris, Seuil, « Poétique », 1992.

synchronique : la collection doit présenter un panorama de la production en terme de littérature contemporaine. De plus, elle doit répondre aux attentes de toutes les catégories de lecteurs quelle que soit leur spécificité. Enfin, le choix de livres se trouve lié à une production éditoriale qui, en matière de littérature, se caractérise par son importance et sa diversité, ce qui implique une question de choix, donc de jugement sur les textes proposés.

Les critères de sélection ne s'appliquent pas de façon uniforme à l'ensemble des textes. En ce qui concerne la littérature du passé, la sélection, du moins du point de vue intellectuel et culturel, paraît relativement simple. La validation d'un texte par des générations de lecteurs ou, à tout le moins, par l'institution littéraire, n'autorise pas le bibliothécaire à le remettre en cause. Que nous apprécions ou pas (ou plus) l'esthétique de certains textes classiques, leur littérarité est devenue incontestable. Nous ne portons pas le même regard sur le texte d'un auteur contemporain inconnu, que sur les textes d'auteurs sacralisés par l'institution littéraire et notre mode de sélection ne sera pas motivé par les mêmes critères. En outre, la sélection des romans s'opérant le plus souvent par le biais des critiques, le professionnel aura tendance à emboîter le pas des spécialistes et par là même à épouser leur conception de la littérature et de la littérarité (même s'il paraît très difficile de laisser de côté certains titres bénéficiant d'une importante promotion commerciale susceptible de créer une demande de la part du public).

Face aux problèmes engendrés par le choix de livres en termes de littérature et, plus particulièrement, de romans, la pratique des bibliothécaires oscille entre deux attitudes. La question qui sous-tend ces attitudes peut se résumer à : doit-on ou ne doit-on pas privilégier les textes pourvus d'une certaine dignité, à savoir ceux qui répondent aux critères « qualitatifs » de la littérarité ?

Au XIXe siècle, les progrès de l'alphabétisation, l'avancée des techniques de l'imprimerie et le développement de l'édition mettent le livre à la portée d'un public plus large et plus nombreux. Le roman devient ainsi le genre le plus édité et le plus lu[1]. C'est pourquoi, dans la seconde moitié du XIXe siècle, on s'inquiète dans les bibliothèques populaires de l'importance du prêt de romans que l'on présente comme des appâts du public. Il y a de la part des prescripteurs, qu'ils soient confessionnels ou laïcs, une volonté d'éducation qui conduit à considérer le livre comme un objet essentiel (parfois dangereux) dont il est nécessaire de contrôler le contenu pour tous ceux qui ne disposent pas d'une culture suffisante.

Pour choisir un autre exemple plus proche de nous, je reviendrai sur un débat qui secoua en son temps les sections enfantines et qui n'est pas totalement absent des sections adultes. Il concernait les romans classiques et consistait à déterminer s'il fallait donner aux enfants des versions intégrales ou des adaptations. Nombre

---

1. « Au début du XIXe siècle, les romans étaient rarement publiés à plus de 1 000 ou 1 500 exemplaires. Dans les années 1840, les tirages de 5 000 exemplaires devinrent davantage courants et, à partir des années 1870, les éditions les moins chères de Jules Verne sortirent à 30 000 exemplaires. » Martin Lyons, « Le XIXe siècle et la naissance d'un nouveau public » in *Grand Atlas des Littératures*, *Encyclopædia Universalis*, 1990.

de bibliothécaires jeunesse défendirent les traductions intégrales montrant clairement par là même l'importance qu'elles accordaient aux critères de style et de
structure narrative. Pourtant, ayant travaillé pendant des années sur les modes
d'existence des œuvres littéraires, j'ai eu l'occasion de constater que nombre
d'entre elles ne seraient pas parvenues jusqu'à nous sans leurs adaptations. C'est
le cas par exemple de *Robinson Crusoé* de Daniel Defoe qui ne doit sa survie
qu'aux adaptations, faites d'amputations et de transformations importantes, dont
il a été l'objet[1]. Au-delà de sa forme et de son style, le roman possède une identité
sémantique, ce à quoi peut se résumer l'histoire. Pour les œuvres classiques en
particulier, ces histoires constituent un patrimoine culturel commun et leur connaissance est primordiale pour accéder au jeu littéraire. En effet, comment comprendre
le détournement d'une histoire que l'on ne connaît pas, comment apprécier le
second degré de la lecture de *Vendredi* ou *la vie sauvage* (ou de *Vendredi ou les
limbes du Pacifique*) de Michel Tournier si l'on ne connaît pas l'histoire de
Robinson Crusoé (sous quelque forme que ce soit). Aujourd'hui, les études réalisées sur la lecture et ses pratiques ont mis en avant le lecteur lui-même. Nous
ne pouvons plus ignorer que toute réception est résolument singulière. Éducation
esthétique, morale, sociale, divertissement, éveil psychologique, aide à l'apprentissage ou au réapprentissage de la lecture... qui peut savoir au bout du compte
l'apport d'un roman sur tel ou tel individu ? Et d'ailleurs, de quel droit jugerions-
nous cet apport ? Là où l'un va s'émouvoir de la richesse stylistique d'un texte,
l'autre en sera rebuté. Telle histoire, jugée par les uns sans intérêt, est susceptible
de trouver un écho chez les autres. La pauvreté d'une structure narrative peut
offusquer certains lecteurs, mais en rassurer d'autres dont le niveau de familiarité
avec le texte de fiction, ou les capacités de lecture, sont plus faibles. C'est pourquoi, il me semble qu'une collection de littérature doit, tout à la fois, être repré-
sentative de la dimension esthétique des textes et adhérer aux attentes, aux besoins,
aux désirs d'un lectorat pour lequel la fiction n'est pas forcément (ou seulement)
liée à des valeurs esthétiques (au sens moderne du terme, cette fois-ci). Le domaine
littéraire jouit d'une survalorisation culturelle dont il pâtit par ailleurs et la question
« Qu'est-ce que la littérature ? » se transforme implicitement trop souvent en
« Qu'est-ce que la bonne littérature ? ».

Pour conclure cet article, je voudrais souligner un autre point qui me paraît
avoir son importance. Lorsque j'emploie le terme « texte littéraire », j'évoque un
objet idéal qui est susceptible (ou pas) de s'incarner dans un objet physique qui
est le livre. Or, la mise en imprimé d'un texte prend en compte des contraintes
d'ordre matériel et met en œuvre un ensemble de stratégies liées à sa diffusion et
à sa lecture. C'est dans ce cadre que se situe le péritexte (matériel : format,
pagination... ; verbal : titre, préface, quatrième de couverture... ; iconographique :
première de couverture, illustrations) dont les éléments vont contribuer à situer le

---

1. Marie-Charlotte Delmas, *Robinson Crusoé, lequel ? La vie et les surprenantes aventures d'une
œuvre littéraire*, thèse de doctorat sous la direction de Gérard Genette, EHESS, 1997.

texte au sein du domaine éditorial et littéraire, à promouvoir sa diffusion et à influencer sa réception. D'un point de vue sémiotique, il est évident que le choix d'un élément, au détriment des autres, est doté de sens et n'est pas sans consé-quences sur le statut du texte. Les éléments péritextuels fonctionnent selon un code de symboles conventionnels et leur choix marque les livres et les collections de signes qui dénotent leur degré de « dignité » littéraire. Ainsi, s'établit une hiérarchie des éditeurs et des collections qui vient nous rappeler qu'au-delà des discours bienveillants, il y a bien toujours rupture entre la « L »ittérature et la « l »ittérature.

Marie-Charlotte DELMAS,
Directrice de la médiathèque Louis-Aragon de Bagneux

La littérature française contemporaine : un panorama

En guise d'introduction : le panorama et le palmarès

Qui s'essaie à parler de la littérature immédiatement contemporaine se trouve confronté à un double écueil : la tentation du panorama avec le risque que l'effort d'exhaustivité conduise à la fois au nivellement et à la dispersion ; celle du palmarès qui sélectionne et hiérarchise au risque d'être injuste et éventuellement démenti. Reste donc un parti pris moyen, conscient du discutable compromis qu'il représente ainsi que de l'effet inévitablement performatif de toute démarche qui tente de dégager les grandes tendances de la littérature actuelle : aussi prudent et modeste soit-il, chaque énoncé de ce type participe, par sa nature même, d'un ensemble de discours qui relève peu ou prou d'un régime citationnel à travers lequel s'opèrent classements et déclassements.

Dans cette tentative pour dresser un état de la littérature contemporaine, nous laisserons volontairement de côté les grands précurseurs (Beckett, Simon, Perec) dont les œuvres ont déjà fait l'objet de nombreux travaux savants et ce, même s'ils sont revendiqués comme tels par nombre d'auteurs d'aujourd'hui. Nous laisserons également de côté les écrivains (Tournier, Le Clézio, Modiano) dont les textes sont déjà largement consacrés et les noms bien connus du public.

Le dernier quart de siècle ?

La deuxième moitié des années 1970 et le début des années 1980 marquent un affaissement voire un épuisement des avant-gardes, qu'entérine en quelque sorte la décision d'interrompre en 1983 la publication de la revue *Tel Quel*. Ce phénomène, qui coïncide, sur un plan plus général, avec l'entrée en crise des idéologies, se manifeste à la fois à travers une tendance au reflux des discours théoriques, lui-même signe de la fin de l'hégémonie de la critique, et à travers l'épuisement créatif d'une littérature textuelle et autoréflexive centrée sur sa vocation expérimentale et que sa volonté sans cesse réitérée de rupture a pu conduire parfois aux confins de l'illisibilité.

Pour caractériser la nouvelle période qui s'ouvre dès lors on a pu parler de « post-modernité » ou « post-modernisme » (Jean-François Lyotard, *La Condition postmoderne*, 1979) bien que le mot pose plus de problèmes qu'il n'en résout. D'un point de vue plus strictement littéraire, ce moment est marqué, pour Dominique Viart (*cf.* bibliographie), par trois « retours » – au récit, au sujet et au réel – qui correspondent non à de simples retours en arrière mais à la réactivation, selon des modalités nouvelles, de démarches et d'interrogations rendues un temps suspectes par les théories littéraires des avant-gardes.

Raconter encore et toujours

Le récit revendiqué : la Nouvelle Fiction

Organisés sinon en école du moins en groupe, les écrivains de la Nouvelle Fiction (Frédérick Tristan, Marc Petit, Georges-Olivier Châteaureynaud, Hubert Haddad, François Coupry, Jean Lévi, Patrick Carré), indépendamment de ce qui fait leur diversité et leur originalité propre, ont en commun de revendiquer haut et fort le droit à la fiction et les droits de la fiction comme mode original de connaissance. Volontiers polémiques contre les avant-gardes et le Nouveau Roman et héritiers en ce sens de quelqu'un comme Romain Gary, ils se réclament dans leur démarche de références telles que Cervantès, Stevenson ou Defoe. En marge des courants dominants pendant les années 1970, ils imposent leur présence dans le contexte nouveau des années 1980 marqué par un mouvement de retour du narratif. Mettant au service du récit une vaste érudition et une parfaite connaissance des multiples ressources du romanesque, ces écrivains élaborent des fictions au rythme souvent débridé, pleines de surprises et de faux-semblants qui conduisent le lecteur aux frontières du réel, du fantastique et de la fable.

Le récit assumé : Sylvie Germain

C'est, semble-t-il, avec une tranquille sérénité que Sylvie Germain assume, quant à elle, la tradition narrative pour la mettre au service d'un imaginaire personnel d'une rare intensité. La forme relativement traditionnelle du récit accompagne une écriture d'une grande créativité métaphorique, volontiers foisonnante et visionnaire. Par là, le récit s'oriente d'autant plus vers le mythe qu'il se nourrit de références spirituelles propres à alimenter une réflexion morale, philosophique et religieuse. Ainsi est-ce à juste titre que l'on a pu inscrire son œuvre dans la continuité de celle d'un Michel Tournier. L'ambition de côtoyer la légende et la fable s'affirme dès ses premiers romans, *Le Livre des nuits* (1985) et sa suite, *Nuit d'Ambre*, qui, avec l'histoire d'une famille de la Meuse d'emblée marquée d'un signe de malédiction, réorchestrent, au fil des générations, un destin où dominent violence, inceste et mort. Après *Jours de colère* (1989), *L'Enfant méduse* (1991) ou *Immensités* (1993), elle publie *Éclats de sel* en 1996 : situé dans un contexte praguois, le roman rend compte de la transformation intérieure d'un personnage à la recherche de lui-même et des étapes de son itinéraire initiatique marquées par la rencontre avec des personnages dont les propos souvent étranges sont autant d'allusions au motif biblique du sel.

Le récit retrouvé : Pascal Quignard, Alain Nadaud

Essayiste et auteur des *Petits traités*, Pascal Quignard s'est tourné, de son propre aveu, vers la forme romanesque (*Carus*, 1979 ; *Le Salon du Wurtemberg*, 1986 ; *Les Escaliers de Chambord*, 1989 ; *Tous les matins du monde*, 1991) après une période où il se l'était interdite. Lettrés et raffinés, ces romans à la forme classique peuvent paraître s'inscrire dans une tradition érudite et humaniste proche d'une Marguerite Yourcenar. Ils sont néanmoins l'occasion d'une réflexion où se retrouvent les interrogations et les inquiétudes de la modernité : fragilité du sens, menace de défection de la mémoire ou du langage confèrent à l'œuvre sa tonalité propre, teintée d'une mélancolie que vient nourrir une méditation récurrente sur les origines et sur l'enfance.

Alain Nadaud développe lui aussi une démarche romanesque dans laquelle la question de l'origine et de la remontée vers l'origine occupe une place centrale en devenant l'objet même d'une enquête policière et érudite. Que celle-ci porte sur l'origine du calcul (*L'Archéologie du zéro*, 1984) ou sur l'origine de l'écriture (*Le Livre des malédictions*, 1995), il s'agit toujours de remonter le temps (*L'Envers du temps*, 1985) comme pour faire réapparaître les traces de ce qui a disparu (*Désert physique*, 1987). Il n'est pas étonnant dès lors que les strates temporelles du présent et du passé se superposent comme dans *Auguste fulminant* (1997), où les personnages actuels répètent l'histoire de Didon et Énée pendant que l'intrigue principale interroge, à travers la figure emblématique de Virgile, le statut de l'écrivain et celui de la littérature dans son rapport avec le pouvoir.

Jeux, virtuosité et parodie

Après les soupçons qui ont pesé sur le roman pendant les années 1960 et 1970, le retour au récit s'est souvent effectué sous une forme distanciée et virtuose où sont à la fois réutilisés, exhibés et parodiés des modèles et des procédés avec lesquels les auteurs jouent délibérément, tout en conviant les lecteurs au plaisir d'un jeu partagé.

Récit et fantaisie : Daniel Pennac

Venu du roman policier dont il réutilise certains schémas mais sur un mode distancié, Daniel Pennac a imposé avec sa tribu Malaussène (depuis *Au bonheur des ogres*, 1985) un style et un ton qui lui ont valu la sympathie d'un large public. La présence foisonnante de personnages hauts en couleur, leur inscription fortement revendiquée dans le quartier « multiethnique » de Belleville, l'évocation chaleureuse d'un quotidien dont le pittoresque atténue ce que la rigueur des temps aurait de trop implacable, la vivacité du récit et une écriture dans laquelle dominent verve et humour constituent les ingrédients d'un succès qui se fonde sur la recherche délibérée d'une complicité forte avec le lecteur. C'est un dosage assez réussi qui la fait naître : à la dénonciation des « méchants » au nom de valeurs au demeurant assez consensuelles (solidarité de la tribu ou de la famille recomposée, respect des différences, rejet des valeurs d'argent et du conformisme social) s'allient une décontraction et une fantaisie qui permettent d'éviter le piège des « bons sentiments » présents dès lors sous le couvert d'une écriture ludique et « au second degré » ; s'exprime ainsi une chaleur humaine communicative propre à réconforter, voire rassurer, le lecteur par les vertus euphorisantes de la narration, face aux difficultés sociales que le récit dénonce.

Jeux oulipiens : Georges Perec, Marcel Benabou, Jacques Roubaud

On sait que la confrontation des conceptions oulipiennes sur le rôle créatif de la contrainte avec la forme longue du roman est au centre du travail de Georges Perec avec, en particulier, *La Disparition* (roman lipogrammatique d'où est absente la lettre « e ») et *La Vie mode d'emploi*, publiés respectivement en 1969 et 1978.

Après la mort de Perec en 1982, les incursions oulipiennes dans le domaine du roman se poursuivent avec, en particulier, Marcel Benabou ou Jacques Roubaud. Le premier publie, en 1987, *Pourquoi je n'ai jamais écrit aucun de mes livres*, titre en forme de dérision mais aussi d'hommage à Raymond Roussel. Le second inaugure en 1985, en marge d'une œuvre où dominent production poétique (*Trente et un au cube*, 1973 ; *Quelque chose noir*, 1986) et écriture aux frontières de l'autobiographie (*Le Grand Incendie de Londres*, 1988 ; *La Boucle*, 1993), le cycle de *La Belle Hortense* : l'intrigue policière y est le prétexte à une construction sous-jacente fondée sur des modèles sophistiqués et l'occasion de multiples références et allusions ; le récit, sans cesse entrecoupé d'adresses au lecteur et de considérations réflexives – et parodiques – sur le roman en train de s'écrire, ne cesse de réaffirmer à la fois sa gratuité ludique et son caractère savant auprès d'un lecteur convié à partager dans et par sa lecture la même position intellectuelle de distance et de lucidité.

Le récit virtuose : Jean Echenoz, Éric Laurrent

La virtuosité narrative est plus que tout autre l'apanage de Jean Echenoz au point qu'il y aurait danger à limiter son œuvre à cette virtuosité volontairement exhibée. On a sans doute presque tout dit déjà de sa capacité à jouer avec ce réservoir de codes narratifs qu'offrent le roman policier (*Cherokee*, 1983 ; *Les Grandes Blondes*, 1995), le roman d'aventures (*L'Équipée malaise*, 1986), le roman d'espionnage (*Le Méridien de Greenwich*, 1979 ; *Lac*, 1989) ou de science-fiction et dernièrement le roman d'exploration (*Je m'en vais*, 1999), et avec le répertoire de lieux, situations, personnages, objets et atmosphères qu'ils tiennent à la disposition de celui qui veut s'en emparer. Les jeux avec ces codes et ce répertoire sont multiples : distorsion des règles narratives qui assurent au récit sa crédibilité par un jeu permanent entre le trop (trop d'actions proliférantes et parasitaires, trop d'explications et de détails) et le trop peu ; stases descriptives et digressions récurrentes ; désinvolture et arbitraire dans l'enchaînement des épisodes et des chapitres ; instabilité voulue du mode et de la voix, pour reprendre des catégories de Genette ; ruptures de ton et de rythme, ironie et parodie sont les moyens d'une déconstruction active du romanesque par un narrateur dont la présence caustique ne se laisse jamais oublier. Mais c'est qu'à travers ses récits au rythme endiablé, l'écrivain brasse et emporte les lieux communs de notre modernité (paysages urbains, gadgets ou tics langagiers) qui, devenus matériaux romanesques, révèlent leur part de fausseté et de vide et par là même les failles du sens dans la prolifération incontrôlée des signes.

Éric Laurrent (*Coup de foudre*, 1995 ; *Les Atomiques*, 1996) cultive, sous une forme où triomphe une inventivité verbale plus débridée encore, le goût d'un récit virtuose qui, se plaisant à enchaîner des situations cocasses volontiers en porte-à-faux, donne au lecteur l'impression d'assister à la projection en accéléré de vieux films du muet.

Tours et détours de l'autobiographie

Le retour au sujet qui se dessine au début des années 1980 se manifeste du côté de ceux qui, figurant dans le camp des avant-gardes, avaient été les plus virulents contempteurs d'une philosophie ou d'une littérature du « sujet » : nombre d'écrivains ayant appartenu à ce que l'on a appelé le Nouveau Roman mais aussi Philippe Sollers qui publie, en 1983, *Femmes*, un roman à clés clairement autobiographique.

Là encore, cet accent mis sur l'écriture du moi n'est pas pour autant un simple retour à des formes anciennes de l'autobiographie : héritière de la modernité et des démarches d'un Leiris ou d'un Perec, elle abandonne le récit linéaire et rétrospectif pour laisser place à une construction éclatée, tributaire des aléas d'une mémoire problématique et trouée comme dans *Ostinato* de Louis-René des Forêts (1997). Cultivant l'ambiguïté, l'écriture du moi joue aussi avec les frontières génériques censées séparer autobiographie et roman. Elle trouve également l'occasion d'explorer de nouveaux domaines jusque-là restés tabous et que de jeunes écrivains n'hésitent pas désormais à aborder parfois avec violence et impudeur.

L'autobiographie des nouveaux romanciers :
Marguerite Duras, Nathalie Sarraute, Alain Robbe-Grillet

C'est de façon quasiment simultanée que se produit, chez les écrivains venus du Nouveau Roman, un infléchissement de l'écriture vers des formes autobiographiques : *Enfance* de Nathalie Sarraute paraît en 1983, *L'Amant* de Marguerite Duras en 1984, année où Alain Robbe-Grillet publie avec *Le miroir qui revient* le premier volume d'une trilogie poursuivie en 1987 et 1994.

Si, chez Sarraute et Duras, la démarche autobiographique coïncide avec une tentative de remonter aux sources mêmes de l'écriture, elle n'en est pas moins donnée comme problématique : chez Sarraute, la voix de la narratrice subit le contrôle attentif et sévère d'une deuxième voix qui interroge, proteste ou corrige ; chez Duras, ce qui semble livré comme aveu autobiographique dans *L'Amant* est repris par l'auteur même dans un second texte *L'Amant de la Chine du Nord* (1991) qui vient déconstruire et retravailler le premier, rendant indécidable le rapport du texte à une quelconque vérité autobiographique. Robbe-Grillet, quant à lui, cultive délibérément l'ambiguïté de textes hésitant entre autobiographie et fiction (porteurs de traces autobiographiques clairement lisibles, ils s'intitulent néanmoins « romanesques »). Virtuose, le texte mêle bribes de fiction et souvenirs autobiographiques, rendant poreuse la frontière entre ces deux domaines et créant ainsi l'espace où dire désirs et fantasmes du moi.

De l'autofiction à l'exhibition de soi :
Serge Doubrovsky, Hervé Guibert, Christine Angot

Nombreux sont, dans cette même période, les ouvrages qui jouent eux aussi à brouiller volontairement, et selon des procédés divers, la frontière entre autobiographie et fiction au profit de textes au statut indécidable. Cette tendance d'ensemble trouve à s'expliciter chez Serge Doubrovsky à travers le terme d'« autofiction ». Dans la lignée des travaux universitaires de Philippe Lejeune sur l'autobiographie, il se propose avec *Fils* (1977) de remplir une case vide du système de classification proposé par ce dernier : donné paradoxalement comme « [f]iction, d'événements et de faits strictement réels », le texte porte la mention générique de « roman » alors même qu'y est affirmée l'identité de nom entre personnage, narrateur et auteur.

Ces ambiguïtés génériques voulues – que l'on retrouve aussi bien chez François Nourrissier que chez Yves Navarre avec *Biographie, roman* (1981) ou Hervé Guibert – ne relèvent pas seulement d'un jeu gratuit avec les formes. Elles procèdent en même temps d'une interrogation renouvelée sur la part de fiction présente dans toute vie cherchant à s'appréhender et *a fortiori* à se raconter et d'une volonté d'exploration d'un moi sans cesse menacé de s'apparaître à lui-même comme un « être fictif » (Serge Doubrovsky) et éminemment problématique.

L'espace ouvert par l'indécidable de l'autofiction libère aussi un espace pour l'impudeur. Dans *Fils* et plus encore dans les livres qui suivent – *Un amour de soi* (1982), *Le Livre brisé* (1989), *L'Après-vivre* (1994) – Doubrovsky livre au lecteur l'intimité d'un moi et d'un couple sans rien masquer de leurs obsessions et avilissements. L'exhibition impudique de soi se retrouve également chez Hervé Guibert à travers une écriture de l'intime que la confrontation avec le sida infléchit dans ses derniers textes (à partir de *À l'ami qui ne m'a pas sauvé la vie*, 1989) vers une écriture de l'urgence. L'évocation méticuleuse et quasi clinique des progrès de la maladie leur confèrent une dimension documentaire à laquelle ils ne se limitent pourtant pas dans la mesure où ils participent d'une volonté plus générale de mise à nu de soi d'un sujet qui cherche à se saisir à travers ses états successifs et changeants, à travers les fictions du moi et ses fantasmagories et à travers l'exhibition impudique d'un corps omniprésent dans ses dimensions physiologique, sexuelle ou scatologique.

Sans doute peut-on inscrire dans cette lignée les textes plus récents de Christine Angot qui cherchent eux aussi, par une exhibition provocatrice et une mise en scène de soi brouillant les frontières du vrai et du faux, du fictif et du réel, à repousser les limites de l'intime et celles de la littérature.

Soi et les autres

Le retour à soi se caractérise également par l'exploration de nouveaux territoires qui naissent d'une mise en question de la dichotomie entre soi et les autres selon une double polarité qui permet l'exploration des autres en soi et de soi dans les autres ainsi que d'une interrogation renouvelée sur le motif de la filiation pour laquelle l'œuvre de Claude Simon, avec notamment *L'Acacia* (1989), a montré la voie.

« Biographies imaginaires » : Pierre Michon, Gérard Macé

Gérard Macé (*Vies antérieures*, 1991) ou Pierre Michon (en particulier dans *Vies minuscules*, 1984, *Vie de Joseph Roulin*, 1988 ou *Rimbaud le fils*, 1991) réinvestissent le modèle littéraire des « *Vies* » pour proposer les biographies imaginaires d'hommes illustres (Champollion dans *Le Dernier des Égyptiens*, 1988, chez le premier ; Rimbaud ou Van Gogh chez le second) ou anonymes (dans *Vies minuscules*) qui sont autant de figurations indirectes du moi. La quête d'identité propre à la démarche autobiographique s'y articule à une réflexion sur l'écriture ressortissant pour sa part de l'essai littéraire, et la question de la filiation s'y pose tant sur le mode personnel (la figure problématique du père chez Michon) que littéraire (à travers des figures qui sont autant de doubles plus ou moins anciens et plus ou moins explicites de l'écrivain).

Rimbaud le fils revisite ainsi de façon critique la figure ô combien emblématique du poète pour la décaper des faciles stratifications du mythe tout en s'interrogeant sur le statut d'une écriture nécessairement située dans l'ombre portée de l'œuvre rimbaldienne ; il dessine en même temps une configuration familiale où Rimbaud occupe la place du fils entre une mère mauvaise et un père évanescent. Dans *Vies minuscules*, l'évocation successive de personnages qui, soit appartiennent à une histoire familiale plus ou moins lointaine, soit correspondent à des rencontres que le narrateur a pu faire au cours de sa vie, recompose un puzzle ou un jeu de miroirs brisés – ou biaisés – à travers lesquels se dessine un portrait de soi où là encore la figure absente du père fait écho au sentiment d'insuffisance qui hante l'écrivain.

Identités et filiations : Pierre Bergounioux, Richard Millet, Jean Rouaud

C'est dans les stratifications que le passé dépose dans le moi (stratifications géologiques de la terre natale, stratifications historiques et sociales de la généalogie familiale, stratifications mémorielles qui font l'épaisseur de l'expérience indivi-duelle sur laquelle se construit le sujet) que Pierre Bergounioux (*La Maison rose*, 1987 ; *L'Orphelin*, 1992 ; *La Mort de Brune*, 1996) mène son exploration en des textes où s'abolit la frontière entre autobiographie et roman puisque justement y est posée avec la plus ferme acuité la question de ce qui fonde le moi dans sa relation de proximité et de distance avec l'autre et le monde. La méditation se déploie entre l'abstraction philosophique (Descartes et Hegel constituant les deux balises majeures) et une évocation de l'enfance où l'éblouissement originel se dit à travers une matière textuelle dense qui brasse avec volupté la gamme des sen-sations, en particulier, visuelles et olfactives. Point de nostalgie facile dans tout cela cependant car pour l'auteur l'accès au savoir et à l'écriture pose la question essentielle de l'héritage et de la filiation : la liberté du sujet, conquise par un arrachement géographique qui est aussi accès au présent de l'histoire, trouve à se réaliser dans une écriture qui, en même temps qu'elle dit cette conquête et ce qui l'a permis à l'échelle collective (l'entrée dans la modernité mais aussi les grands bouleversements destructeurs de l'histoire du XXᵉ siècle), se charge de dire, en lieu et place de ceux qui ne le purent, les piétinements d'une temporalité immobile et les générations d'ancêtres voués à répéter les gestes et les vies dictés par des déterminismes immémoriaux. Dans ces conditions, la profondeur mémorielle de l'histoire personnelle se double d'une réflexion où la présence des autres permet d'articuler en permanence l'individuel et le collectif dans une démarche d'éluci-dation de soi et de prise de conscience critique.

On peut sans doute voir en Richard Millet un anti-Bergounioux tant, à partir d'éléments qui peuvent paraître proches, il arrive à un traitement et des conclusions opposés. L'évocation de l'enracinement provincial et généalogique de personnages (*La Gloire des Pythre*, 1995 ; *L'Amour des trois sœurs Piale*, 1997) à la vie décrite pourtant sans complaisance ni enjolivement dans ce qu'elle contient de dureté et de frustration, le sentiment dominant de la fatalité et de la malédiction pesant sur les êtres (qui naît aussi bien de l'emprise du temps et de la mort que du combat recommencé avec la terre et que nourrit un obscur sentiment de culpabilité), l'at-tachement fervent et mélancolique à la fois à ce qu'il appelle « le sentiment de la langue » semblent l'amener à une détestation de la vie moderne et urbaine qui trouve une expression exacerbée dans son dernier roman, *Lauve le pur*, paru en 2000.

Chez Jean Rouaud, les souvenirs d'une enfance provinciale évoqués avec un subtil dosage d'émotion et d'humour sont l'occasion de reconstituer une histoire familiale qui, dans ses joies et drames individuels, n'est pas sans rencontrer, elle aussi, et les grands soubresauts de l'Histoire et les mutations économiques, démographiques ou sociologiques qui ont transformé en profondeur, au fil des décennies, la société française. *Les Champs d'honneur* (1990), centrés sur les grands-parents du narrateur, se termine sur une évocation des champs de bataille de la guerre de 14-18. *Des hommes illustres* (1993) approfondit le portrait de la figure paternelle tandis que *Pour vos cadeaux* (1998) est l'occasion de rendre hommage à la mère récemment disparue, à travers la peinture savoureuse et nostalgique d'une boutique qui tient autant du capharnaüm que de la caverne d'Ali-Baba.

Le biographique et/ou le social : Annie Ernaux

La question de l'articulation de l'individuel et du collectif se trouve posée d'une autre manière encore dans la démarche menée par Annie Ernaux depuis le début des années 1980, où l'inflexion de sa production vers une forme d'autobiographie coïncide avec une volonté de dépouillement quasi ascétique de l'écriture mise au service de l'exploration de la dimension proprement sociale de son histoire personnelle et familiale. Depuis *La Place* (1983), où se trouve évoquée la figure paternelle et *Une femme* (1988) centré sur la mère, Annie Ernaux reste fidèle à une démarche et une méthode dont elle explicite elle-même les enjeux à travers la voix d'une narratrice présente au premier plan du récit pour en préciser le propos. Se voulant « ethnologue de [s]oi-même », elle s'attache à reconstituer l'espace des croyances et des pratiques sociales propres à un univers familial d'origine modeste avec le souci tout particulier de rendre compte de cet univers en tant qu'univers de mots, d'habitudes verbales propres à un milieu et en fonction desquels se construit une représentation socialement déterminée de soi et du monde. Au-delà de la culpabilité latente éprouvée par l'écrivain d'avoir trahi sa classe sociale d'origine, Annie Ernaux tente ainsi de construire, à travers l'écriture, une position énonciative où puissent être dépassées à la fois une position d'intériorité propre à l'enfance et une position d'extériorité qui serait celle du reniement et de la trahison et où la souffrance intime liée à l'expérience personnelle trouve à se dire sous la forme d'une objectivation compréhensive. C'est cette même démarche qui, l'amenant à réfléchir à son propre rapport à la littérature, la conduit à affirmer dans *Une femme*, sa volonté de « rester, d'une certaine façon, au-dessous de la littérature », de récuser en tout cas les moyens et les ornements dont l'usage risquerait de trahir sa démarche, privilégiant cette « écriture plate » qu'elle utilisait, dit-elle, « en écrivant à (s)es parents pour leur dire les nouvelles essentielles ».

Dire le réel par temps de crises

Le réel en ses marges : François Bon, Annie Saumont, Jacques Serena

L'urgente sollicitation du réel née dans les années 1980 de la confrontation avec ce que l'on a appelé la « crise » ne s'est pas réduite, loin de là, à un réinvestissement des vieilles formules du réalisme. Plutôt que de dire le réel lui-même, il s'est agi de dire la réalité réfractée dans la souffrance morale, sociale qu'elle fait naître, et ce grâce au travail de l'écriture qui a pour souci constant de donner voix aux personnages de paumés, marginaux ou laissés-pour-compte. Or, leur donner voix, c'est à la fois en faire les narrateurs de leur propre histoire et inventer un langage à travers lequel ils prennent réellement la parole, un langage revendiquant sa part d'oralité, d'hésitation, de ressassement, de violence et où la souffrance s'exprime dans une oscillation constante entre le dit et le non-dit.

François Bon est un de ceux qui mènent, dans cette perspective, un travail cohérent et exigeant à la fois. Évoquant les lieux (usines, cités, prisons) et les formes (chômage, errance sociale) de la crise, il donne voix à ceux que la société a malmenés et mis à l'écart. La langue est dense, rugueuse, dissonante, empâtée même mais volontairement et hors de toute complaisance envers le lecteur. Les récits s'entremêlent ou s'enchâssent parfois jusqu'à l'incompréhensible ou le vertige (*Calvaire des chiens*, 1990) pour venir dire par bribes et morceaux un événement (*Un fait divers*, 1993) qui prend d'autant plus de force qu'il se laisse seulement appréhender sous l'épaisseur des strates de discours superposés qui le réfractent et le multiplient en le complexifiant.

Avec une extrême discrétion, dans le domaine, il est vrai, trop souvent confidentiel de la nouvelle, Annie Saumont (*Dieu regarde et se tait*, 2001 ; *Moi les enfants j'aime pas tellement*, 2001) mène un travail, lui aussi, exemplaire. Avec la volonté de donner la parole aux faibles, aux humbles ou aux marginaux (souvent des enfants ou des adolescents en butte à l'univers des adultes mais aussi, plus généralement, des êtres meurtris et fragilisés par l'existence), elle accomplit un travail sur la langue (utilisation de phrases courtes, nominales, souvent inachevées ; fragmentation et parataxe ; tournures familières, volontairement lourdes et maladroites) grâce auquel elle restitue la complexité de ces êtres privés de voix et l'épaisseur de leurs expériences reconstituées par bribes autour d'un non-dit souvent présent en creux. Loin de tout angélisme et de tout sentimentalisme, le lecteur est plongé au plus près de personnages ambivalents, pathétiques ou odieux car porteurs d'une violence subie mais aussi souhaitée ou accomplie sur l'autre, dans un univers de mots qui dérange par rapport aux codes littéraires habituels et où cruauté, tendresse et dérision échangent sans cesse leurs signes.

C'est aux confins de la désespérance sociale et du mal-être individuel que l'on peut situer l'univers de Jacques Serena (*Isabelle de dos*, 1989 ; *Basse ville*, 1992 ; *Lendemain de fête*, 1993) : chez ses personnages, où dominent échec, marginalité, dérive, goût pour l'abjection et sentiment presque satisfait de leur propre déchéance, ressassement et enlisement s'affirment comme des caractéristiques linguistique et mentale qui donnent au texte un rythme et un phrasé très spécifiques.

Angoisses existentielles et malaises générationnels : Marie Desplechin, Michel Houellebecq, Éric Holder

La crise est aussi celle d'une génération de trentenaires apparemment intégrés sur le plan social et professionnel mais en proie au malaise. Solitude, impasse de la relation avec l'autre, vanité du jeu social, désarroi intérieur et découragement se disent ainsi, à demi-mot et non sans quelque humour, dans les textes (nouvelles : *Trop sensibles*, 1995 ou roman : *Sans moi*, 1998) de Marie Desplechin.

Chez Michel Houellebecq (*Extension du domaine de la lutte* 1994 ; *Les Particules élémentaires*, 1998), la peinture de personnages oscillant entre cynisme et dépression et uniquement occupés par une sexualité aussi artificiellement obsédante qu'inévitablement déceptive est le prétexte à une dénonciation virulente et provocatrice d'une société contemporaine qui aliène l'individu prétendument libre aux désirs qu'elle ne cesse de susciter et dont elle entretient les illusions à coups de discours artificieux et convenus.

C'est davantage un univers en demi-teinte qu'évoquent les nouvelles (*Nouvelles du Nord*, 1984 ; *La Belle Jardinière*, 1994) ou les courts romans (*Mademoiselle Chambon*, 1996) d'Éric Holder. Une écriture discrète et économe de ses moyens y dessine des personnages à la vie ordinaire et un peu terne que les circonstances et les pesanteurs sociales laissent à côté de ce qui aurait pu être la réalisation de leurs vrais désirs.

Le réel à la loupe : Régine Detambel

Chez Régine Detambel, le malaise intérieur et la révolte destructrice sourdent d'une réalité en apparence quotidienne que l'écriture met soudain à nu. L'intrigue ou le prétexte de ses romans – la séparation d'un couple dans *Le Ventilateur* (1995), la relation conflictuelle d'une adolescente avec sa mère dans *La Verrière* (1996) – ont la banalité propre aux petits drames de la vie ordinaire. Mais les textes tirent leur originalité et leur force du regard scrutateur de la narratrice qui place les détails en apparence les plus insignifiants comme sous la lentille grossissante d'un microscope et donne ainsi à voir la charge affective violente (amour ou haine) présente dans le moindre rapport que nous entretenons avec les objets, les êtres et le réel en général. Cette observation minutieuse, ce regard de trop près, myope, sur les choses, alliés à un usage de la métaphore qui les fait apparaître de façon surprenante et inédite, inscrivent le travail de Régine Detambel dans la continuité revendiquée de Colette mais aussi d'une Nathalie Sarraute occupée à saisir par l'écriture l'infiniment petit des multiples blessures infligées par le plus ordinaire des quotidiens.

L'inquiétante étrangeté du monde : Marie N'Diaye, Antoine Volodine

L'étrangeté qui se creuse au sein d'une réalité aux apparences banales caractérise aussi, mais d'une autre façon, l'atmosphère propre aux œuvres de Marie N'Diaye, par exemple *En famille* (1991) ou *Un temps de saison* (1994). Dans ce dernier roman, il suffit que l'été s'achève et que la saison change pour que le quotidien le plus normal en apparence s'infléchisse insidieusement vers une réalité incertaine, aux frontières poreuses, et que le personnage principal se trouve plongé dans un univers étrange qui, tout en restant familier parce qu'inchangé dans sa réalité matérielle, s'avère ne plus vraiment fonctionner selon les règles communes et ne plus vraiment communiquer avec le monde extérieur.

Chez Antoine Volodine, l'angoisse est plus pesante et plus palpable. Après des débuts dans la collection « Présence du futur » qui réunit des œuvres répertoriées comme de science-fiction, Volodine a publié plusieurs romans aux Éditions de Minuit (*Lisbonne dernière marge*, 1990, *Alto solo*, 1991, *Le Port intérieur*, 1996) à travers lesquels il propose un univers romanesque d'une forte cohérence : en des lieux et des temps plus ou moins indéterminés selon les œuvres se déploient des systèmes politiques et policiers totalitaires et répressifs qui font peser sur les protagonistes – citoyens ordinaires, dissidents du parti et/ou terroristes – une menace vitale et une chape de plomb. Dans ce contexte, l'auteur pose de façon récurrente la question de ce que peuvent le langage et l'écriture. Dans *Alto solo*, par exemple, le récit, divisé en deux parties, fonctionne selon un système d'emboîtements narratifs que l'on retrouve, sous une forme complexifiée, dans *Lisbonne dernière marge* et dans *Le Port intérieur* : il est assumé d'abord par un narrateur extradiégétique puis par le personnage d'un écrivain déjà présent dans la première partie et qui va raconter le traquenard et la violence dont sont victimes de la part des « frondistes » un groupe d'intellectuels venus assister à un concert où est jouée la musique de compositeurs dissidents ; de cet écrivain, le premier narrateur évoque symptomatiquement le dilemme (« Avec Iakoub Khadjbakiro on aborde donc l'histoire d'un homme qui vit dans l'angoisse de ne pas être limpide, un homme que le réel obsède vingt-quatre heures sur vingt-quatre, et qui pourtant s'exprime de façon ésotérique, sibylline, en logeant ses héros dans des sociétés nébuleuses, à des époques irreconnaissables ») tout en soulignant la dimension de refus de cette écriture indirecte. En fait, même obligés – quand ils sont, par exemple, extorqués sous la menace ou la torture –, les mots et l'écriture s'affirment donc comme les formes d'une résistance que les personnages opposent à l'oppression et au règne de la force.

Minimalismes et petits riens

Le récit exténué : Jean-Philippe Toussaint, Christian Oster, Christian Gailly, Éric Chevillard

C'est aux Éditions de Minuit que se trouvent rassemblés, à côté de Jean Echenoz, un certain nombre de romanciers que l'on dit volontiers « minimalistes » ou, selon l'expression de Jérôme Lindon lui-même, « impassibles ». Au-delà ou en deçà de ce qui fait leur diversité, ces écrivains possèdent des points communs que ces qualificatifs ne cernent que très imparfaitement. Ils sont eux aussi les héritiers d'une modernité qui a mis en question la légitimité de toute fiction romanesque et a élaboré les outils d'une analyse textuelle propre à rendre compte de la fabrique des œuvres tout en jetant le doute sur les pouvoirs de la littérature. D'où, chez eux, une pratique ludique de l'écriture qui utilise les instruments narratifs tout en en jouant et en s'en jouant, et une distance qui signifie toute impossibilité de se prendre véritablement au sérieux. La pauvreté apparente des moyens ne doit donc pas tromper sur des œuvres aux références littéraires et culturelles multiples, qui, exploitant des codes et des références partagés avec un lecteur cultivé, entretiennent avec ce dernier un subtil réseau de complicités.

L'univers de Jean-Philippe Toussaint pourrait se résumer, si on le voulait, à la confrontation d'un personnage dépressif (souvent le narrateur lui-même) et d'une réalité problématique et déceptive. De cette réalité (la vie quotidienne, ses contraintes sociales, les rapports qu'elle implique avec les autres), le personnage ne s'approche qu'avec un mélange d'ennui, de désintérêt et de méfiance : il est vrai que l'action la plus simple et la plus banale (passer le permis de conduire, remplacer une bouteille de gaz, *L'Appareil photo*, 1988 ; arroser les plantes des voisins partis en vacances, *La Télévision*, 1997) se transforme en épopée dérisoire au point que le protagoniste principal peut trouver plus judicieux, dans *La Salle de bain* (1985) par exemple, de s'installer à plein temps dans la pièce du même nom ou de rester cloîtré dans un hôtel vénitien à jouer aux fléchettes. C'est que la réalité extérieure est à manipuler avec précaution, en vertu de l'art infiniment subtil qui consiste à « fatiguer une olive » : « [...] tout mon jeu d'approche, assez obscur en apparence, avait en quelque sorte pour effet de fatiguer la réalité à laquelle je me heurtais, comme on peut fatiguer une olive par exemple, avant de la piquer avec succès dans sa fourchette » (*L'Appareil photo*).

Face au vide du narré, la narration, malgré la réduction délibérée des moyens employés, occupe tout l'espace du récit : regard décalé sur le monde et les choses, hypertrophie du détail, ruptures de ton contribuent à construire un univers de l'absurde où les situations cocasses, entre humour et autodérision, disent à la fois l'inadaptation chronique au monde et la profonde vanité du jeu social.

On retrouve chez Christian Oster (de *Volley-ball*, 1989, à *Mon grand appartement*, 1999) la même exténuation du récit : l'insignifiance de l'intrigue va de pair avec la prolifération de notations parasites et digressives qui conduisent les personnages et l'action jusqu'à un progressif enlisement ; le détachement impassible de l'instance narratrice joue en contrepoint avec l'angoisse existentielle diffuse qui sourd d'un monde menacé d'inanité.

Christian Gailly, quant à lui, semble radicaliser la démarche. Dans *Be-Bop* (1995), *L'Incident* (1996) ou *Nuage rouge* (2000), seules les lois exhibées du hasard assurent la rencontre aléatoire de personnages dont rien – et surtout pas le récit – ne motive qu'ils se croisent. La menace de l'impossibilité ou de l'échec, la distance entre le désir et sa réalisation, l'angoisse d'une castration qu'actualise la fiction de *Nuage rouge* sont autant de motifs pour dire une impuissance qui est aussi celle de la littérature et qu'exprime le personnage-narrateur de *K. 622*, roman qui prend pour titre la référence *du Concerto pour clarinette en la majeur* de Mozart : « La musique parle en se taisant et moi j'écris mon découragement de ne pouvoir traduire ce qu'elle dit, et elle dit, elle dit, mon sentiment, la somme, la totalité de mes sentiments, elle recouvre, englobe tout ce que je ressens, comme mutité, aveuglement, impuissance. »

Faisant éclater pour sa part la forme romanesque au profit d'une succession d'aphorismes et de microrécits (*La Nébuleuse du crabe*, 1993 ; *Un fantôme*, 1995) ou d'une succession de pastiches littéraires (*L'Œuvre posthume de Thomas Pilaster*, 1999), Éric Chevillard révoque en doute et une réalité honnie et une production littéraire désignée comme irrémédiablement dérisoire. Héritier revendiqué de Beckett (son premier roman *Mourir m'enrhume*, 1987, s'inscrit dans la lignée de *Malone meurt*) mais aussi de Michaux, il invente un univers fantaisiste et poétique à la fois où toute forme de sérieux est tournée en dérision et où la légèreté n'est que l'ultime politesse du désespoir.

Esthétique du fragment : Pascal Quignard

La période contemporaine se caractérise aussi par une autre sorte de minimalisme, liée justement à l'abandon d'une forme continue au profit de formes courtes et fragmentées. L'œuvre de Pascal Guignard, déjà évoquée par ailleurs, témoigne, avec ces *Petits traités* (1990) de cette esthétique du fragment. De longueur inégale, ces textes sont l'occasion d'une exploration de la langue, d'une convocation de références érudites en même temps que d'une méditation intérieure.

Du spirituel dans le (presque) rien : Chistian Bobin

Forme courte, économie de moyens, minimalisme sont des données que l'on retrouve chez Christian Bobin. À travers des textes prenant la forme de récits courts (*La Part manquante,* 1989) mais aussi de lettres (*Lettres d'or*, 1987) ou d'un journal (*Autobiographie au radiateur*, 1997), le lyrisme retenu de l'expression et sa forme resserrée, volontiers aphoristique, sont mis au service d'un éloge des choses minuscules (visages, objets ou paysages) et d'une méditation spirituelle. Cette dimension spirituelle clairement affirmée, par exemple dans *Le Très-bas* (1992), biographie imaginaire de Saint-François d'Assise, entre en résonance avec une série de motifs privilégiés, l'enfance et la mort, le manque, l'attente et l'invisible dans une œuvre qui ne cesse de poursuivre en même temps une réflexion sur la lecture et l'écriture.

Petites morales pour temps incertains : Philippe Delerm

L'éloge des petits riens semble trouver en cette fin de siècle une place de choix dont l'ouvrage de Philippe Delerm, *La Première Gorgée de bière et autres plaisirs minuscules* (1998) apparaît, par le succès rencontré, emblématique. La valorisation par l'écriture de plaisirs simples et éphémères que procurent les sensations en apparence les plus banales semble se faire l'écho, sur le versant littéraire, d'une démarche que l'on trouve par exemple dans les ouvrages d'André Comte-Sponville. Loin des ambitions et du fracas des avant-gardes, sont proposés des arts de vivre et des morales minimalistes qui peuvent apparaître comme de modestes viatiques pour traverser sans trop de mal des périodes incertaines et qui offrent au lecteur à la fois un refuge et un modèle pour apprendre la *Consigne des minutes heureuses* (Françoise Lefèvre, 1998). Ces textes expriment en même temps, à leur façon, la position de repli modeste qui est parfois celle d'une littérature contemporaine dont la légitimité s'est trouvée mise à mal dans le dernier quart de siècle.

À suivre : quelques jeunes écrivains

À ce paysage littéraire qui s'est mis en place dans les vingt dernières années, il faut ajouter, même si le danger est grand de se fourvoyer dans ses choix, le nom de quelques (très) jeunes écrivains qui ont su commencer à imposer leur propre démarche créatrice à travers un dialogue avec leurs aînés.

Nos pères, ces héros : Denis Lachaud, Arnaud Cathrine

Réinvestissant à leur manière la question de la filiation, Denis Lachaud (*J'apprends l'allemand*, 1998) et Arnaud Cathrine (*Les Yeux secs*, 1998 et *L'Invention du père*, 1999) relancent avec force l'interrogation sur la figure du père regardée au miroir de l'Histoire : le nazisme pour Lachaud avec un jeune narrateur qui se confronte tout à la fois aux responsabilités de ses grands-parents et à l'occultation volontaire de l'Histoire opérée par ses propres parents ; la guerre d'Espagne pour Cathrine, dans *L'Invention du père*, avec là aussi la confrontation d'un fils avec une figure paternelle aussi lointaine et difficilement cernable que profondément trouble et ambiguë. Le traitement renouvelé du motif de la filiation vient de ce que ces figures apparaissent moins désormais comme les victimes d'une Histoire collective propre à broyer les êtres que comme des responsables à qui il convient de demander des comptes aussi bien au sujet du passé (pour les actes commis et pour les silences ou les discours mensongers tenus à son propos) qu'au nom d'un présent menacé, comme dans *Les Yeux secs*, de destruction et de non-sens.

Autour de Minuit : Laurent Mauvignier, Tanguy Viel

De nouveaux noms émergent par ailleurs du côté des Éditions de Minuit, assurant en quelque sorte une relance des questionnements et recherches menés par les écrivains de la génération précédente. Parmi eux, Laurent Mauvignier et Tanguy Viel, tous deux auteurs, à ce jour, de deux romans : *Loin d'eux*, 1999 et *Apprendre à finir*, 2000 pour le premier ; *Le Black Note*, 1998 et *Cinéma*, 1999 pour le second. On soulignera plus particulièrement la virtuosité et l'ambition de *Cinéma* qui se donne, à un premier niveau, comme une adaptation à l'envers et donc une mise en mots du dernier film de Joseph L. Mankiewicz (*Le Limier* en français), à un second niveau, comme la logorrhée obsessionnelle d'un spectateur-narrateur qui, cherchant à percer à jour les mécanismes tortueux d'un film qui le fascine, occupe la position même de limier que ce film lui assigne et, à un troisième niveau, comme une mise en fiction par l'écrivain d'une réflexion qui porte à la fois sur les rapports entre cinéma et littérature comme arts de la représentation et sur les conditions actuelles d'un exercice de l'écriture.

En guise de conclusion

On l'a dit, il y a quelque présomption et quelque vanité à vouloir composer trop vite le paysage d'une littérature en train de se faire et tout particulièrement pour une période, le dernier quart de siècle, qui a suscité le sentiment d'un éclatement de la production littéraire lié à la fin de l'hégémonie de la critique et de la théorie. On pourrait donc plutôt essayer de cerner les rapports que cette littérature entretient avec la modernité qui la précède et la façon dont elle en assume les expériences et les acquis. Sans doute peut-on parler, à plusieurs égards, d'une rupture par rapport aux pratiques des avant-gardes : dans le retrait voulu d'une démarche aux antipodes des déclarations théoriques fracassantes, dans l'abandon d'une position de rupture qui permettait à chaque nouvelle « avant-garde » d'imposer son existence, dans l'évaluation des acquis et apories des périodes qui la précèdent. Mais la littérature contemporaine n'en rejette pas pour autant l'héritage du siècle. Elle en assume en les relançant les interrogations sur le sujet, l'identité, la mémoire, le sens et la possibilité même de la mise en récit ; elle réutilise, en se les réappropriant, en en jouant et en les détournant, techniques narratives et procédés formels élaborés par la modernité ; elle réinterroge sa capacité à dire le réel et la nécessité qu'elle a de le dire au-delà des illusions référentielles et des clôtures formalistes. Quant au dialogue intertextuel qu'elle instaure avec les œuvres antérieures et à sa méditation sur le motif de la filiation, ils sont les moyens qu'elle se donne pour s'interroger sur ce qu'elle est et sur ce qu'elle peut, fidèle en cela à sa fonction critique.

Marie-Odile ANDRÉ,
*Maître de conférences en littérature française,
université Paris-X*

BIBLIOGRAPHIE SUCCINCTE

BLANCKEMAN Bruno, *Les Récits indécidables : Jean Echenoz, Hervé Guibert, Pascal Quignard*, Villeneuve d'Ascq, Presses universitaires du Septentrion, 2000.

FLIEDER Laurent, *Le Roman français contemporain*, Paris, Seuil, « Mémo », 1998.

LEBRUN Jean-Claude et PRÉVOST Claude, *Nouveaux territoires romanesques*, Paris, Messidor-Éditions sociales, 1990.

MOREAU Jean-Luc, *La Nouvelle Fiction*, Paris, Critérion, 1992.

RABATÉ Dominique, *Le Roman français depuis 1900*, Paris, PUF, « Que Sais-Je ? », 1998.

RICHARD Jean-Pierre, *L'État des choses. Étude sur huit écrivains d'aujourd'hui*, Paris, Gallimard, 1990.

RICHARD Jean-Pierre, *Terrains de lecture*, Paris, Gallimard, 1996.

VIART Dominique (dir.), *Écritures contemporaines 1 – Mémoires du récit*, Paris, Éditions des Lettres modernes, 1998.

VIART Dominique et BAETENS Jan (dir.), *Écritures contemporaines 2 – États du roman contemporain*, Paris, Éditions des Lettres modernes, 1999.

VIART Dominique, *Le Roman français au XXe siècle*, Paris, Hachette, « Les Fondamentaux », 1999.

La poésie française contemporaine
1967-2000

Situation générale

La poésie française n'a pas connu, durant les dernières décennies, de ces grands mouvements qui émaillent l'histoire de notre littérature et permettent aux critiques de pointer des transformations décisives. Sa vitalité incontestable et sa richesse n'ont donné lieu véritablement à aucune école. Il en résulte un paysage « éclaté », anarchique, inhérent sans doute à une époque en crise et en plein bouillonnement, et dont on ne sait si elle est « fin de siècle », ou renouvellement débridé et un peu désordonné des formes.

Crise parce que les repères idéologiques et théoriques se sont brouillés. Ce brouillage rend très risquée toute catégorisation. De plus, la poésie n'étant pas à l'écart du monde, elle en vit aussi les convulsions.

La poésie, depuis plus de trente ans, est vouée à la confidentialité, voire la marginalité – même pour des auteurs majeurs. Un poète à la mode (si cette catégorie existe) arrive péniblement à vendre, souvent en plusieurs années, 1 500 exemplaires (tirage maximal aujourd'hui pour la poésie). Il suffit de considérer qu'il n'existe qu'une quinzaine de poètes vivants édités en format de poche. Mais les livres de poésie continuent d'exister sur les rayonnages de librairie souvent plusieurs années après leur publication (alors que les romans, par exemple, ne « durent », pour la plupart d'entre eux, qu'un mois). C'est dire aussi combien la poésie ne peut vivre sans l'appui institutionnel et les subventions à la publication du Centre national du livre (cf. encadré p. 139).

En conséquence, la situation de la poésie est, à la fois, complexe et simple. Complexe car il y a un nombre énorme de publications de poésie (en particulier de revues) en France et que ses formes sont infinies, ses sources d'inspiration multiples, définissant un domaine formel aux frontières extraordinairement floues qui va du vers à la prose et au récit poétique, en passant par le calligramme et tous les jeux d'imprimerie, le lettrisme aussi bien que le sonore ; un domaine où tout est possible, immense et si varié qu'il est impossible de le présenter autrement que schématiquement. Simple dans la mesure où, pour le lecteur moyen, il s'agit là d'une terre inconnue. Cette ignorance résulte d'ailleurs du peu d'empressement des médias à rendre compte de la poésie (« Le Printemps des Poètes », au mois de mars, tout en mettant l'accent sur la poésie, risque d'ailleurs d'accuser ce phénomène en limitant les comptes rendus de poésie à cette seule période de l'année) comme de la difficulté à évaluer ce que peut être une grande œuvre de poésie. Cela est bien sûr lié également à tout un schéma commercial, où il est difficile de séparer les soi-disant demandes du public du matraquage publicitaire centré seulement autour des prix attribués au domaine romanesque ou à quelques essais. C'est un handicap pour les poètes, sans doute, c'est aussi un avantage puisque cela leur permet d'échapper aux pressions inévitables des avidités commerciales. Cela a aussi une implication majeure. Tandis que les grandes maisons d'édition ne publient plus la poésie qu'au compte-gouttes (Gallimard, Mercure de France et Flammarion) voire plus du tout (Seuil) et participent, ce faisant, à l'effacement de la poésie dans la conscience du grand public, un nombre impressionnant de maisons d'édition dites « de province » ou « petites » assure la survie du genre ; on peut citer (de manière non exhaustive) Actes Sud, Al Dante, Arfuyen, Cadex, Champ Vallon, Cheyne, Dumerchez, Farrago, Fata Morgana, In'hui, La Différence, L'Atelier de l'agneau, Le Castor astral, Le Cherche Midi, Le Dé Bleu, Le Temps qu'il fait, Lettres vives, Obsidiane, Rougerie, Ryôan-ji, Tarabuste, Théodore Balmoral, P.O.L, Ulysse Fin de siècle, Unes, etc., en donnant la possibilité à toutes les tendances de s'exprimer et de trouver un public, car elles se fondent, entre autres, sur la découverte puis la fidélité à leurs auteurs (ce qui est bien moins le cas des éditions dites « grandes », qui préfèrent à la découverte la publication d'auteurs confirmés découverts par d'autres, d'où le vieillissement évident de leur catalogue et une certaine sclérose). Bien sûr, cette multiplication des éditeurs participe à l'émiettement du paysage.

Cependant, en dépit de cela – ou plutôt en raison même de cela – on peut tenter d'élaborer une approche plus ou moins rationnelle. On soulignera auparavant que, sur le plan chronologique, les années 1967-1968 n'ont pas été choisies au hasard. Elles présentent un tournant avec l'autodissolution du groupe surréaliste (en 1969 exactement) et l'apparition de nombreuses voix nouvelles, Mathieu Bénézet, Jean Daive, Lionel Ray, Jacques Réda, Jacques Roubaud, Jude Stefan, pour ne citer que les principaux. Nous assistons alors à une assimilation des avancées théoriques des années antérieures (avancées qui ne peuvent, en aucun cas, être niées ou dévalorisées) et à une redistribution des cartes.

Même si le paysage se complique (du fait justement de l'absence repérable d'écoles dominantes), dans cet immense chantier permanent que représente la poésie contemporaine, on peut (au prix de quelques simplifications) distinguer un certain nombre de lignes de force dont je ne présenterai (manque de place, bien sûr, eu égard, encore une fois, à l'immense vivier d'auteurs : la poésie est aujourd'hui de tous les genres littéraires, le plus vivant, le plus novateur, il est peut-être même l'avenir de la littérature) que les auteurs qui me paraissent les plus représentatifs. C'est pourquoi n'apparaîtront pas de manière générale les poètes qui ont publié des œuvres marquantes, et donc connues aujourd'hui, avant 1967. Leur influence sur ces trente dernières années est indéniable et à toujours conserver en mémoire.

Les différentes orientations

L'Oulipo

Il s'agit là d'un axe résolument formaliste dont le représentant le plus important est Jacques Roubaud. Situer et analyser ce poète peut donner une idée des problèmes que rencontre la poésie aujourd'hui. Ainsi Roubaud (dont le premier livre, *Signe d'appartenance*, paraît fin 1967), mathématicien, poète et théoricien, affirme dans *La Vieillesse d'Alexandre* en 1978, puis plus récemment dans *La Poésie, ménage, etc.* (1995), qu'il n'est de poésie que par le vers. Cependant la majeure partie de son œuvre est une remise en question, souvent radicale, du vers traditionnel, qui débouche fréquemment sur ce que l'on pourrait appeler une prose rythmée, ou mieux, chiffrée. Tous les livres de Roubaud reposent sur la contrainte de combinatoires de chiffres et, plus particulièrement, son chef-d'œuvre *Quelque chose noir* (1986). Ce livre remarquable fonde sa structure sur les particularités de la table de multiplication par neuf et la symbolique afférente à ce chiffre étonnant. La contrainte n'est pas seulement formelle, elle est aussi d'ordre culturel, puisque la première vocation de l'Oulipo est de travailler sur les œuvres passées ou à partir de plusieurs champs culturels. C'est ainsi que Roubaud écrit au carrefour de différentes traditions, celle de la poésie médiévale européenne (il est l'auteur de plusieurs livres sur la littérature médiévale), celle du sonnet ou du « tombeau », celle de la poétique japonaise, avec en particulier le haïku et le tanka (*Mono no aware*, 1970 ; *Trente et un au cube*, 1973).

Également membre de l'Oulipo, Michelle Grangaud tisse depuis plusieurs années un méticuleux et patient travail de chiffrement-déchiffrement, une sorte de trame, où se joue la question de l'identité du sujet et de son inscription dans le monde (*État-civil*, 1998) ; tandis que Jacques Jouet dans un énorme livre (en trois tomes), *Navet, Linge, Œil de vieux*, (1998) propose un poème par jour, sur toute une année, brassant de multiples contraintes métriques, structurelles et culturelles.

Le minimalisme

Face à cette poésie, extrêmement normée, s'appuyant, tout en les transgressant ou en jouant avec, sur les plus anciennes traditions de versification, on trouve les poètes minimalistes qui s'attachent à détacher le mot sur la page. La langue est alors réduite à sa plus simple expression, son « plus simple appareil » dirait Anne Portugal (*Dans la reproduction en deux parties égales des plantes et des animaux*, 1999 ; *De quoi faire un mur*, 1987), et je citerai là deux poètes emblématiques et remarquables de cette tendance : Anne-Marie Albiach avec un livre paru en 1971, *État*, qui décrit d'abord l'état de la langue poétique et correspond visuellement à une théâtralisation du mot sur la page, ainsi qu'une approche minimale de la langue, où les articulations de la syntaxe sont mises en évidence, tandis que les adjectifs sont réduits à la portion congrue. Cela a pour effet une écriture très tendue et en apparence désarticulée, fondée sur la rupture et le dépouillement, visant à « l'élaboration du silence » (*Mezza voce*, 1984). *État* peut être lu comme le roman quasi mystique de la langue, ce roman auquel travaille la majorité des poètes contemporains, quelle que soit la manière dont ils le manifestent. Le deuxième est Claude Royet-Journoud qui, en quatre livres, (de 1972, *Le Renver-sement*, à 1997, *Les Natures indivisibles*) a orienté, dans le même sens qu'Anne-Marie Albiach, une nouvelle manière d'écrire. Pour lui la poésie ne saurait être qu'un « métier d'ignorance », par lequel le poète s'acharne à circonscrire le réel en de minces objets, poèmes réduits à presque rien mais qui « contiennent l'infini ». On a parlé, à son propos, d'écriture blanche. Le mot est comme isolé sur la page, le vers est toujours bref, le poème court ; ils prennent, de ce fait, une ampleur insoupçonnée auparavant, une résonance, tout comme l'espace sur lequel ils se détachent que l'œil du lecteur est appelé à redécouvrir.

Les héritiers de Tel Quel

À l'extrême opposé, en apparence, interviennent certains héritiers de Tel Quel. D'abord Denis Roche qui a publié, en 1995, ses *Œuvres poétiques complètes* dans la collection « Fictions et Cie » qu'il dirige aux éditions du Seuil mais pour qui, néanmoins, « la poésie est inadmissible », et qui d'ailleurs cesse d'en publier (mis à part cette dernière entorse) après *Le Mécrit* en 1972. Ce qui est frappant dans cette démarche, à plus de vingt ans de distance, c'est son attachement à déconstruire la poésie, ou sa forme la plus visible, le poétique (« dé-figurer la convention ») pour en finir par affirmer que la poésie « n'existe pas », dans une langue débridée qui joue de toutes les conventions du XIXᵉ siècle (en particulier celles qui régissent le vers et la « bien-séance » lexicale). Cette position en vient à dénoncer le romantisme incurable de la poésie par une posture étonnamment romantique dans son radicalisme qui n'est pas non plus sans rappeler Antonin Artaud. Cette œuvre, qui affirme détruire certaines traditions, n'est pourtant lisible que dans la mesure où cette tradition existe encore. D'une certaine manière, Denis Roche parie paradoxalement sur le maintien de ce qu'il prétend combattre (d'où la relation que l'on peut sans doute voir entre la réédition de ses œuvres et la résurgence, ces dernières années, de l'alexandrin et des formes classiques) et s'inscrit dans une contradiction vitale.

Relevant également de l'héritage d'Artaud, comme de celui de Jarry, via *Tel Quel*, je citerai Christian Prigent (qui a fondé, il y a près de trente ans, avec Jean-Luc Steinmetz, la revue *TXT*). Prigent use aussi bien de la prose enfiévrée d'un Lautréamont, que d'un vers qui peut être minimaliste (*Couper au couteau*, 1993) ou presque classique (*Paysages avec vols d'oiseaux*, 1982). Dans son essai, paru en 1996, *À quoi bon encore des poètes ?* (qui fait suite à *Ceux qui merdrent*, 1991), il pose la question de la nécessité de la poésie déjà formulée au début du XIXᵉ siècle. Affleure d'ailleurs, dans cette œuvre, une réflexion qui doit autant à la métaphysique du romantisme allemand qu'à Georges Bataille, avec l'idée centrale du « non-sens du présent », des forces négatives et de l'érotisme. Mais plutôt qu'une écriture du « désastre », je parlerai d'une écriture de la « catastrophe » qui vient, littéralement, bouleverser la langue, le poète et son lecteur ; une écriture dé-rangée et dé-rangeante, hantée par le couple contradictoire : amour/haine de la poésie. Cette poésie est creusée, par une scansion heurtée, une volonté salutaire de l'excès, à la limite de la saturation, parce que l'écriture y est travaillée par le « Mal » comme dans *Dum pendet filius* (1997). « La littérature est grande quand

elle *traite* le Mal. Non pas quand elle le *soigne* » affirme justement Prigent...
Modernité donc, mais qui ne coupe pas certaines racines fort anciennes et peut se
réclamer aussi du Zaouisme.

Dans la même famille, on peut placer le courant, devenu extrêmement vivace
dans les années 1990, de la poésie sonore avec particulièrement, en figure de
proue, Bernard Heidsieck, dont les œuvres sont disponibles sous la forme de cédés.

Le littéralisme

Je situerai les littéralistes, dont le représentant le plus notable est sûrement
Emmanuel Hocquard, entre les minimalistes et les héritiers de *Tel Quel*. De Denis
Roche, Emmanuel Hocquard retient l'idée que la poésie n'est pas un exercice très
admissible et qu'il faut entreprendre un travail de dé-construction. Pour ce faire,
il s'inspire, de très près, des poètes de l'école objectiviste américaine, qu'il traduit
en français, et s'appuie sur ce qu'on appelle en bande dessinée la ligne claire,
dont Hergé est le plus visible porte-parole. Si bien que parfois son œuvre peut
paraître bien classique, voire scolaire, tant le langage est nettoyé de tout pathos,
presque transparent dans sa formulation quasi scolastique. Peut-être cela est-il dû
également à l'influence de Wittgenstein et sa logique, qui est à la mode dans les
années 1970 et 1980. On peut considérer selon cet axe *Théorie des tables* (1992)
et ses *Élégies* (1990), où Emmanuel Hocquard s'attache à construire, dans une
langue refusant la métaphore, un sujet mis à distance. Cette question du sujet est
d'ailleurs au cœur de son œuvre fortement autobiographique : sujet toujours distancié, neutralisé, considéré comme une pure surface, et reconstitué à travers
différents modèles littéraires tels que l'enquête policière (*Un privé à Tanger*,
1987), modèles que l'auteur s'efforce de moderniser en les privant de toute trace
d'effusion, en les « objectivant ».

On placera dans cette lignée un auteur récent, Olivier Cadiot (directeur des deux
numéros de la *Revue de littérature générale* aux éditions P.O.L) qui, dans ce
perpétuel mouvement de déconstruction de la langue (la poésie moderne semble
être l'histoire d'une lutte jamais achevée contre les contraintes qu'elle s'est in-
ventée et continue de s'inventer), occupe une place certaine. Son premier ouvrage
L'Art poétic (1988) propose le collage et l'ajointement d'exemples de grammaire
qui ont pour volonté de dynamiter, avec humour, la langue, de réduire toute sa
chair boursouflée par tant de siècles de « poétisme » pour, en une série de propositions minimales, en faire apparaître le squelette. Depuis, Olivier Cadiot semble
s'être écarté de ces procédés parfois mécaniques au profit d'une recherche plus
ouverte et mobile, très novatrice, qui a pour cadre le texte et permet un dépassement
réussi tant de la poésie que du roman (*Le Colonel des Zouaves*, 1992).

Le lyrisme critique

Le lyrisme critique représente la plus récente « famille » de poètes, très nombreux et écrivant sous les formes les plus diverses, depuis le poème bref de
Jean-Luc Sarré (*Les Journées immobiles*, 1986 ; *Affleurements*, 2000) à la prose
mêlée de vers de Gérard Noiret (*Polyptique de la dame à la glycine*, 2000) en
passant par la voix polyphonique de Mathieu Bénézet (*L'Aphonie de Hegel*, 2000).

Cette notion de « lyrisme critique » est progressivement mise au point par Jean-Michel Maulpoix (qui dirige la revue *Le Nouveau Recueil* aux éditions Champ Vallon) à travers des essais tels que *La Poésie malgré tout* (1995) et surtout le récent *Du lyrisme* (2000, réécriture considérablement augmentée d'un ouvrage plus ancien, *La Voix d'Orphée*). Cependant, certains des poètes (par bien des aspects inclassables), que l'on peut rattacher à cet « esprit », commencent à être publiés entre 1968 et 1975, j'en citerai quatre : Lionel Ray, Gérard Macé, James Sacré et Claude Esteban.

Lionel Ray a presque toujours écrit en vers. Ce vers s'est, au fil des années, musicalisé tandis que le poète adoptait une composition moins « agressive ». Depuis *Les Métamorphoses du biographe suivi de La parole est possible* (1971) à la forme provocante (désarticulation du poème), il a peu à peu assoupli sa voix, l'a épurée, pour atteindre une harmonie qui fait de lui un des principaux enchanteurs contemporains (*Le Nom perdu*, 1987). Par cette évolution il est un des principaux ponts entre le formalisme « dur » des années 1970 et le lyrisme d'aujourd'hui.

Gérard Macé – dont le premier livre *Le Jardin des langues* paraît en 1974 – écrit exclusivement en prose, une prose qui peut devenir récit poétique (*Le Dernier des Égyptiens*, 1988), mais prend, le plus souvent, la forme brève du poème, comme dans *La mémoire aime chasser dans le noir* (1993), dont le rythme méditant se prête particulièrement à l'appréhension du monde à travers les modalités de sa représentation (rêve et photographie) et les interrogations d'une voix qui cherche à composer l'absence (c'est-à-dire aussi à composer avec l'absence).

James Sacré, plus marqué sans doute par les avancées théoriques des années 1960 (la sémiotique en particulier), va de la prose au vers long, voire le verset, en des ouvrages qui ne cessent de jouer sur la langue et son rapport au monde, comme l'indiquent des titres tels que *Figures qui bougent un peu* (1978), *Quelque chose de mal raconté* (1981), *Le renard est un mot qui ruse* (1994). Son écriture claudiquante est capable d'épouser les formes du réel, d'en dresser le paysage, tout en ne cessant d'interroger et de s'interroger sur les pouvoirs du poème dont elle se méfie, évitant ainsi l'exotisme à la Pierre Loti, comme dans *Une fin d'après-midi à Marrakech* (1988).

Enfin Claude Esteban qui dirigea dans les années 1970 la revue *Argile*, publie à la fin des années 1980, deux livres de deuil qui comptent parmi les plus beaux et les plus émouvants de notre époque : *Élégie de la mort violente* (1989) et *Quelqu'un commence à parler dans une chambre* (1995), renouvelant ainsi la tradition du tombeau, grâce à une langue jouant également de la prose et du vers, de la contrainte formelle, comme du lyrisme tantôt véhément, tantôt murmuré.

Il est alors aisé de déduire que le lyrisme critique excède la seule position du vers et, de ce fait, excède les formes mêmes de la poésie, en s'efforçant d'en dépasser les contradictions et en s'approchant souvent du récit comme le fait Jean-Michel Maulpoix dans *L'Écrivain imaginaire* (1994), *L'Instinct de ciel* (2000) ou en jouant du vers et de la prose dans *Une histoire de bleu* (1992). Son lyrisme est critique en ce qu'il témoigne d'une crise et refuse l'épanchement et l'illusion lyriques aussi bien que la célébration naïve d'un sujet autarcique. Parce que sans illusion, il vise à l'autre, et instaure une poétique de l'adresse, une poétique de la voix et du mouvement (*Domaine public*, 1998). Le lyrisme critique est un chant qui se déploie à travers la voix et pose l'altérité comme une des clés de la création ; il refuse de se laisser prendre au piège de son propre miroir, de contempler sa propre surface. C'est dans la voix et par la voix, que le sujet se constitue en être de chant, qu'il s'adresse à l'autre, hors de toute posture romantique. Poétique donc de la voix, de l'adresse, du don, telle semble être la plus récente orientation de la poésie française qui ouvre au lyrisme de nouveaux chemins.

Dans le fil de la tradition

D'autres s'inscrivent par rapport à la tradition, sans prétendre la révolutionner, mais en la gauchissant. Ainsi d'un courant représenté fortement par l'œuvre de Jacques Reda (il dirige durant les années 1980 la *NRF*). Il publie son premier ouvrage *Amen,* en 1969. Depuis, il a produit une œuvre s'orientant selon deux directions : l'une va du vers libre (*Récitatif*, 1970) à un vers qui « tourne » autour de l'alexandrin (*L'Incorrigible*, 1995) ; tandis que l'autre, par la prose, aboutit à des volumes qui lui vaudront la célébrité, tels que *Les Ruines de Paris* (1977) ou *L'Herbe des talus* (1983). Mû par le souci du réel et le goût de la pérégrination dans le paysage urbain du Paris intra-muros ou extra-muros, d'aujourd'hui et d'hier, ce piéton de la ville, amateur de jazz, apporte à la poésie contemporaine le refus des théorisations (de quelque ordre qu'elles soient) au profit de la sensation et la respiration, du rythme. On peut inscrire dans cette lignée Guy Goffette, dont le vers est plus verlainien sans doute et musical, plus marqué par la mélancolie des paysages du Nord comme dans *La Vie promise* (1991).

Du côté de la poésie ouvertement chrétienne, on retiendra surtout deux noms, Christian Gabriel Le Guez Ricord et Jean-Pierre Lemaire. Le premier, mort en 1990, a donné avec *Maison-Dieu* (1982) un poème-fleuve, au mouvement très ample et marqué fortement par un mysticisme flamboyant, dans la tradition syncrétiste d'un Nerval, où la vierge côtoie les figures mythologiques, où la transgression des rites s'accompagne d'un chant très soigneusement mesuré (même si cette mesure excède largement le nombre de syllabes de l'alexandrin). On songe alors à un baroque moderne. Le second, dans un registre plus humble, s'attache, en de brefs poèmes (hérités, entre autres, de Jean Follain) à inscrire sa foi dans le quotidien. Ainsi *Les Marges du jour* (1981) ou *Le Chemin du cap* (1993) mettent en scène un christianisme à la fois familier et prosaïque, où la sainteté est un exercice journalier.

Et il y a tous ceux que l'auteur de ces lignes répugne à placer dans telle ou telle famille et dont l'œuvre est évidente : Claude Ber, Bernard Chambaz, Bernard Collin, Jean Daive, Philippe Denis, Yves Di Manno, Christian Doumet, Dominique Fourcade, Dominique Grandmont, Franck André Jamme, Gil Jouanard, Heddi Kadour, Alain Lance, Nicolas Pesqués, Yves Peyré, Jean-Claude Pinson, Pascal Riou, Paul-Louis Rossi, Jean-Baptiste de Seynes, Esther Tellerman, André Velter, Serge Pey ; parmi les plus jeunes – et ils sont si nombreux : Olivier Barbarant,

Jean-Patrice Courtois, Didier Garcia, Jean-Louis Giovannoni, Bruno Grégoire, Yannick Liron, Sandra Moussempes, Véronique Pittolo, Patrick Wateau. Ils sont tous des poètes passionnants, à lire absolument, évidemment...

Benoît CONORT,
Maître de conférences en littérature,
université Paris-X

BIBLIOGRAPHIE SUCCINCTE

BANCQUART Marie-Claire, *La Poésie en France du surréalisme à nos jours*, Paris, Ellipses, 1996.

GRÉGOIRE Bruno, *Poésies aujourd'hui*, Paris, Seghers, 1990.

JARRETY Michel (dir.), *Dictionnaire de poésie de Baudelaire à nos jours*, Paris, PUF, 2001.

Quelques sites traitant de la poésie sur Internet

CNL : *www.centrenationaldulivre.fr*

Site de J.-M. Maulpoix : *www.maulpoix.fr.fm*

www.cafe.edu

Site de François Bon, *www.remue.net*

Les littératures francophones contemporaines

Il est désormais admis que le français n'est plus l'apanage exclusif de la centaine de millions de locuteurs dont il constitue la langue maternelle (France, naturellement, mais aussi Wallonie-Bruxelles, Suisse romande, Luxembourg, Val d'Aoste, Québec et minorités francophones d'Amérique et du Canada, etc.), mais qu'il joue également un rôle à la fois politique et culturel à travers l'archipel des espaces francophones disséminés dans le monde, de l'Afrique à l'Asie, en passant par les Caraïbes, l'océan Indien, le Proche-Orient, le Pacifique, l'Europe orientale... Sans oublier ceux ou celles qui ont élu le français comme langue de création littéraire.

Le paysage littéraire s'en trouve donc à la fois enrichi et considérablement diversifié. Il n'y a pas si longtemps, les auteurs de dictionnaires ou d'encyclopédies, contraints par souci d'exhaustivité d'évoquer ces productions littéraires « périphériques » à la littérature française parlaient de littératures « régionales », « annexes » ou « connexes » ! À cet embarras taxinomique a succédé une reconnaissance progressive, parfois teintée de paternalisme, des différentes littératures francophones, dont l'émergence a été en grande partie favorisée par les bouleversements politiques, économiques qui ont marqué nos sociétés après 1945.

Mais il ne faudrait pas oublier que la francophonie est d'abord une affaire de voisinage, avec aux portes de Paris l'existence plus que séculaire de littératures d'expression française, largement enracinées dans nos habitudes mentales, et parfois couronnées de récompenses prestigieuses, comme le prix Goncourt, au point de ne pas toujours être clairement distinguées du patrimoine national.

Toutefois, il faut bien reconnaître que le tournant des années 1945-1950, au lendemain de la Seconde Guerre mondiale, marque de manière décisive l'émergence d'une parole longtemps contenue ou réprimée, tant au Québec que dans les anciennes colonies françaises d'Afrique et des Caraïbes. Nées du fait colonial et largement en réaction contre ce même fait colonial, ces littératures ont joué un rôle de premier plan dans la prise de conscience et la reconnaissance des valeurs propres aux sociétés du Maghreb et du monde noir. Tandis que Senghor, Césaire, Damas et leurs amis entendaient « manifester » l'Afrique à travers l'épiphanie poétique de la Négritude, leurs successeurs, davantage portés sur la prose romanesque, se sont employés à réhabiliter des traditions souvent méconnues et à dénoncer aussi bien l'oppression coloniale que les dérives des Indépendances.

Dans le même temps, les romanciers et dramaturges maghrébins retrouvaient le chemin de leur identité dans une langue française habitée par une passion iconoclaste. Ce mouvement de relecture du passé s'étendait bientôt aux Caraïbes et à l'océan Indien, où poètes, romanciers et dramaturges entreprenaient, à la suite de Césaire, d'assumer le lourd héritage de trois siècles d'esclavage et de domination. Enfin, au Québec comme en Afrique, le tournant des années 1950 marque également une volonté de rupture avec les « littératures séculaires ». Publié en 1948 (l'année même de l'« Orphée noir » de Sartre[1]) le manifeste *Refus global* du peintre Paul-Émile Borduas préfigure la « révolution tranquille » de 1960, grosse des œuvres de Gaston Miron, Réjean Ducharme, Anne Hébert et Antonine Maillet.

Francophonies européennes

Terre de grammairiens – on pense ici à Maurice Grévisse, auteur du *Bon usage* – la Belgique a vécu pendant plus d'un siècle le paradoxe d'une littérature qui, tout en s'écrivant majoritairement en français, puisait l'essentiel de son inspiration dans ce qu'on a qualifié tantôt de « nordicité », tantôt d'« âme belge ». C'est en effet le vieux fonds flamand qui nourrit aussi bien la prose que la poésie d'Émile Verhaeren (*Les Campagnes hallucinées, Les Villes tentaculaires*), de Charles de Coster (*La Légende d'Ulenspiegel*), de Georges Eekhoud (*Kermesses*, 1884), Maeterlinck (*Pelléas et Mélisande*), Georges Rodenbach (*Bruges la morte*), Franz Hellens, inventeur du « fantastique réel », ou encore Marie Gevers (*Madame Orpha*). Langue de la bourgeoisie dominante au moment où, en 1930, la Belgique en tant qu'État voit le jour, le français ne tarde pourtant pas à entrer en concurrence avec le flamand qui, du statut de langue populaire, a progressivement acquis ses lettres de noblesse avec l'instauration officielle du bilinguisme.

La partie wallone n'en marque pas moins une grande vitalité littéraire qu'attestent les œuvres de Marcel Thiry, André Baillon (*Délires*, 1927), Henri Beauchau (*Œdipe sur la route*), Françoise Mallet-Joris, Dominique Rolin, Maud Frère, Hubert Juin (*Les Hameaux*), Marcel Moreau, Georges Simenon, Jean Ray (*Les Cercles de l'épouvante*), Pierre Mertens (*Les Bons Offices*, 1975), etc., sans oublier tout un courant surréaliste particulièrement fécond nourri des œuvres d'Henri Michaux, Achille Chavée, Paul Nougé...

La plupart de ces textes expriment la profonde singularité d'une littérature belge largement dominée par la recherche d'une identité problématique en raison de la fracture linguistique qui divise ce petit pays, et cette situation explique sans doute le choix par bon nombre d'écrivains belges de genres littéraires réputés marginaux comme le fantastique, la bande dessinée (n'oublions pas Hergé, le père de Tintin), le roman policier. Parfois qualifiés d'« irréguliers », les écrivains belges de langue française manifestent également un goût prononcé pour la subversion des codes narratifs, parodie, dérision, etc., dont Jean-Pierre Verheggen, auteur du *Degré zorro de l'écriture* semble s'être fait une spécialité.

---

1. Préface de Jean-Paul Sartre dans Senghor, *Anthologie de la nouvelle poésie nègre et malgache de la langue française*, Paris, PUF, 1948.

On constate en Suisse romande la même prédilection pour certaines formes littéraires plus largement représentées ici qu'ailleurs, la poésie, le journal intime, l'autobiographie, la nouvelle, le récit de voyage...

L'influence persistante du calvinisme, qui a joué un rôle déterminant dans le développement des lettres helvétiques, explique sans doute ce penchant des plus grands écrivains pour l'introspection, à commencer par le plus illustre d'entre eux, Jean-Jacques Rousseau, dont la tradition se continue dans l'œuvre d'Amiel, Benjamin Constant, et chez bon nombre d'auteurs contemporains comme Denis de Rougemont, Maurice Chappaz, Alice Rivaz, Jacques Chessex (*La Confession du Pasteur Burg*).

Les écrivains de Suisse romande se montrent également très sensibles à la nature (dans un premier temps ce sera le discours alpin, puis avec *La Nouvelle Héloïse*, la découverte du lac), un sentiment qui nourrit aussi bien une poésie intimiste d'une haute tenue (Philippe Jacottet, Cendrars, Haldas, Monique Laederach...) qu'une prose exigeante (Charles-Ferdinand Ramuz, Maurice Chappaz, Charles-Albert Cingria, Corinna Bille...), mais ils ont également alimenté tout un courant de littérature de voyage, qu'illustrent des écrivains comme Blaise Cendrars ou Nicolas Bouvier.

Attentifs à marquer leurs distances vis-à-vis de Paris, une attitude qui se manifeste dès le XVIIIe siècle chez un écrivain comme Isabelle de Charrière, et dont on retrouve l'écho dans l'entourage de Madame de Staël à Coppet, les écrivains suisses, servis par une riche tradition éditoriale héritée du protestantisme, ont su exprimer leur attachement au terroir tout en affirmant une singularité qui s'explique sans doute par la position géographique de la Suisse, à mi-parcours de la romanité et de la germanité. Toutefois, à la différence de leurs confrères belges, parfois tentés d'emprunter les chemins de la « désécriture », les écrivains de Suisse romande s'en tiennent, pour la plupart d'entre eux, à un néoclassicisme de bon aloi.

L'Afrique noire

En ce qui concerne l'Afrique noire, on s'accorde généralement pour reconnaître que la publication du roman de René Maran, *Batouala*, en 1921, marque le coup d'envoi de la littérature nègre, sans doute en raison du retentissement provoqué par cet ouvrage couronné par le prix Goncourt, et dont la préface, jugée insultante, déclencha un véritable scandale au sein de la classe politique. Dans l'hommage posthume qu'il a rendu à René Maran, Léopold Senghor souligne d'ailleurs le rôle de pionnier joué par l'écrivain guyanais en faisant observer : « Après *Batouala* on ne pourra plus faire vivre, travailler, aimer, pleurer, rire, parler les Nègres, comme les Blancs ».

Toutefois, si *Batouala* devait devenir le livre de chevet du futur champion de la Négritude, il ne fut pas le seul à porter témoignage sur l'« âme noire », et l'on doit également mentionner ici une série d'œuvres qui témoignent de l'émergence d'une littérature africaine en langue française, *L'Esclave* (1930) de Félix Couchoro, *Karim* (1935) d'Ousmane Socé et enfin *Doguicimi* (1938) de Paul Hazoumé.

Fonctionnant souvent à la manière d'un reportage ethnographique, le recueil de contes, le roman ou le poème africains d'expression française entendaient en effet apporter la preuve de la richesse et de la diversité des civilisations noires, méprisées ou carrément niées, et ils ne dédaignent pas d'opposer à un Occident triomphaliste abhorré l'image idéale (et idéalisée) et bucolique des modes de vie traditionnels africains. « Remontant au passé le plus éloigné », remarque le Haïtien Léon Laleau qui, avec le docteur Jean-Price Mars, fut l'un des grands précurseurs de la Négritude, « nous rejoignîmes nos origines, nous affectâmes, gobinisme à rebours, une certaine fierté de nous dire nègres ». C'est cet esprit, qui se cristallisera bientôt autour de l'idée de « Négritude » dans la série de textes qui paraissent au lendemain de la Seconde Guerre mondiale, recueils de contes (*Les Contes d'Amadou Koumba*, 1947, de Birago Diop ; *Le Pagne noir*, 1955, de Bernard Dadié), recueils poétiques (*Chants d'ombre*, 1945, *Hosties noires*, 1948, *Éthiopiques*, 1956, de Léopold Senghor ; *Black Label*, 1956, de Léon-Gontran Damas ; *Cahier d'un retour au pays natal*, 1947, d'Aimé Césaire ; *Antsa*, 1956, de Jacques Rabemanajara...), sans oublier le très beau roman de Camara Laye, *L'Enfant noir* (1953).

La protestation anticolonialiste s'est donc trouvée, d'emblée, associée à une idéologie que l'on a pu par la suite taxer à la fois de réactionnaire et raciale, dans la mesure où elle prônait une sorte de retour généralisé aux sources et se faisait fort d'exprimer une réalité nègre qui, débordant le continent africain, s'étendrait à toute la diaspora noire d'Amérique et des Antilles. Aussi, analysant avec beaucoup de lucidité le mouvement de renaissance culturelle conduit par la *Revue du monde noir*, puis par le groupe de *L'Étudiant noir*, rassemblé autour de Senghor, Aimé Césaire et Damas, Franz Fanon dénonçait-il dès 1958 le risque de généralisation abusive d'une entreprise aussi totalitaire : « L'intellectuel colonisé qui est parti très loin du côté de la culture occidentale », constate-t-il dans les *Damnés de la terre*, « et qui se met en tête de proclamer l'existence d'une culture, ne le fait jamais au nom de l'Angola ou du Dahomey. La culture qui est affirmée est la culture nègre... »

À peine les anciens territoires d'outre-mer émancipés de la métropole, cette vision unanimiste n'allait pas tarder à voler en éclats (comme en témoigne le roman iconoclaste de Yambo Ouologuem, *Le Devoir de violence*, 1968), tandis qu'à la « passion » de la Négritude succédait le temps des désillusions. Les années 1960 donnent en effet naissance à une littérature critique qui prend ses distances vis-à-vis des idées et des positions défendues par Senghor et ses amis ; ceci est particulièrement visible dans le discours théorique des intellectuels, Martien Towa, Stanislas Adotevi (*Négritude et négrologues*, 1972), Paulin Hountondji, Joseph Ki-Zerbo, etc.

Quels que soient les prestiges du passé, c'est en effet dans le temps présent que les nouvelles générations doivent inscrire leur destin. Pour beaucoup de jeunes Africains formés aux disciplines et aux méthodes occidentales, le contact avec l'Europe va, la plupart du temps, se traduire par une certaine difficulté à se situer au moment du retour au pays natal : expérience parfois douloureuse qui fournit le sujet de plusieurs romans d'apprentissage, *L'Aventure ambiguë*, 1961, de Cheikh

Hamidou Kane ; *Climbié*, 1976, de Bernard Dadié ; *Le Regard du Roi*, 1954, de Camara Laye.

Tandis que la poésie hésite désormais entre l'engagement (dans l'œuvre du Camerounais Paul Dakeyo, par ex.) et le repli sur des débats plus intérieurs (en particulier chez le Congolais Tchicaya U Tam'Si), roman et théâtre restent très tributaires d'un paysage social dans lequel les séquelles de la décolonisation, jointes à une urbanisation forcenée, composent une constellation de situations dramatiques marquées par la violence, la corruption et l'exacerbation des tensions entre une caste de parvenus insolents et la masse, le plus souvent réduite à la plus abjecte misère. Des œuvres comme *Les Soleils des indépendances*, 1968, d'Ahmadou Kourouma ; *Le Cercle des Tropiques*, 1972, d'Alioum Fantouré ; *Xala*, 1973, *Perpétue et l'habitude du malheur*, 1974, de Mongo Beti ; *Le Bel Immonde*, 1976, de Mudimbe ; *Les Crapauds-brousse*, 1979, de Tierno Monénembo ; *La Vie et demie* ou *La Parenthèse de sang*, 1979, de Sony Labou Tansi ; *Le Pleurer-Rire*, 1982, d'Henri Lopès ; *Toiles d'araignée*, 1982, d'Ibrahima Ly ; *Ces fruits si doux de l'arbre à pain*, 1987, de Tchicaya, etc., constituent autant de réquisitoires dressés contre les bourgeoisies « compraidores » dépositaires de l'héritage postcolonial.

Dénonçant tour à tour l'adoption inconditionnelle et souvent absurde d'idéologies étrangères à l'Afrique, la trahison des élites et l'affairisme éhonté de la classe dirigeante, les écrivains contemporains, et au premier rang d'entre eux les romanciers, sont unanimes pour stigmatiser le coupable numéro un : le pouvoir africain. Un pouvoir le plus souvent totalitaire et qui, relayé tantôt par l'armée, tantôt par le parti unique, tantôt par les deux conjugués, a transformé la plus grande partie du continent en un immense « goulag tropical ». La figure du pouvoir est en effet prédominante dans la plupart des œuvres littéraires véritablement significatives des dernières décennies.

À ne considérer que quelques-uns des textes les plus marquants, on ne manque pas d'être frappé par le rôle déterminant qu'y jouent les personnages de « Présidents à vie », et autres « guides providentiels » mis en scène par les romanciers et les dramaturges. Ce pouvoir a une réalité complexe, dont les mécanismes pervers sont démontés sans complaisance par les écrivains, mais ceux-ci s'emploient aussi à décrire ce pouvoir en action et à montrer que, quel que soit le degré d'intensité atteint par la tyrannie, l'espoir en des jours meilleurs n'est cependant jamais totalement absent, comme en témoigne le roman de Williams Sassine, *Le Jeune Homme de sable*, 1979.

Toutefois, il n'est pas indifférent de constater que si le motif politique demeure prédominant dans la fresque que les écrivains brossent de l'Afrique, leurs stratégies narratives, elles, ont évolué et s'apparentent de plus en plus au style de la fable, de l'allégorie ou de la parabole. Car c'est certainement dans le champ scriptural que se manifeste de la manière la plus spectaculaire, chez les poètes Tchicaya, Noël Ebony, Paulin Joachim, Jean-Baptiste Tati-Loutard, Bernard Zadi-Zaourou, chez les dramaturges Werewere Liking, Sylvain Bemba, Sony Labou Tansi, et chez les romanciers, la volonté d'inventer une poétique nouvelle. Refusant la fausse alternative entre l'allégeance servile à des modèles occidentaux et le fétichisme de la tradition, ces derniers entendent en effet assumer pleinement leur condition d'écrivains et ils manifestent désormais la plus vive réticence à l'égard de ceux qui les sommaient, il n'y a pas si longtemps, d'être les accoucheurs de l'Histoire.

À une écriture du politique succède donc aujourd'hui une politique de l'écriture, contribuant ainsi à cette floraison de récits ou de dramaturgies baroques et polyphoniques dans lesquels fantaisie, humour et dérision ont également leur place (comme on le voit par ex. dans la truculente *Trilogie de Kouta*, de Massa Makan Diabaté), et qui, dans les conditions actuelles, apparaissent comme les plus sûrs moyens d'exorciser l'inexorable déshumanisation d'une Afrique livrée à ses démons.

Enfin le temps semble venu également pour la femme africaine d'affirmer sa singularité, comme en témoigne la prise de parole et d'écriture des romancières sénégalaises, Mariama Bâ, *Une si longue lettre*, 1979 ; Aminata Sow Fall, *La Grève des Bâttu*, 1979 ; Nafissatou Diallo, *Le Fort maudit*, 1980 ; Ken Bugul, *Le Baobab fou*, 1976, elles-mêmes relayées depuis peu par les Camerounaises Werewere Liking, *Elle sera de jaspe et de corail*, 1983, *Singue Mura*, 1990, et Calixthe Beyala, *C'est le soleil qui m'a brûlée*, 1987, *Seul le diable le savait*, 1990, *Assèze l'Africaine*, 1994, etc. ; ou encore l'Ivoirienne Tanella Boni, *Une vie de crabe*, 1990, *Les Baigneurs du lac Rose*, 1993.

C'est en réalité à une véritable guérilla féminine, voire féministe, que nous invitent les écrivaines africaines et, en particulier, la très médiatique Calixthe Beyala qui n'hésite pas à briser aussi bien le mythe de l'image maternelle, souvent idéalisée par ses prédécesseurs, que la représentation stéréotypée du corps féminin, restauré dans sa réalité physiologique comme dans son droit au plaisir.

Cette libération du corps féminin ne va pas, on s'en doute, sans transgression de quelques-uns des tabous généralement attachés à l'image de la femme. Elle se traduit, au plan scripturaire, par un affranchissement délibéré des codes langagiers ordinaires.

La radicalisation du discours romanesque est également patente au sein des écrivains de la quatrième génération, « les écrivains de la postcolonie », ainsi que les appelle Abdourahman Waberi, et au nombre desquels se rangent des auteurs comme Daniel Biyaoula, Waberi, Kossi Efui, Paul-Gaston Effa, Véronique Tadjo, etc. Pour la plupart d'entre eux, ces écrivains vivent en Europe, ce qui les rend d'autant plus attentifs à la condition de l'immigré, une figure qui, à la différence de la littérature maghrébine (*Les Boucs*, 1955, de Driss Chraïbi ; *La Réclusion solitaire*, 1976, de Tahar Ben Jelloun), a été longtemps absente de la littérature d'Afrique sub-sahariennne. Des textes comme *Bleu, Blanc, Rouge*, d'Alain Mabanckou ; *Le Paradis du Nord*, de Jean-Roger Essomba ou *Agonies*, 1998, de Daniel Biyaoula, contribuent donc à mieux cerner les mécanismes qui conduisent les personnages mis en scène à déserter le continent africain pour d'improbables « paradis » occidentaux.

Ces efforts en vue de sortir la littérature africaine du ghetto dans lequel elle a longtemps été enfermée sont également relayés par tout le travail entrepris autour du théâtre africain contemporain. Il faut signaler, en particulier, l'importance du

Concours théâtral inter-africain organisé par Radio France Internationale, sans omettre l'entreprise conjointe du Théâtre international de langue française (TILF) qui a monté avec succès l'œuvre posthume de Tchicaya, *Le Bal de N'Dinga*, et du Festival international des Francophonies de Limoges, dont le rayonnement permet d'assurer à la dramaturgie africaine contemporaine la place qui lui revient légitimement.

Tous ces signes encourageants ne doivent cependant pas faire oublier l'indifférence, voire le mépris, dont font preuve, à quelques exceptions près, les grands journaux et magazines français à l'égard des littératures africaines. Il y a là un phénomène de blocage qu'on s'explique mal, et sans conteste, une grave injustice vis-à-vis d'une production littéraire qui ne cesse, au fil des années, d'affirmer sa richesse et sa diversité.

Les Antilles et l'océan Indien

Dans les Petites Antilles (Martinique et Guadeloupe), le mouvement de la Négritude, un néologisme créé par le Martiniquais Aimé Césaire, va conduire un certain nombre d'intellectuels à se détourner de l'Europe et à manifester leur attachement à l'Afrique-mère. Ainsi, déjà en 1937, Léon-Gontran Damas, dans son premier recueil, *Pigments*, exprime à la fois le désespoir de l'assimilé et la nostalgie teintée d'amertume de l'Afrique perdue. De son côté la revue *Tropiques*, lancée par Aimé et Suzanne Césaire à leur retour en Martinique, exprime avec vigueur le rejet du « doudouisme » et de la « littérature de hamac », et l'adhésion aux idées de l'ethnologue allemand Léo Frobénius, auteur d'une *Histoire de la civilisation africaine* qui a été le sésame de la connaissance du continent perdu. Le mythe du retour à l'Afrique inspirera également l'engagement existentiel de la romancière guadeloupéenne Maryse Condé qui, fascinée par le personnage charismatique de Sékou Touré, verra rapidement disparaître ses illusions au contact de la réalité guinéenne des années 1960.

Le mouvement de la Négritude est toutefois loin d'avoir entraîné l'adhésion de la totalité des écrivains de la diaspora antillaise. Patentes chez Raphaël Tardon, Michèle Lacrosil ou Édouard Glissant, les réserves se changent en franche hostilité sous la plume de Franz Fanon, de Paul Niger ou de Daniel Boukman. Ainsi dans *Le Sel noir*, Glissant, fondateur du concept d'« antillanité », tient-il à distance le mythe de l'Afrique édénique : « une autre terre déjà m'appelle », écrit-il. « C'est Afrique et ce ne l'est pas », tandis que Boukman, dénonçant la dérive politique des fondateurs de la Négritude, écrit des *Chants pour hâter la mort du temps des Orphées*. Fanon avait déjà prophétisé la fin du mouvement dans *Les Damnés de la terre*, ouvrage dans lequel il invitait à se méfier « du rythme, de l'amitié terre-mère, ce mariage mystique du groupe et du cosmos » et concluait à l'échec de la Négritude comme antithèse au colonialisme. Pour reprendre le titre d'un essai du Haïtien René Depestre, le temps semble donc venu de dire *Bonjour et adieu à la Négritude*, ce dont semblent s'être avisés des romanciers comme Vincent Placoly ou Xavier Orville, l'un et l'autre attentifs à la parlure créole, et visiblement plus attirés par leur environnement amérindien et par le sentiment de fraternité et de solidarité régionale qui en découle, que par une Afrique à plus d'un titre déconcertante.

La volonté d'habiter la langue française de manière créole, et libre de toute allégeance étrangère, fût-elle nègre, n'est d'ailleurs pas nouvelle puisqu'elle s'exprime aussi bien dans les premières œuvres de Joseph Zobel, qui a toujours gardé un contact direct avec le petit peuple de la Martinique, que dans le célèbre *Agénor Cacoul* de Georges Mauvois. Non sans qu'un gage d'exotisme soit concédé à la fringale de pittoresque de la métropole, ce recentrage sur le créole et la tradition populaire nourrit l'œuvre des romanciers contemporains, notamment Patrick Chamoiseau et Raphaël Confiant, et dans une moindre mesure de Maryse Condé et Daniel Maximin.

Dans l'*Éloge de la créolité* (1989), s'ébauche le projet d'une littérature encore à naître, mais riche de tous les apports de l'Europe, de l'Afrique et de l'Asie, et qu'il « faut aborder comme une question à vivre ». La recherche d'une identité, encore problématique, reste donc le trait commun à de nombreux écrivains antillais contemporains, confrontés quotidiennement à une société en voie de « zombification ».

Dans le sillage de la *Revue indigène*, fondée en 1927, et plus encore de l'ouvrage du Dr Jean-Price Mars, *Ainsi parla l'Oncle* (1928), on peut affirmer sans hésiter qu'Haïti a été l'une des sources auxquelles se sont abreuvés les poètes de la Négritude. Toutefois s'il y a bien eu choc en retour, on peut estimer que dès 1938 la littérature haïtienne a su trouver sa voie propre. À la prosodie parfois encore un peu maniérée d'Émile Roumer succède en effet une poésie plus engagée politiquement et davantage soucieuse de traduire la complexité de cette île infortunée de la Caraïbe.

Ce programme s'affiche dès la publication du premier numéro de la revue *Les Griots* qui, tout en rendant hommage à l'héritage africain (comme l'indique son titre) définit avec précision le champ d'inspiration des écrivains autochtones :

> Nous autres, griots haïtiens, nous devons chanter la splendeur de nos paysans, la douceur des aubes d'avril bourdonnant d'abeilles, la beauté de nos femmes, les exploits de nos ancêtres, étudier passionnément notre folklore et nous souvenir que changer de religion est s'aventurer dans un désert inconnu.

Mais sous la pression des événements tragiques dont Haïti devient le théâtre quasi permanent, cet indigénisme qui inspire les œuvres de Félix Morisseau-Leroy, Jacques Roumain, Jean-François Brierre ou René Depestre, ne va pas tarder à s'infléchir dans une dimension plus radicale, laissant ainsi une place de plus en plus importante aux thèmes récurrents de la révolte, de la lutte politique et de l'exil, comme en témoignent les œuvres de Jacques-Stephen Alexis, Marie Chauvet, Émile Ollivier, Jean Métellus, Frankétienne, Roger Dorsinville, Étienne Gérard, Jean-Claude Fignolé, Dany Laferrière, etc.

Quant à l'océan Indien, si l'œuvre du Malgache Jacques Rabemanajara paraît étroitement associée au mouvement de la Négritude, il n'en va pas de même pour la plupart de ses compatriotes, Jean-Joseph Rabearivelo (dont l'essentiel de l'œu-

vre, *Presque Songes* et *Traduit de la nuit* paraît en 1934-1935) et Flavien Ranaivo
(*L'Ombre et Le Vent*, 1947 ; *Mes chansons de toujours*, 1955) qui apparaît comme
son héritier et son continuateur. L'un comme l'autre s'emploient en effet à trans-
poser en français les modes de fonctionnement des genres traditionnels de la poésie
malgache, en particulier le Hain teny, dont se réclame Rabearivelo, dans lesquels
ils voient le plus sûr moyen de réintégrer une identité mise à mal par l'imitation
des modèles français.

> Qui donc me donnera de pouvoir fiancer
> l'esprit de mes aïeux et ma langue adoptive ?

Telle est l'interrogation de l'auteur de *Presque Songes*, figure émouvante de
poète maudit auquel l'*Anthologie de la nouvelle poésie nègre et malgache de
langue française* de Léopold Senghor rend en 1948 un juste hommage.

À Madagascar, la relève semble assurée par une nouvelle génération de romanciers et de dramaturges qui tels Michèle Rakotoson ou Jean-Luc Raharimana,
tentent de rendre compte du malaise d'une société mise à mal par la misère, la
dictature et l'échec d'une « malgachisation » bâclée.

À Maurice, espace privilégié du métissage culturel, c'est dans le sillage de
quelques précurseurs, Robert-Edward Hart et Marcel Cabon, que s'inscrit l'œuvre
singulière de Malcolm de Chazal, dont les premiers aphorismes, *Pensées*, publiés
sur place de 1940 à 1945 devaient remplir d'aise Jean Paulhan et André Breton.
André Breton, le découvreur qui, à l'instar de ce qui s'était produit pour Césaire
en 1941, proclamait en 1947, à propos de Malcolm De Chazal, « qu'on avait rien
entendu de si fort depuis Lautréamont ». *Sens plastiques* (1948), *La Vie filtrée*
(1949) et *Sens magique* (1959) développent en effet une étrange cosmogonie,
fondée sur le mythe de la Lémurie, ce continent englouti dont Maurice et les îles
de l'océan Indien seraient les derniers vestiges.

À cette figure tutélaire des lettres mauriciennes ont succédé des poètes soucieux
de développer une écriture poétique jouant sur le métissage de la langue, Loys
Masson (*Les Noces de la vanille*, 1962), Édouard Maunick (*Les Manèges de la
mer*, 1964), Robert Chasle (*L'Alternance des solstices*, 1975), tandis que les romanciers, Loys Masson (*Le Notaire des Noirs*, 1961) ou Marie-Thérèse Humbert
(*À l'autre bout de moi*, 1979) rendent compte d'une société pluri-éthnique et
pluriculturelle.

Avant de quitter l'océan Indien, il faudrait enfin évoquer la Réunion, marquée
par la forte personnalité du poète Jean Albany (*Zamel*, 1951), dont la recherche
se prolonge dans l'œuvre des romanciers Jean-François Sam-Long, Anne Cheynet
et Axel Gauvin (*L'Aimé*, 1990).

Écritures francophones du Maghreb et du Proche-Orient

Dans un contexte historique radicalement différent, le Maghreb et le Proche-
Orient constituent les deux rameaux d'expression française du monde méditerra-
néen.

Au Maghreb, et tout particulièrement en Algérie, la littérature en français, qui se développe à la veille et au lendemain de la Seconde Guerre mondiale, est dominée par les figures jumelles de Jean et Taos Amrouche. Mais très rapidement, après le soulèvement anticolonialiste de 1954, va se développer un important courant de poésie militante dont les représentants les plus notoires, Noureddine Aba, Maleck Haddad, Mohammed Dib, Henri Kréa et Jean Sénac, retrouvent en des poèmes brefs et dépouillés le ton et l'âpreté de la poésie française de la Résistance.

C'est certainement Jean Sénac qui, bien que d'origine européenne, a joué le rôle le plus important dans le mouvement des poètes algériens dont il aura été à la fois le pionnier et l'animateur. En reprenant à son compte le mot de René Char « Résistance n'est qu'espérance », le poète, ami d'Albert Camus, se plaçait donc à la pointe du combat pour la liberté, sans négliger pour autant la célébration de l'Algérie, dans laquelle, à l'instar de l'auteur de *L'Homme révolté*, il voulait avant tout voir une terre solaire, une terre d'amitié et de fraternité.

Mais la figure dominante des lettres algériennes demeure incontestablement Kateb Yacine, auteur de *Nedjma* (1956), un texte indéfinissable, à la fois baroque et lyrique, qui se construit autour du personnage de Nedjma, simultanément femme et mythe incarnant le destin tragique d'une Afrique déchirée depuis les origines. L'œuvre théâtrale qui prolonge *Nedjma*, *Le Cadavre encerclé*, *Les ancêtres redoublent de férocité*, ne fait que confirmer et amplifier cette dérive de l'écriture vers un lyrisme exacerbé, qui n'est pas sans évoquer l'esthétique arabo-musulmane fondée sur le jeu des arabesques et une prédilection marquée pour une certaine opacité.

Cette poétisation récurrente du texte, romanesque ou dramatique, que l'on observe chez la plupart des écrivains du Maghreb – Rachid Boudjedra, Nabile Farès, Mohammed Dib, Mohammed Khaïr-Eddine, Tahar Ben Jelloun, Assia Djebar – peut également être mise en rapport avec la relation complexe et souvent passionnelle qu'entretiennent la plupart des écrivains maghrébins avec la langue française, relation faite d'un mélange d'amour et de haine qui conduit l'écrivain, dans le même temps où il avoue sa fascination pour la langue de l'Autre, à s'employer à la subvertir ! Cependant cette violence scripturaire dirigée contre le maître (l'ancien et le nouveau) paraît répondre à d'autres finalités. Pour Assia Djebar, le français est la langue de l'espace, celle qui ouvre les portes, tandis que d'autres écrivains, Nabile Farès, Mohammed Khaïr-Eddine, y voient par excellence l'instrument qui permet de briser les tabous attachés à l'arabe, langue du Coran. Dans une société fortement verrouillée par la religion, le français apparaît en effet comme la langue qui permet de dire ce qu'on ne doit pas dire et qu'on ne peut dire dans la langue de la mère.

Le contexte politique et historique qui prévaut au Proche-Orient définit évidemment un horizon linguistique différent, dans lequel le français, longtemps considéré comme la langue de la bonne société, est aujourd'hui en net recul. Il a toutefois nourri l'œuvre de quelques grands noms de la poésie francophone d'Égypte comme Georges Henein, dont le recueil intitulé *Le Seuil interdit* (1956) porte à l'évidence la marque du surréalisme, Joyce Mansour, auteur de *Cris* (1953) et *Déchirures*

(1955) et enfin Edmond Jabès pour qui les premiers textes, prose et poésie mêlées, *Je bâtis ma demeure* (1943), *Le Fond de l'eau* (1947), *La Voix d'encre* (1949), *L'Écorce du monde* (1955) sont le lieu d'une quête exigeante, dont le terme serait une écriture transcendant tous les genres existants.

Quant à la littérature libanaise francophone, elle est dominée par Georges Schehadé, écrivain particulièrement fécond, aussi à l'aise au théâtre que dans le roman, et à qui on doit une abondante œuvre poétique (*Textes pour la terre aimée*, 1955 ; *Terre et poésie*, 1956 ; *Terre regardée*, 1957, etc.) essentiellement fondée, comme l'observe Jean-Pierre Richard, sur une « fort efficace dialectique du clos et de l'ouvert, sur le dialogue toujours maintenu entre le village et le voyage, entre le proche et le cosmique. »

Des noms auxquels il convient d'ajouter ceux d'Andrée Chedid (*La Maison sans racines*) et de Salah Stétié, Nadia Tueni et Vénus Khoury-Ghata.

Littératures québécoises

En Amérique du Nord enfin, où compte tenu d'un environnement peu favorable à la francophonie, la littérature du Canada français, puis du Québec, a dû s'imposer dans des conditions difficiles, le problème de la langue, c'est-à-dire de la dépendance ou de la non-dépendance de l'écrivain par rapport au français de France, se pose dès 1967. Dans le débat qui oppose les défenseurs de l'orthodoxie académique aux partisans d'une langue plus proche des réalités locales (archaïsmes, provincialismes, « joual ») se lit une fois encore la tension maintes fois signalée entre les tenants de l'intégration sans états d'âme de la langue de Voltaire, aux partisans d'une hybridation inscrite dans un contexte de plurilinguisme et de pluriculturalisme, comme la ville de Montréal en donne de plus en plus le spectacle.

Longtemps figée dans la célébration d'une tradition désuète, ou repliée dans le ressassement d'une angoisse métaphysique qui doit beaucoup à Baudelaire et au symbolisme, la poésie du Canada français s'émancipe progressivement des modèles qui avaient prévalu jusqu'en 1945 et, en particulier, du modèle français, à l'exception toutefois du surréalisme et de Dada, dont l'empreinte marque à l'évidence le premier manifeste de l'avant-garde québécoise, *Refus global*, publié en 1948.

Conduit par un petit groupe d'intellectuels réunis autour du peintre Paul-Émile Borduas et rassemblant des dramaturges et des poètes comme Paul-Marie Lapointe ou Claude Gauvreau, ce mouvement préfigure et annonce l'extraordinaire libération des esprits qui, en quelques années, va complètement révolutionner le paysage littéraire de ce qu'il n'est plus de mise d'appeler le Canada français. Avant 1945, il y avait la littérature canadienne française, après 1945 il faut désormais parler d'une littérature québécoise au sein de laquelle, aux côtés d'une prose romanesque en pleine mutation, la poésie joue un rôle déterminant grâce, en grande partie, à la création des éditions Hexagone qui, sous la houlette de Gaston Miron, vont assurer l'autonomie éditoriale aussi bien à des auteurs déjà confirmés comme Alain Grandbois (*Îles de la nuit*, 1944 ; *Rivages de l'homme*, 1948 ; *L'Étoile pourpre*, 1957), Rina Lasnier (*Présence de l'absence*, 1956), ou Roland Giguère, qu'aux poètes de la nouvelle génération, Paul-Marie et Gatien Lapointe, Jean-Guy Pilon ou Gilles Nenault.

Dans le même temps la prose romanesque connaît un essor sans précédent avec des écrivains comme Hubert Aquin, Marie-Claire Blais (*Une saison dans la vie d'Emmanuelle*, 1965), Jacques Godbout (*Salut Galarneau*, 1967), Réjean Ducharme (*L'Avalée des avalés*, 1966), Anne Hébert, Antonine Maillet (*Pélagie la charrette*, 1979), Yves Beauchemin (*Le Matou*, 1981), etc., tandis que le théâtre connaît un grand succès sous l'influence de Michel Tremblay (*Les Belles Sœurs*, 1968) qui a su faire parler ses personnages dans la langue populaire, le « Joual ».

Le théâtre, qui a joué au cours de la « révolution tranquille » un rôle majeur de révélateur des évolutions de la société québécoise, connaît aujourd'hui une double évolution. D'une part, sa réappropriation croissante par les auteurs féminins, Denise Boucher, Marie Laberge, et, d'autre part, une remise en question des règles de la dramaturgie qui conduit certains auteurs à mettre l'accent sur la scénographie (notamment Robert Lepage et le théâtre Repère), tandis que d'autres, Normand Chaurette, René-Daniel Dubois, privilégient une écriture du texte dramatique plus littéraire et plus poétique.

Il est d'ailleurs intéressant d'observer – et cette réflexion vaut également pour les littératures d'Afrique noire – le refus croissant chez les écrivains québécois d'une écriture de témoignage fondée sur l'analyse de la société contemporaine, au bénéfice d'une mise en question de l'écriture elle-même. De même que la Négritude, la Québécité fait aujourd'hui, aux yeux de certains critiques, figure d'anachronisme, comme si la problématique identitaire ne trouvait plus désormais à se formuler que dans la multiplicité des parlures qui fragmentent de plus en plus les entités nationales.

À cet égard, la mise en littérature de la ville de Montréal par des écrivains aussi différents que Gabrielle Roy, Jacques Renaud, Victor Lévy-Beaulieu, Michel Tremblay ou Yves Beauchemin, montre bien l'omniprésence d'un imaginaire de la ville, imaginaire paradoxal, tantôt euphorique, tantôt disphorique, mais toujours complexe en raison de l'entassement des discours qui la traversent et la constituent.

Cette prise de conscience du multiculturalisme irrigue également tout un courant d'écritures migrantes, nourries d'apports étrangers au Québec, et représentées par une série d'écrivains d'origine italienne (Marco Micone), haïtienne (Dany Laferrière), orientale (Naïm Kattan), polonaise (Régine Robin), chinoise (Chin Yeng), etc. Pour ces Néo-canadiens l'identité ne se formule plus désormais dans leur rapport à la langue française ou leur fidélité aux origines raciales, mais dans tout un ensemble de particularités qui permettent de définir un nouvel espace, cet « espace nomade » dont parle Régine Robin (*La Québécoite*, 1980), et qui n'est, selon elle, « ni celui de l'exil, ni celui du déracinement ».

Dans ce rapport de l'écriture québécoise à l'étranger, l'Amérique constitue évidemment un espace incontournable, objet d'un curieux mélange de fascination et de rejet, dont témoignent des œuvres comme *Les Têtes à Papineau* (1981) ou *Une histoire américaine* (1986) de Jacques Godbout, tandis que dans le roman de Jacques Poulin, *Volkswagen Blues* (1989), l'Amérique que découvre le héros, dans son errance de Gaspé à San Francisco, s'avère non seulement un espace réel, mais peut-être plus encore un espace mythique traversé de souvenirs historiques et de réminiscences littéraires.

Resterait à évoquer le cas des écrivains, et ils sont nombreux, qui, souvent hors de tout déterminisme historique ou social, ont délibérément élu le français comme langue d'écriture. Si ce choix peut s'interpréter en termes idéologiques chez un Jorge Semprun fuyant l'Espagne et le régime franquiste, l'option francophone d'Eugène Ionesco ou de Emil Michel Cioran trouve sans doute davantage son origine dans une relation au père tellement passionnelle qu'elle ne peut que déboucher sur le rejet radical de la langue paternelle, en l'occurrence le roumain, et la revendication d'une appropriation d'une autre langue, le français, accoucheuse d'une identité neuve.

Mais que dire, en revanche, de Samuel Beckett, Julien Green, Hector Bianciotti, Salah Stétié ou Naïm Kattan, tous écrivains aux parcours erratiques et aux destins cosmopolites, susceptibles à tout moment, de par leur histoire familiale et personnelle, de bifurquer vers l'anglais, l'espagnol ou l'arabe, et qui, en définitive, ont décidé de devenir des écrivains francophones à part entière ?

Jacques CHEVRIER,
Professeur à l'université Paris-IV-Sorbonne,
Directeur du Centre international d'études francophones

ORIENTATION BIBLIOGRAPHIQUE

1. Ouvrages généraux

BENIAMINO Michel, *La Francophonie littéraire*, Paris, L'Harmattan, 1999.

COMBE Dominique, *Poétiques francophones*, Paris, Hachette, 1995.

GAUVIN Lise, *L'Écrivain francophone à la croisée des langues*, Paris, Karthala, 1997.

JOUBERT Jean-Louis, LECARME Jacques, TABONE Éliane, VERCIER Bruno, *Les Littératures francophones depuis 1945*, Paris, Bordas, 1986.

VIATTE Auguste, *La Francophonie*, Paris, Larousse, 1969.

L'Année francophone internationale, Bilan annuel de la francophonie, AFI, faculté des lettres, université Laval, Sainte-Foy, Québec, GIK 7P4.

État de la francophonie dans le monde, Rapport annuel du Haut Conseil de la Francophonie, Paris, La Documentation française.

2. Ouvrages par aires culturelles

a) Afrique noire

CHEVRIER Jacques, *Littérature nègre*, Paris, Armand Colin, 1999.

CHEVRIER Jacques, *Littératures d'Afrique noire de langue française*, Paris, Nathan, « coll. 128 », 1999.

b) Belgique

Quaghebeur Marc, *Lettres belges entre absence et magie*, Bruxelles, Labor, 1990.

c) Caraïbes

Antoine Régis, *Rayonnants écrivains de la Caraïbe*, Paris, Maisonneuve et Larose, 1998.

Delas Daniel, *Littératures des Caraïbes*, Paris, Nathan, « coll. 128 », 1999.

d) Maghreb

Bonn Charles, *Le Roman algérien de langue française*, Paris, L'Harmattan, 1985.

Gontard Marc, *La Violence du texte. Études sur la littérature marocaine de langue française*, Paris, L'Harmattan, 1981.

Noiray Jacques, *Littératures francophones. Le Maghreb*, Paris, Belin, 1996.

e) Océan Indien

Joubert Jean-Louis, *Littératures de l'océan Indien*, Paris, EDICEF/AUPELF, 1991.

f) Québec

Gasquay-Resch Yannick, *Littératures du Québec, Ibid.*, 1994.

g) Suisse

Francillon Roger (dir.), *Histoire de la littérature en Suisse romande*, Lausanne, Payot, 4 vol., 1996.

Éditeurs et collections de littérature

Les conditions générales

C'est dans le domaine littéraire que se vérifie le mieux la double nature du livre, à la fois objet marchand et objet culturel. En effet, si le rayonnement de certaines maisons (José Corti, Éditions de Minuit, Christian Bourgois par exemple) est indéniable, en France comme à l'étranger, leur poids économique reste très faible. Le cas de Gallimard, maison prestigieuse, est à mettre à part, dans la mesure où son activité très diversifiée, outre la littérature, lui permet un chiffre d'affaires qui la classe parmi les maisons moyennes.

Dans ce domaine littéraire, le secteur romanesque tient la plus grande part (une centaine de maisons significatives publient des romans), mais l'édition de poésie, en difficulté durant plusieurs décennies, connaît aujourd'hui un regain de vigueur ; l'édition théâtrale, avec la disparition de plusieurs collections, subsiste plus difficilement. Les ouvrages de référence, histoire, encyclopédies et dictionnaires, manuels de littérature, sont, eux, édités par quelques maisons spécialisées et universitaires, lesquelles publient des ouvrages qui peuvent intéresser un public plus large que celui des étudiants.

Quelques questions à propos de ce secteur vont alors parcourir ce texte : Quelles maisons transmettent les œuvres du passé ? Quelles maisons font connaître de nouveaux écrivains ? Quelles maisons font connaître la littérature étrangère ?

Si l'on s'en tient au point de vue économique, l'édition française présente les caractéristiques suivantes :

– deux grands groupes assurent avec leurs filiales près de 60 % du chiffre d'affaires (CA) total de l'édition. Il s'agit de Vivendi Universal Publishing (ex Havas Publications Éditions), dirigé par Agnès Touraine (CA 1999 de 7,937 milliards de francs), et d'Hachette livre Éditions, dirigé par Jean-Louis Lisimachio (CA 1999 de 5,39 milliards de francs) ; chacun dispose de structures de diffusion/distribution : pour Havas, Inter Forum (secteur de littérature générale) et Livredis (secteur scolaire, universitaire et professionnel), et pour Hachette, Hachette Livre/CDL ;

– quatre maisons moyennes, Albin Michel (CA de 1,388 milliard de francs), Gallimard (CA de 1,245 milliard de francs), Flammarion (CA de 1,245 milliard de francs), qui a été racheté début 2000 par l'italien Rizzoli-Corriere della Serra, et les éditions du Seuil (CA de 927 millions de francs) ; chacune de ces maisons dispose de structures de diffusion/distribution, mis à part Albin Michel, qui a abandonné en 2000 Inter Forum à Hachette (en échange de 40 % de la collection « Le Livre de poche ») ;

– de nombreuses autres maisons[1], dont certaines sont de très petites PME, où se trouve une grande partie de l'innovation en matière littéraire ; elles sont diffusées, soit par le Seuil, soit par des structures spécialisées, dont Distique, Les Belles Lettres, Harmonia Mundi et les Presses universitaires de France.

Vivendi Universal Publishing

Ce groupe dépend de Vivendi, nom adopté par la Compagnie générale des Eaux dirigée par Jean-Marie Messier, quinzième entreprise mondiale au chiffre d'affaires 1998 de 208 milliards de francs, implantée dans plusieurs pays. Vivendi, déjà propriétaire de Canal +, est devenu, grâce à sa fusion avec Seagram à l'automne 2000, le numéro deux mondial de la communication. La grande force de VUP tient à l'édition de référence et l'édition universitaire et professionnelle. Le groupe a aussi de grands projets en matière d'édition électronique, avec la reprise en 1999 de l'américain Cendant Software, deuxième éditeur multimédia au monde (CA 3,5 milliards), qui a rejoint Havas Interactive.

VUP provient du Groupe de la Cité, lui-même constitué par la fusion de deux groupes :

– d'une part, les Presses de la Cité, maison d'édition fondée en 1942, qui a développé un réseau de filiales, dont les Messageries du livre (distribution), des maisons spécialisées en littérature (surtout à grande diffusion), en sciences humaines et dans le livre scolaire et universitaire ;

– d'autre part, CEP Communication (Compagnie européenne de publications), spécialisée dans l'édition scolaire, universitaire et de référence, l'organisation de salons professionnels, la presse professionnelle et technique.

En matière d'éducation et de référence, VUP est aujourd'hui composé, en France, de Larousse-Bordas, qui ont fusionné en 1997, Armand Colin, Nathan, Sedes, Le Robert, Retz ; de Harrap et Chambers en Grande-Bretagne ; de Larousse-Planeta, Espasa Calpe et Anaya en Espagne. Dunod, Dalloz-Sirey, Masson, Vidal, tout en s'adressant également au monde universitaire, constituent la branche professionnelle.

Mais VUP est également présent dans le domaine de la littérature générale avec les Nouvelles Éditions Havas (La Découverte, Syros, les Presses de la Renaissance), les départements Presses-Solar-Belfond, Robert Laffont-Seghers-Nil, ainsi que Plon et Julliard, et Havas Poche qui comprend Pocket, 10/18, Fleuve noir.

Enfin VUP a vendu sa part du club de livres France-Loisirs, qu'il partageait à 50 % avec Bertelsmann (premier éditeur mondial).

Tous éditeurs confondus, le groupe a publié 3 977 titres en 2000.

---

1. L'annuaire *Éditeurs et diffuseurs 2000/2001* de *Livres Hebdo* (supplément au n° 391, 1er septembre 2000) ne recense pas moins de 1 234 entreprises d'édition.

Hachette Livre

Fondée en 1826 par Louis Hachette qui prendra comme devise *Sic quoque docebo*[1], cette maison se spécialise au départ, grâce aux lois Guizot, dans le livre scolaire et le livre de jeunesse (les célèbres « Bibliothèque rose » puis « Bibliothèque verte »). Ensuite, avec le développement du chemin de fer à partir du milieu du XIXᵉ siècle, elle prend le marché de la distribution du livre et de la presse en implantant notamment des bibliothèques de gare, ce qui l'amène à créer des collections de livres faciles destinés aux voyageurs (« La Bibliothèque du chemin de fer ») ainsi que des guides de voyage (douze collections aujourd'hui). Hachette a accompagné durant des décennies nombre de lycéens et d'étudiants en rééditant régulièrement des ouvrages de référence tels que le *Littré*, le *Gaffiot* pour les latinistes, le *Bailly* pour les hellénistes, le célèbre manuel d'histoire *Malet-Isaac* ou encore la collection « La Vie quotidienne ».

Son activité de distributeur de livres (centre de diffusion du livre de Maurepas et 19 centres régionaux répartis dans les capitales provinciales, 900 Relais H) lui a permis, à partir des années 1950, d'être présente dans de nombreux secteurs de l'édition, notamment la littérature, par la prise de contrôle de maisons alors en difficulté : Grasset, Fayard, Stock, de Fallois, Lattès, Calmann-Lévy, Édition 1 en littérature générale, Le Chêne et Hazan (beaux-arts), et de conforter son secteur scolaire et universitaire avec Hatier et Didier.

En 1980, Hachette passait sous le contrôle du groupe Lagardère, et le 1ᵉʳ janvier 1993 devenait filiale de ce groupe (CA 1998 : 70,1 milliards de francs) spécialisé dans l'armement, l'espace, l'audiovisuel et les télécommunications ; dans le domaine de la communication, Lagardère possède les stations radiophoniques Europe 1 et Europe 2 et une maison de production cinématographique (Hachette Première).

On sait qu'Hachette est le premier éditeur français à avoir créé une collection de poche « Le Livre de poche » (en 1953, après Penguin en Grande-Bretagne), éditée par sa filiale La Librairie générale française. À cette collection composée aujourd'hui de nombreuses séries, s'ajoutent Harlequin (à 50 %), qui publie annuellement plus de cinq cents titres sentimentaux, issus de l'énorme fonds de la maison mère canadienne, la Librairie des Champs-Élysées, qui avec Le Masque, est la plus ancienne des collections françaises de romans policiers, et Marabout, qui édite des documents. Hachette possède aussi 30 % des éditions J'ai lu (roman, science-fiction) dont la majorité appartient à Flammarion. De plus, l'éditeur a conforté son secteur Jeunesse avec l'acquisition des Deux coqs d'or, de Gautier-Languereau et de Disney Hachette Éditions.

Tous éditeurs confondus, le groupe a publié 3 814 titres en 2000.

Le secteur presse, longtemps dirigé par Daniel Filipacchi, est également d'une importance considérable, tant dans le domaine de l'édition (surtout la presse de loisirs) que dans celui de la distribution (Hachette possède 49 % des Nouvelles

---

1. « Ainsi j'instruirai moi aussi » ; Louis Hachette avait été chassé de l'École normale supérieure pour raisons politiques.

messageries de la presse parisienne). Enfin, une nouvelle filiale a été créée en 1994, Hachette multimédia Interactive ; elle tient un rôle important en matière d'édition électronique.

En résumé, les priorités actuelles de ces deux grands groupes, qui se sont constitués en absorbant des maisons qu'ils distribuaient initialement, sont d'une part l'internationalisation, d'autre part, l'édition électronique. On ne pourrait dire que la littérature, du moins la littérature de création, soit au premier rang de leurs préoccupations. En effet, dit Paul Fournel, « éditer de la littérature est complexe, parfois ingrat, et surtout cela prend des années avant de devenir rentable [...] il devient, selon les gestionnaires, difficile d'éditer en grosse structure un livre dont le potentiel est inférieur à 15 000 exemplaires[1] ». C'est pourquoi la force de ces groupes réside surtout dans le domaine du poche, largement diffusé dans les grands points de vente.

Le président du Syndicat national de l'édition (SNE), Serge Eyrolles, se disait début 1999 inquiet devant la situation critique du livre. Sans doute est-ce le cas de la plupart des industries culturelles. Mais il faut souligner le fait que les conditions générales de cette activité d'édition qui, auparavant, s'inscrivait dans la durée, ont profondément changé, du fait des conditions de la distribution : Antoine Gallimard soulignait, dans une interview[2], qu'hier un éditeur pouvait « publier et diffuser un auteur pendant vingt ans, trente ans, jusqu'à ce que son talent s'impose et soit reconnu ». Aujourd'hui, c'est beaucoup plus difficile, les hypermarchés et les grandes surfaces, qui jouent un rôle croissant dans la distribution du livre (16 % en 1998 pour les hypermarchés, 15,2 % pour les grandes surfaces spécialisées, FNAC et autres, et seulement 21,2 % pour les librairies), sont soucieux avant tout de rentabilité immédiate : un livre qui « ne marche pas » sera ôté des rayons au bout de quelques semaines.

L'édition littéraire est-elle donc en danger et pourrait-on dire, avec Pierre Nora, en 1974 : « Le grand écrivain est mort [...] L'industrialisation, voilà l'ennemi ! Avec son cortège obligé, la vente par grandes surfaces et la disparition des libraires, la commercialisation à grand renfort publicitaire du navet[3] » ?

Les quatre maisons moyennes

Ces maisons, dont le chiffre d'affaires tourne autour d'un milliard de francs, sont toutes quatre dirigées par les descendants de leur fondateur : Antoine, petit-fils de Gaston chez Gallimard ; Charles-Henri, arrière-petit-fils d'Ernest, chez Flammarion ; Francis Esmenard, petit-fils du fondateur, chez Albin Michel ; Pascal Flamand, directeur général au Seuil (le P-DG est Claude Cherki), fils d'un des fondateurs, Paul Flamand[4].

---

1. *Livres Hebdo*, 1998.
2. *Le Débat*, 1986.
3. *Le Nouvel Observateur*, 2 décembre 1974.
4. Paul Flamand a fondé les éditions du Seuil avec Jean Bardet.

Si, du fait de leur histoire, la littérature tient une place prédominante dans leur catalogue (avec des différences de l'un à l'autre, c'est certain), ces maisons ont su diversifier leurs domaines d'activité, ce qui, les succès n'étant pas assurés régulièrement pour chacun d'entre eux, permet des compensations indispensables à l'équilibre financier.

Pour **Flammarion**, la plus ancienne maison (librairie créée en 1874, maison d'édition en 1876), le premier succès vient en 1879 d'une édition illustrée de gravures de Degas et Renoir de *L'Assommoir* de Zola, succès complété par celui de *L'Astronomie populaire*, de Camille Flammarion, frère de l'éditeur. Viendront ensuite des collections de livres pratiques, de sciences humaines puis un secteur Jeunesse avec les albums du Père Castor qui vont renouveler totalement l'esprit et la conception esthétique du livre pour enfants et, après la guerre, le département Flammarion-Médecine-Sciences ; en outre, Flammarion s'imposera en tant qu'éditeur d'art, ce qui l'amènera à obtenir la concession de librairies dans de grandes institutions artistiques, tels le Centre Georges-Pompidou ou la Bibliothèque nationale de France. En poche, J'ai lu (collections de romans pour un large public, avec des séries science-fiction et fantastique) et Garnier-Flammarion (rééditions de textes classiques).

Une politique de rachats : Aubier (sciences humaines), Arthaud (art, sports de montagne et de mer), Delagrave (scolaire), Audie/Fluide glacial et enfin Casterman en 1998, et une participation au capital d'autres maisons (les Presses universitaires de France en 1999, Actes Sud en 2000) est menée depuis peu, de même qu'un intérêt pour les productions multimédias. Si les frères Flammarion ont vendu en 2000 leurs parts à l'éditeur italien Rizzoli, ils gardent leurs responsabilités au sein de la maison.

Le catalogue du groupe Flammarion, qui comprend les titres publiés par la maison mère et ses filiales, réunit environ six mille titres ; la production dépasse les mille titres par an (1 649 en 2000).

Albin Michel commence lui aussi comme libraire, en 1897, après avoir été employé par Flammarion. C'est en 1903 qu'il se lance dans l'édition ; après le ralentissement dû à la Première Guerre mondiale, il connaît de grands succès avec plusieurs prix littéraires et développe une collection de romans étrangers, « Les Grandes traductions ». Des collections de sciences humaines et d'ouvrages pratiques élargissent son activité. Après la guerre, création du secteur Spiritualités, avec les collections « Spiritualités vivantes » et « Présence du judaïsme ». Le secteur Jeunesse se développe, de même que la production d'albums de bandes dessinées avec « L'Écho des savanes ». Enfin, sont édités des documents politiques, où s'expriment des personnalités de droite comme de gauche, avec des best-sellers pour les pamphlets de Jean Montaldo contre François Mitterrand.

Le catalogue d'Albin Michel réunit environ six mille titres, la production était de neuf cents titres en 2000.

Après la création en 1909 de la *Nouvelle Revue Française* par Gide et ses amis, qui souhaitaient apporter un souffle nouveau à la littérature, Gaston **Gallimard** va prendre la direction de la maison de 1919 à 1967, qui, après son fils Claude, est aujourd'hui dirigée par son petit-fils Antoine Gallimard, suite à une crise de succession qui s'est heureusement résolue, puisque la famille possède aujourd'hui la majorité du capital. Cette maison aura édité pendant la plus grande partie du XXᵉ siècle, sous la présidence de son fondateur, les plus grands noms de la littérature et des sciences humaines, mais aussi des ouvrages artistiques, dont la célèbre collection « L'Univers des formes », malheureusement arrêtée en 1997. Claude Gallimard, dont la présidence fut beaucoup plus courte, marqua néanmoins fortement l'histoire de cette prestigieuse maison : il fut l'artisan, en 1972, de la rupture du contrat de distribution qui liait Gallimard à Hachette et de la création des filiales de diffusion (CDE) et de distribution (SODIS). De cette rupture avec Hachette naît la collection de poche « Folio », les titres de Gallimard ayant été jusqu'à cette date réédités dans la collection « Le Livre de poche ». C'est à partir de cette même année que s'est développée la filiale Jeunesse avec une très grande réussite, sous la direction de Pierre Marchand, qui plus tard mettra au point la célèbre collection « Découvertes » (Pierre Marchand a rejoint le groupe Hachette en 1999). Ce secteur Jeunesse forme en association avec Bayard une nouvelle entité à partir de 1999 : Gallimard-Bayard Jeunesse qui détient ainsi plus de 22 % du marché de ce secteur. Enfin, Nouveaux loisirs a été créé pour publier des guides touristiques, qui, eux aussi, ont renouvelé le genre.

Les différentes revues continuent de jouer un rôle important. Outre la *Nouvelle Revue Française*, dirigée aujourd'hui par Michel Braudeau et *L'Infini*, par Philippe Sollers, qui sont des viviers d'auteurs, *Le Débat*, revue d'idées qui prolonge les grandes collections de sciences humaines animées par Pierre Nora, et toujours *Les Temps modernes*, revue fondée en 1945 par Jean-Paul Sartre, dirigée aujourd'hui par Claude Lanzmann.

Le catalogue du groupe Gallimard qui comprend outre les titres de la maison mère, ceux du Mercure de France et de Denoël, réunit environ vingt mille titres, la production est d'environ mille titres par an (1 313 en 2000).

Créées en 1935 par le publiciste Henri Sjöberg qui transmet en 1936 la maison à Jean Bardet et Paul Flamand, catholiques de gauche proches d'Emmanuel Mounier (fondateur de la revue *Esprit*), les éditions du **Seuil** se sont surtout développées après la guerre. Ses animateurs ont été attentifs à toutes les péripéties de la vie intellectuelle de l'après-guerre et à l'émergence de personnalités qui devaient marquer plusieurs décennies, Barthes, Lacan, Dolto, Duby, Sollers et à l'étranger Soljenitsyne et Ivan Illich. Les options idéologiques de ses fondateurs les conduisent également à publier des collections de livres politiques et sociaux inspirés par les problèmes du tiers-monde et de la décolonisation, « L'histoire immédiate » et « Combats », par exemple, ainsi que des enquêtes sociales (collection « L'Épreuve des faits »).

De grandes sommes historiques dirigées par Georges Duby, *Histoire de la France rurale*, *Histoire de la France urbaine*..., mais aussi une collection de poche, « Points », créée en 1970, qui publie de nombreux inédits, notamment en histoire et réédite des romans publiés par le Seuil et ses satellites. Elle complète

les séries de la collection « Microcosme » (« Petite planète », « Maîtres spiri-
tuels », « Solfèges », « Écrivains de toujours ») créées dès les années 1950. Le
Seuil, toujours proche de la revue *Esprit*, possédait également les mensuels de
grande notoriété *La Recherche*, créée en 1970 et *L'Histoire*, en 1978, qui ont été
vendus au Point en mai 2001.

Enfin, le Seuil possède sa propre maison de diffusion-distribution qui a aussi
la charge de nombreuses maisons dont l'importance est faible sur le plan économique, mais souvent très importante sur les plans intellectuel et culturel.

Avant de passer à l'édition artisanale et aux jeunes éditeurs, il faut signaler
deux maisons qui depuis dix ans se sont beaucoup développées :

– **Actes Sud :** Hubert Nyssen son fondateur en 1979 et son équipe ont fait
d'Actes Sud implantée en Arles une réussite exceptionnelle analysée par Jean-Yves
Mollier[1] : 3 000 titres en 1998, 370 titres par an, une centaine de collaborateurs,
un catalogue diversifié. Après s'être d'abord attaché à la littérature étrangère, qui
a révélé par exemple les romans de Nina Berberova et Paul Auster, Actes Sud
développe depuis quelques années un secteur de romans français (Rezvani, Nancy
Huston...) et a repris le fonds Sindbad, spécialisé dans la littérature arabe. Le
champ couvert s'est élargi avec la création d'un secteur Jeunesse, Actes Sud/
Junior, d'un secteur Nature et la reprise de la collection de textes dramatiques
Actes Sud/Papiers (*cf.* p. 99).

– Les Éditions du **Rocher**, implantées à Monaco (mais avec un bureau parisien,
comme d'ailleurs plusieurs maisons régionales) : créées en 1943, elles ont d'abord
édité Cocteau, puis quelques auteurs suspects de collaboration, tel Paul Morand ;
reprises par Jean-Paul Bertrand après un passage aux Presses de la Cité, elles
manifestent depuis les années 1980 une assez grande vitalité (un catalogue de
1 600 titres et de 200 nouveautés par an). Certes, le développement du secteur
spiritualités et ésotérisme y est pour beaucoup (on se souvient de l'énorme succès
rencontré en 1981 par l'ouvrage de Jean-Charles de Fontbrune sur *Nostradamus*),
mais l'éditeur a considérablement augmenté le fonds littéraire.

L'édition artisanale et les jeunes éditeurs

Il est ici question de cet ensemble d'éditeurs qui, soit par nécessité, faute de
moyens suffisants, soit par conviction (c'est le cas des Éditions de Minuit) ne
peuvent jouer ou refusent le jeu de l'industrialisation : un effectif limité (de même
que le chiffre d'affaires), quatorze salariés chez Phébus avec cinquante titres par
an, douze aux Éditions de Minuit avec vingt titres par an, trois chez Christian
Bourgois avec cinquante titres par an, deux chez Viviane Hamy avec douze titres
par an et, dans certains cas, une activité bénévole, comme c'est le cas au Dilettante
(dont la librairie est l'activité principale).

---

1. *Où va le livre ?*, La Dispute, 2000.

Que la création littéraire soit aujourd'hui le fait surtout de petits éditeurs n'est pas un fait nouveau :

> Le Nouveau Roman ne s'est pas fait connaître en passant par les grandes portes de l'édition. La plupart de ses premiers textes paraissent dans un ensemble de maisons alors plutôt secondaires : Pinget à la Tour de Feu, Nathalie Sarraute chez Robert Marin, Simon au Sagittaire, Butor et Robbe-Grillet aux Éditions de Minuit... Tout porte à croire, donc, que plusieurs des nouveaux romans n'ont atteint ces éditeurs qu'après avoir été refusés par certaines grandes maisons[1].

En matière d'édition artisanale, les références, les modèles sont évidemment :
– José Corti, le libraire-éditeur, ce « grand raffiné qui a voulu maintenir sa passion du livre hors des circuits dévastateurs de l'argent », selon Jean-Marie Rouart ;
– les Éditions de Minuit, fondées dans la clandestinité, en 1942, par Vercors et Pierre de Lescure et dirigées à partir de 1948 par Jérôme Lindon, décédé en mai 2001 ; ce dernier publiera Samuel Beckett, les écrivains du Nouveau Roman, des ouvrages politiques, dont ceux qui furent édités durant la guerre d'Algérie et abondamment censurés par le pouvoir (*La Question* d'Henri Alleg), des ouvrages de sciences humaines avec Bourdieu, Deleuze et Guattari... Jérôme Lindon, attaché à la défense de l'édition et de la librairie de création, tenait à ce que sa maison reste une petite structure (animée par une dizaine de personnes) et cela, malgré les prix obtenus (Nobel, Médicis et, surtout, le Goncourt pour *L'Amant* de Duras) qui lui auraient permis de la développer ; son expérience, comme celle de José Corti, sert souvent de référence : « Mon modèle éditorial, c'est Jérôme Lindon » déclare Denis Tillinac, P-DG des éditions de La Table Ronde, « même si nous ne partageons ni la même philosophie de la vie ni les mêmes options littéraires[2] » ;
– Christian Bourgois, qui abandonna l'École nationale d'administration par passion du métier des livres et fut formé à l'école de René Julliard entre 1962 et 1970. Il demeure jusqu'en 1992 dans le groupe des Presses de la Cité, assumant la direction conjointe de la maison qui porte son nom et de 10/18. Il a constitué avec cette dernière la plus éclectique des collections de poche : Emmanuelle et les Colloques de Cerisy, des textes fondateurs du marxisme, des romancières anglaises, Jack London...

Les jeunes éditeurs

Si assez peu de maisons furent créées entre 1945 et 1968, les prolongements du mouvement de Mai incitèrent de nombreux jeunes intellectuels et écrivains à se lancer dans l'édition et, fait nouveau, en s'installant souvent en province. Le phénomène a été étudié par Jean-Marie Bouvaist et Jean-Guy Boin[3] : une véritable

1. Jean Ricardou, *Le Nouveau Roman*, Paris, Seuil, 1973, p. 17.
2. *Livres Hebdo*, n° 320, p. 33.
3. *Les Jeunes Éditeurs*, Paris, La Documentation française, 1985.

explosion... qui devait rester sans suite pour une bonne part de ces postulants. Les animaient une passion pour le livre, le souci de servir la création en prenant les risques devant lesquels reculaient les maisons « installées » : faire connaître de jeunes auteurs de langue française et aussi faire redécouvrir des textes oubliés du passé (ce qui avait l'avantage d'éviter de payer des droits d'auteur, ces textes étant tombés dans le domaine public), faire traduire des auteurs étrangers inconnus en France. Leurs domaines de prédilection : littérature et sciences humaines, régionalisme pour certains qui, installés loin de la capitale, souhaitaient faire connaître les légendes, l'histoire, les beautés naturelles, les monuments et la gastronomie de leur région d'élection. Même si nombre d'entre eux ont disparu, souvent à cause de problèmes de gestion et de difficultés de diffusion, du désintérêt d'une grande partie de la critique nationale pour leur production, il est certain que cet élan de création a apporté un souffle nouveau à l'édition : L'intérêt d'une petite structure, selon Jean-Claude Guillebaud qui a fondé Arléa tout en étant directeur littéraire au Seuil, est « ce mode de fonctionnement [...] plus tribal, plus affectif, plus minutieux, plus souple[1] ». Et « petit », dit Liana Levi dans la préface de son catalogue, « veut dire aussi disponible, rapide, inventif ».

Quels ont été, pour ceux que nous présenterons en encadré, les facteurs qui leur ont permis de maintenir et de développer leur activité ?

– Une expérience antérieure, qui leur a permis de se lancer munis d'un carnet d'adresses et d'une bonne connaissance du milieu éditorial, par exemple Viviane Hamy, d'abord attachée de presse, Jean-Pierre Sicre (Phébus), ancien journaliste littéraire, Alain Martin (éditions Climats), qui a longtemps travaillé pour Maspéro, enfin Marion Mazauric qui quittait en 2000 la direction de J'ai lu pour fonder Au Diable Vauvert.

– Un réseau d'intellectuels et de spécialistes susceptibles de les conseiller et, notamment, en matière de littérature étrangère : ce sont par exemple les traducteurs de Gao Xingjiang, enseignants à l'université d'Aix, qui attirèrent l'attention des responsables des éditions de l'Aube sur l'œuvre de celui qui devait obtenir le Prix Nobel de littérature en 2000.

– Un premier succès reconnu par la critique ou par un prix : pour Phébus, *Le Livre des ruses,* traduction d'un anonyme arabe du XIVe siècle ; pour Viviane Hamy, son premier auteur, Armande Gobry-Valle, prix Goncourt du premier roman en 1991, à la troisième année d'existence de la maison ; pour Verdier, *Heidegger et le nazisme*, de Victor Farias, qui a suscité un très grand intérêt et des ventes de droits à l'étranger.

– Une politique de rééditions permettant de rattacher l'éditeur à une certaine famille littéraire : au Castor astral, des *Physiologies* de Balzac et des textes de Charles Nodier dans la collection « Les Inattendus », ainsi que des romans d'Emmanuel Bove et René-Jean Cadou ; des textes d'Henri Calet au Dilettante ainsi que chez Viviane Hamy (*Les Murs de Fresnes*), des écrits de Paul Gadenne au Temps qu'il fait et au Dilettante (poèmes).

---

1. *Les Rendez-vous de l'édition 1*, Paris, Bibliothèque publique d'information, 1999, p. 132.

– Une présentation permettant une identification immédiate : ainsi l'aspect très kitsch des couvertures colorées des éditions du Dilettante et, au contraire, la sobriété des couvertures noires de Viviane Hamy ; c'est d'ailleurs ce qu'avait mis en œuvre, après Christian Bourgois, très attaché à ces problèmes de présentation, Hubert Nyssen pour Actes Sud dont les livres en tant qu'objets, par leur format, la qualité du papier et du graphisme, avaient été immédiatement remarqués et admirés.

– Un soutien (par le biais d'informations, d'entretiens et de comptes rendus critiques) de certains organes de presse générale et spécialisée, aux premiers rangs desquels il faut citer *Libération*, *La Quinzaine littéraire* ou encore *Le Matricule des anges*, mensuel montpelliérain qui vit sans publicité et se veut à l'écart des péripéties de la vie littéraire parisienne.

Une dernière remarque à propos des jeunes éditeurs : Philippe Schuwer, dans *Éditeurs d'aujourd'hui*[1], consacrait un de ses derniers chapitres à la place croissante prise par les femmes dans l'édition, notamment en tant que documentalistes, iconographes, maquettistes, attachées de presse... mais ne citait, et pour cause, que deux noms de femmes éditeurs : Odile Jacob et Françoise Verny. Or, on peut remarquer que nombre des maisons créées depuis vingt-cinq ans ont une femme à leur tête, qu'il s'agisse d'Antoinette Fouque (Des femmes), Françoise Nyssen (Actes Sud), Nicole Lattès (Nil), Anne Carrière, Joëlle Losfeld, Jacqueline Chambon, Anne-Marie Métailié, Liana Levi, Marion Hennebert, qui dirige avec Jean Viart les éditions de l'Aube, Claire Paulhan ou encore la toute dernière en date, Marion Mazauric (Au Diable Vauvert). Cela vaut également pour des maisons beaucoup plus importantes : Isabelle Gallimard, succédant à sa mère, est à la tête du Mercure de France, et Agnès Touraine dirige les éditions Vivendi.

L'édition littéraire : quelques chiffres

Le Syndicat national de l'édition (SNE) élabore chaque année des statistiques destinées au ministère de l'Industrie qui permettent de suivre l'évolution économique de l'édition. Une enquête est donc menée auprès des maisons dépassant un certain seuil en matière de chiffre d'affaires. Ce critère fait que l'activité des plus petites maisons – qui ensemble ont une production littéraire importante – n'est pas prise en compte. En effet, alors qu'environ huit cents maisons ont une activité régulière, seules un peu plus de trois cents sont analysées dans l'enquête : pour 1998, le SNE annonçait vingt-six mille nouveautés, mais la base bibliographique Electre en comptabilisait trente-huit mille. Il faut donc nuancer les résultats indiqués ci-dessous. Cela dit, les statistiques du SNE permettent de suivre les évolutions de chaque domaine et révèlent la part très importante de la littérature dans la production éditoriale française.

Depuis quelques années, la littérature représente un peu moins du cinquième du chiffre d'affaires total de la production éditoriale française (17,9 % en 1997,

1. Paris, Retz, 1987.

les livres de sciences et techniques, de sciences humaines et sociales, de droit et de sciences économiques assurant ensemble 17,6 %). Le nombre de titres de littérature est aussi plus important : 10 837 (dont 5 035 nouveautés) en 1997 sur un total de 47 214 titres (dont 24 522 nouveautés), 14 075 en 1998 soit le quart du nombre total. Le nombre de rééditions, un peu plus élevé que celui des nouveautés et des nouvelles éditions (5802), profite évidemment aux maisons qui ont un fonds important. La part des romans à grande diffusion est loin d'être négligeable : 1 170 titres de romans policiers et d'espionnage, 786 de romans sentimentaux, 582 de science-fiction et fantastique, 149 de romans érotiques, Quant au nombre d'exemplaires, il est de 127,28 millions en 1997 (sur un total de 415,34 millions) soit le tiers environ du nombre total.

On remarquera aussi que le tirage moyen des livres de littérature, toutefois supérieur à la moyenne de l'ensemble de l'édition qui est de 8 400 exemplaires depuis trois ans, a régulièrement baissé, passant d'environ 20 000 exemplaires (y compris les livres au format de poche) dans les années 1970 à 12 000 dans les années 1990.

C'est aussi le secteur le plus important en matière d'édition de poche : il représente depuis quelques années, environ 43 % du CA de ce secteur, 64 % des titres produits et 76 % du nombre d'exemplaires. Romans policiers et romans sentimentaux ont une large part dans ces succès en poche, encore que pour la première catégorie, on puisse remarquer l'existence de collections grand format qui n'existaient pas il y a une dizaine d'années. Mais on note aussi depuis 1997 un regain d'intérêt pour les romans de science-fiction et d'épouvante.

Mis à part Albin Michel, chacune des grandes sociétés possède une ou plusieurs collections de livres au format de poche où sont repris des titres parus dans leurs diverses composantes et chez les éditeurs dont ils assurent la distribution. En littérature, les inédits sont assez rares, sauf dans le domaine du roman policier, de la science-fiction et de la littérature de jeunesse, et ils concernent essentiellement des auteurs français, afin d'éviter les coûts de traduction. Pourtant, en 1999, la collection « 10/18 » a de nouveau publié des inédits, traductions de premiers romans de langue anglaise, afin de satisfaire le public de cette collection, composé surtout de jeunes.

L'éditeur littéraire : quelques définitions

À l'occasion d'entretiens publiés dans la presse professionnelle et quotidienne, ou de ces précieux *Rendez-vous* édités par la Bibliothèque publique d'information, plusieurs éditeurs ont livré leur conception du métier et leurs motivations. Bien sûr, la définition que proposait en 1977 le Syndicat national de l'édition « Le livre, un produit pas comme les autres » reste tout à fait valable aujourd'hui, mais c'est une définition évidemment tout à fait technique : « Éditer, c'est d'abord prendre la décision de publier [...] ensuite donner au livre sa forme physique [...] enfin diffuser ». Mais, parlant de leur métier où ils s'investissent souvent beaucoup personnellement, les éditeurs littéraires mettent en avant leurs relations aux auteurs, et trouvent des accents très personnels, parfois lyriques pour présenter leur activité ; éditer, selon Viviane Hamy, c'est « dénicher des auteurs inconnus et de talent[1] », pour Jean Viart, des éditions de l'Aube, « ce n'est pas publier des livres, mais publier des auteurs » et pour Jean-Michel Place : « c'est réaliser ses rêves à travers les rêves des autres ». Christian Bourgois, lui, dit avoir voulu constituer sa propre bibliothèque en soulignant qu'« il est parfois nécessaire de publier des livres que d'aucuns jugent inadmissibles[2] ». D'autres éditeurs insistent sur leur appétit de lecture et leur plaisir de la découverte : « La plupart des maisons [...] qui tournent vraiment autour de la littérature sont nées un peu de la même manière [...] J'étais un liseur un peu enragé [...] j'avais envie de faire partager mes plaisirs[3] » (Jean-Pierre Sicre, Phebus), « j'étais un lecteur exagéré[4] » (Georges Monti, Le Temps qu'il fait).

Certains éditeurs minimisent pourtant le rôle qu'ils jouent ou qu'ils ont pu jouer, tels François Nourissier, conseiller littéraire chez Grasset, (mais écrivain lui-même, il est vrai) : « Les éditeurs sont les grands absents de l'édition. Ne comptent en vérité que les livres, c'est-à-dire les auteurs [...] L'éditeur est un fabricant, un gestionnaire[5]. »

L'édition littéraire : un secteur fait de contrastes ?

Littérature de création et littérature industrielle

Contraste d'abord entre la littérature de création, soutenue par quelques poignées de libraires qui ont une haute et juste idée de leur rôle, ceux que défend l'ADELC (Association pour le développement de la librairie de création) créée par Jérôme Lindon, des Éditions de Minuit avec le soutien de Gallimard, des éditions du Seuil et de la Découverte, et un certain type de littérature de masse, diffusée dans les grandes surfaces et les kiosques. Il ne faudrait toutefois pas schématiser à l'excès : il y eut dans les années 1970 de grands débats dans les bibliothèques publiques autour de la sous- ou mieux paralittérature, dans laquelle on englobait roman policier, science-fiction et roman sentimental. Ce dernier, dont Harlequin a le quasi-monopole, peut certes être qualifié de produit industriel : on sait que la maison mère implantée à Winnipeg (Canada) possède un fonds de huit mille titres ; c'est dans ce fonds que puisent les responsables d'Harlequin-France en donnant des consignes très strictes en matière de traduction, d'écriture et d'adaptation, en utilisant des méthodes de marketing, en adoptant un rythme de parution régulier,

---

1. *Les Rendez-vous de l'édition 1*, *op. cit.*, p. 132.
2. *Libération*, 12/7/1978.
3. *Les Rendez-vous de l'édition 1*, *op. cit.*, p. 132.
4. *Ibid.*
5. *À défaut de génie*, Paris, Gallimard, 2000, p. 266.

en ne rééditant jamais. Mais roman policier et science-fiction ont acquis depuis plusieurs décennies une légitimité certaine, grâce d'abord à Sartre et ses amis, grands amateurs de « Série Noire », grâce aux efforts de Robert Escarpit, professeur d'université à Bordeaux qui, avec son Centre de sociologie des faits littéraires, attira le premier l'attention sur le phénomène San Antonio, grâce aussi au colloque de Cerisy-la-Salle consacré en 1967 à la paralittérature[1]. Jusqu'à une date relativement récente, ces genres étaient peu cités dans les publications critiques ; mais des critiques littéraires, à commencer par ceux du *Magazine littéraire*, de *Libération* et du *Monde* (surtout à travers le mensuel consacré au Poche) s'y intéressent désormais.

La littérature est sans doute aussi le secteur où l'on peut trouver des tirages et des chiffres de diffusion très bas (*Visage humain* d'Antonin Artaud est tiré à trente exemplaires chez Fata Morgana) et au contraire des « meilleures ventes » qui dépassent le million d'exemplaires (les trois premiers volumes de *La Bicyclette bleue*, de Régine Deforges, sont diffusés ensemble à plus de neuf millions d'exemplaires entre 1982 et 1992 chez Ramsay ; la diffusion des Frédéric Dard-San Antonio n'a d'ailleurs rien à lui envier).

La littérature, le domaine le plus noble de l'édition ?

Dans le paysage de l'édition, le domaine littéraire tient une place à part : c'est le « royaume le plus noble de l'imprimé[2] », écrit l'historien Jean-Yves Mollier[3]. Noble, parce que d'abord il s'agit de littérature, et le prestige dont jouissent en France les grands écrivains rejaillit sur ceux qui les ont fait connaître. Que l'on se souvienne de l'émotion suscitée, après la mort de Claude Gallimard, par la crise de succession qui menaçait l'avenir de la maison la plus célèbre en France comme à l'étranger, crise abondamment commentée dans tous les grands organes de presse. Noble aussi, sans doute, parce que c'est un secteur à risques : l'éditeur qui s'engage – personnellement et financièrement – dans la publication de textes qui rompent avec les formes habituelles du récit, qui disent de façon inattendue le réel comme l'imaginaire, n'en retire souvent que tardivement les bénéfices culturel et commercial, et... parfois, il risque de se tromper : il suffit d'examiner la liste des lauréats du Prix Goncourt depuis 1903 pour découvrir certains noms complètement oubliés aujourd'hui ; il suffit aussi de lire, grâce à Pierre Assouline[4], les efforts de Gaston Gallimard pour réintégrer à sa maison d'édition les écrivains qu'il avait manqués.

Le risque et l'engagement personnel peuvent être encore plus importants : il fallut certainement beaucoup de courage à Christian Bourgois, menacé de fatwa, lorsqu'il prit la décision de publier les *Versets sataniques* de Salman Rushdie !

1. *Entretiens sur la paralittérature*, Paris, Plon, 1970.
2. *Ibid.*
3. *Où va le livre*, op. cit., p. 119.
4. Pierre Assouline, *Gaston Gallimard. Un demi siècle d'édition française*, Paris, Balland, 1984.

La littérature est sans doute le domaine le plus noble, mais l'on y trouve souvent des pratiques discutables sur le plan déontologique, hier comme aujourd'hui : débauchages d'auteurs de maisons concurrentes, cumuls de fonctions – éditeurs-journalistes, éditeurs-membres de jurys littéraires – ; évoquant les relations entre les deux grandes maisons littéraires, avant la dernière guerre, Pierre Assouline écrit : « tous les coups sont permis et les coups bas recommandés [...] Grasset et Gallimard passent souvent pour des voyous[1] ». « Voyou », le terme est repris par Raphaël Sorin, directeur littéraire chez Flammarion, lors d'un entretien avec Jean-Marc Roberts, directeur littéraire chez Stock : « nous faisons un métier de voyou, pas de gentleman » ; son interlocuteur, quant à lui, nuance cette affirmation : « nous sommes plutôt des mercenaires que des voyous[2] ». « Mercenaire », le terme n'est pas, lui non plus, très flatteur. Les « coups » d'édition supposeraient-ils souvent des coups bas ?

Noble sous certains aspects, moins noble sous d'autres, la littérature est en tout cas le genre le plus prisé des lecteurs. D'après les conclusions de la dernière enquête sur *Les Pratiques culturelles des Français : année 1997* (La Documentation française, 1998), sur cent lecteurs, cinq d'entre eux mettent au premier rang la littérature classique, dix-neuf les romans (mis à part les policiers), neuf les romans policiers ; les autres genres sont appréciés, ainsi neuf Français sur cent préfèrent l'histoire, sept les livres pratiques, cinq les sciences et techniques, cinq la bande dessinée et trois les sciences humaines.

Contraste aussi entre le poids économique de certaines maisons et leur aura culturelle : les Éditions de Minuit qui ont joué un rôle capital depuis les années 1950, publiant Samuel Beckett, les écrivains du Nouveau Roman (dont le prix Nobel Claude Simon), Marguerite Duras et aujourd'hui René Belletto, Jean Echenoz, Marie N'Diaye... ont un chiffre d'affaires 1999 de 15,6 millions de francs (à comparer avec celui de Vivendi Universal Publishing : 7,937 milliards de francs).

Le choix des auteurs et des textes

Sélectionner les auteurs et les textes constitue, surtout en matière littéraire, la fonction essentielle de l'éditeur, celle qui donnera à sa maison l'image de marque qui va le caractériser aux yeux de son public. C'est en cela que l'acte éditorial relève de la création. Par le choix de ses auteurs, l'éditeur crée un fonds dont le reflet sera son catalogue. Jérôme Lindon disait volontiers que le livre dont il était l'auteur était son catalogue des Éditions de Minuit. De même, Christian Bourgois estime que sa biographie, c'est son catalogue. C'est aussi par ses choix qu'un éditeur attirera les nouveaux écrivains qui enrichiront sa production : Martin Winckler, l'auteur de *La Maladie de Sachs*, qui a choisi pour pseudonyme le nom

---

1. *Ibid.*, p. 177.
2. *Livres Hebdo*, n° 394.

d'un personnage de *La Vie, mode d'emploi*, souhaitait ainsi confier son manuscrit à Paul Otchakovsky-Laurens, l'éditeur de Georges Perec.

Si les ouvrages documentaires, vecteurs d'informations et de connaissances, sont généralement commandés par l'éditeur ou par un directeur de collection, il n'en est pas de même dans le domaine de la littérature. Il faut ici savoir apprécier le réel talent des candidats à la publication ; un nombre impressionnant de manuscrits – entre trois et six mille selon les maisons – arrive en effet chaque année chez les grands éditeurs parisiens. Anne Simonin et Pascal Fouché ont analysé de près les modalités de sélection de ces manuscrits[1] : elle s'effectue généralement par tris successifs, le premier permettant d'éliminer immédiatement ceux dont l'inadéquation à la spécialité de la maison, le manque d'intérêt et les défauts apparaissent dès les premières lignes. On fait ensuite souvent appel à des lecteurs-pigistes extérieurs (du moins dans les grandes et les moyennes maisons), qui établissent un rapport, une fiche de lecture plus ou moins circonstanciée, parfois complétée d'une note chiffrée sur les textes qui ont survécu à cette première sélection. L'ultime décision est prise par le responsable de la maison, après consultation, le cas échéant, du comité de lecture.

À ce propos, il faut souligner que, à la différence de Gallimard, de Grasset et des éditions du Seuil, certains éditeurs, et non des moindres, renoncent à la mise en place d'un comité de lecture. En effet, pour Vladimir Dimitrijevic (L'Âge d'homme), cité par Anne-Marie Métailié : « L'édition, c'est comme jouer à la roulette, on ne se met pas à cinq pour décider s'il faut miser ou non sur le cinq, sur le sept, sur le noir, sur le rouge[2]... » Cette opinion est partagée par Jérôme Lindon, Christian Bourgois et Paul Otchakovsky-Laurens, qui prend lui-même connaissance des trois mille manuscrits qui lui arrivent chaque année ; quant à Jean-Marc Roberts, qui a passé de longues années au Seuil, il déclare : « Les comités de lecture, je n'y crois pas, je n'y crois plus ; j'y ai perdu trop de temps ». On peut ajouter à cela le témoignage de Michel Deguy, « démissionné » du comité de lecture de Gallimard : « un livre, pour être édité, doit ne pas passer par le comité[3] ».

Quoi qu'il en soit, ces opérations de sélection semblent très lourdes, pour une rentabilité très faible ; ainsi Philippe Demanet, responsable des manuscrits français chez Gallimard, déclare : « On ne publie pratiquement qu'un manuscrit sur mille reçus, ce qui est également le cas au Seuil et chez Grasset[4]. » Mais contrairement aux éditeurs américains et anglais, qui traitent directement avec des agents littéraires, les éditeurs français restent très attachés à ce système : « Hantée par le doute, la peur de rater le chef-d'œuvre, la lecture des manuscrits est un investis-

---

1. « Comment on a refusé certains de mes livres », *Actes de la recherche en sciences sociales*, 126-127, mars 1999.
2. *Les Rendez-vous de l'édition 2, op. cit.*, p. 14.
3. *Le Comité : confessions d'un lecteur de grande maison*, Paris, Champ Vallon, 1988, p. 111.
4. *Les Rendez-vous de l'édition 2, op. cit.*, p. 81.

sement essentiel [...] qui fait de l'éditeur français autre chose qu'un commerçant de biens culturels, un producteur de goût[1]. »

« Rater le chef-d'œuvre » semble quasiment impossible aujourd'hui, vu le grand nombre d'éditeurs auxquels peuvent s'adresser les candidats à la publication, qu'un auteur de talent ne puisse trouver d'éditeur. Pour Jean-Claude Guillebaud comme pour Hubert Nyssen, tout texte de qualité trouve inévitablement son éditeur « obsédé par la crainte de laisser passer Proust une seconde fois[2] » (allusion à la bévue de Gide, qui avait refusé d'éditer à la NRF *Du côté de chez Swann*, de Marcel Proust). Pourtant un écrivain comme Paul Fournel, ancien président de la Société des gens de lettres, déplore volontiers la relative disparition des comités de lecture, due au phénomène de concentration, ce qui ôterait leurs chances à de jeunes écrivains ; d'autres soulignent en le dénonçant le pouvoir croissant pris par les « commerciaux » de l'édition qui souvent font barrage pour éviter la publication d'œuvres innovantes, mais immédiatement non rentables.

En effet, le talent seul n'est pas toujours pris en compte ; des œuvres neuves, déroutantes, essuient parfois plusieurs refus avant leur publication : ce fut par exemple le cas de Samuel Beckett, avant que Jérôme Lindon accepte avec enthousiasme de le publier aux Éditions de Minuit ; le refus peut néanmoins venir du fait que l'éditeur « n'accroche » pas : ainsi Michel Houellebecq connut des refus d'éditeurs ne redoutant pas l'innovation, tels Christian Bourgois et Jérôme Lindon, avant que Maurice Nadeau publie son premier récit, *Extension du domaine de la lutte*.

Et il est certain que si la responsabilité de l'éditeur est culturelle, elle est également financière : « imprimer un livre coûte trente mille ou quarante mille francs, ce qui est à peu près la moitié de l'investissement[3] » dit Jean Viard, des éditions de l'Aube, et selon Viviane Hamy, il faut vendre à peu près 1 000 exemplaires d'un ouvrage de 200 pages, tiré à 3 000 exemplaires d'un auteur inconnu pour simplement payer les frais de fabrication (et il y a évidemment tous les autres frais : droits d'auteur, diffusion et distribution, sans compter les frais de locaux et de personnel) ; combien de jeunes éditeurs ont disparu dans les années 1980, pour avoir publié au-delà de leurs possibilités financières !

La décision de publier est donc parfois difficile à prendre ; il y a heureusement des éditeurs, tel Antoine Gallimard, qui, selon Philippe Sollers, « sait se montrer bon en affaires sans être hostile à ce qu'on s'occupe de littérature[4] ».

---

1. « Comment on a refusé certains de mes livres », *Actes de la recherche en sciences sociales*, 128-129, mars 1999.
2. Hubert Nyssen, *L'Éditeur et son double*, Arles, Actes Sud, p. 25.
3. *Les Rendez-vous de l'édition 1, op. cit.*, p. 94.
4. *Livres Hebdo*, n° 298, p. 54.

La rentrée littéraire et les prix

Le grand moment pour la parution des romans est la rentrée d'automne, avant la remise des prix littéraires (Académie française, Goncourt, Renaudot, Fémina, Médicis) qui ont lieu en novembre. Passée cette vague de la rentrée, la plus importante, arrivera celle des romans de l'hiver (avant le « Salon du livre » de mars), puis celle des romans de l'été...

Jusque vers 1990, entre 350 et 400 romans paraissaient en vue de la course aux prix : à la rentrée 1991, 208 romans français (dont 47 premiers romans) et 161 étrangers ; mais depuis peu, on connaît une véritable inflation de la production : en 1994, 217 romans français, 147 étrangers ; en 2000, 347 romans français, 210 étrangers !

Pourquoi donc les éditeurs se lancent-ils dans cette course inflationniste, qui pose tant de problèmes aux libraires, mis dans l'incapacité de proposer et promouvoir tous ces titres auprès d'un public dérouté ? La réponse était donnée il y a déjà plusieurs décennies par René Julliard, répondant à l'étonnement de Maurice Nadeau : « Bien sûr, je ne voudrais publier que les meilleurs [romans], mais je dois faire tourner la maison, et si je perds de l'argent avec quatre romans par mois, ma situation s'équilibre avec huit[1]. » Et Nadeau de conclure sur cette course à la production qui va devenir une « machine folle ». Sans doute est-ce le système bien français des prix littéraires qui provoque cette « course folle », « la folle comédie[2] », selon Pierre Astier, directeur des éditions Le Serpent à plumes. Il faut dire que l'attribution d'un prix a des conséquences financières parfois très importantes. Aux ventes proprement dites s'ajoutent les prolongements en édition de poche et en club ainsi qu'en traduction. Le Goncourt est généralement acheté à plus de 300 000 exemplaires (le record étant *L'Amant* de Marguerite Duras dont la diffusion a largement dépassé le million) ; les autres grands prix, Fémina, Renaudot, Interallié, Médicis, Novembre (devenu Décembre en 2000), le grand prix du roman de l'Académie française, se vendent à plus de cent mille exemplaires. Un prix permet ainsi à une maison comme le Mercure de France, chez qui Andreï Makine avait obtenu à la fois le Goncourt et le Médicis en 1995, d'augmenter considérablement son chiffre d'affaires.

Cela fait des décennies que sont dénoncés les défauts du système : des éditeurs qui débauchent à coup d'à-valoir confortables des écrivains ayant déjà fait leurs preuves dans de plus petites maisons ; des jurés qui, écrivains eux-mêmes, conseillers littéraires ou directeurs de collection, favorisent systématiquement les auteurs-maisons ; des directeurs littéraires, tels Yves Berger chez Grasset ou Jean-Marc Roberts d'abord au Seuil et maintenant chez Stock, qui jouent de leur influence sur les différents jurys... Inutile de rappeler ici le nom des grands écrivains qui ont raté le Goncourt, le Renaudot ou le Fémina. Il n'est pas inutile en revanche, puisque l'existence des prix a ce mérite d'attirer sur le livre et la littérature l'attention du

---

1. *Grâces leur soient rendues*, Paris, Albin Michel, p. 246.
2. *Le Monde*, 27 septembre 2000.

grand public et ne saurait donc être remis en cause, de mentionner les propositions émises par Pierre Astier : étaler dans le temps cette « distribution des prix » afin que davantage de romans aient leur chance auprès du public (ce qui faciliterait aussi la vie des libraires), ouvrir ces prix à tout le monde francophone afin qu'éditeurs et écrivains du Québec, de Belgique et des autres pays de langue française puissent être mieux connus dans l'hexagone, en tout cas, organiser des assises sur le sujet avec éditeurs, libraires, journalistes et membres des jurys afin que les débats débouchent sur des règles éthiques. D'autres propositions viennent de Claire Gallois, écrivain et membre du jury Fémina : que les éditeurs adressent aux jurys des épreuves identifiées seulement par un numéro d'enregistrement attribué par un huissier, c'est-à-dire sans titre, sans noms d'auteur et d'éditeur pour éviter toute pression sur les jurys et donner leurs chances aux petits éditeurs.

D'autres prix toutefois ne rencontrent pas la même méfiance quant à leurs conditions d'attribution et connaissent souvent des scores importants : ceux qui sont attribués par les lecteurs – le Grand Prix des lectrices de *Elle*, le magazine féminin, fut un précurseur – tels le prix du Livre-Inter, le Goncourt des lycéens ou les prix qui sont attribués par les libraires ou les maisons de la presse.

Les premiers romans...

On constate une quantité de plus en plus importante de premiers romans : 58 pour la rentrée 1998, 75 en 1999, 76 pour la rentrée 2000. Le Festival du premier roman de Chambéry, le Goncourt du premier roman, la collection « Premier mille » chez Arléa prouvent assurément ce légitime intérêt suscité par la production des jeunes auteurs. Mais comment imaginer qu'une bonne partie d'entre eux trouvera son public ? Certes, on a les exemples passés de Radiguet, lancé par Bernard Grasset en 1923 (une de ses premières grandes opérations publicitaires), de Françoise Sagan, dont René Julliard sut valoriser les dix-huit ans qui ont compté dans le succès de *Bonjour tristesse* en 1954, de Philippe Sollers dont *Une curieuse solitude*, en 1958, fut salué à la fois par Mauriac et par Aragon, de Le Clézio, en 1963, dont *Le Procès-verbal* attira tout de suite l'attention de la critique, de Modiano, qui obtenait en 1968 le Prix Fénéon pour *La Place de l'étoile* ; plus récemment encore, certains ont été immédiatement appréciés et ont connu un notoire succès de vente, par exemple Jean Rouaud (Éditions de Minuit), qui obtenait le Prix Goncourt en 1990 avec *Les Champs d'honneur* ou Marie Darrieussecq avec *Truismes* (P.O.L) en 1996.

Il faut bien dire que ces dernières années, les jeunes écrivains sont à la mode ; ce n'est certes pas nouveau : « Dans les années vingt », écrit Pierre Assouline, « ce sont les jeunes qui tiennent le haut du pavé [...] cette nouvelle génération d'auteurs qui n'ont pas trente ans – Aragon, Drieu, Malraux, Morand, Montherlant... – et s'imposent déjà, alors que leur œuvre n'est que balbutiante[1] ».

---

1. *Gaston Gallimard, op. cit.*, p. 188.

« Nouvelle génération », l'expression est reprise dans le catalogue 2000 des éditions J'ai lu qui présente ainsi sa nouvelle série « Une nouvelle génération d'écrivains pour une nouvelle génération de lecteurs » (parmi ces écrivains, Michel Houellebecq, Virginie Despentes, Vincent Ravalec, Éric Holder...) et, bien sûr, à cette série répond Pocket, éditeur concurrent de J'ai lu, avec « Nouvelles voix » (romans de Christine Angot, Linda Lê...). Ces jeunes auteurs seront-ils les Aragon et les Malraux de demain ?

Mais il ne faut pas se cacher que ces quelques exemples sont exceptionnels, que nombre de ces « premiers romanciers » tomberont dans l'oubli et que, pour les autres, il faudra avoir fait paraître plusieurs ouvrages avant de retenir l'attention des critiques littéraires et d'obtenir la faveur du public. D'ailleurs, plusieurs éditeurs le soulignent : aujourd'hui, le problème est de susciter l'intérêt en direction du « deuxième » roman.

... et les autres

Il y a aussi – c'est la plus importante, au moins quantitativement – la production des écrivains déjà engagés dans la vie littéraire, qui confirmera ou infirmera les espérances de leur éditeur. Un contrat-type a été mis au point par la Société des gens de lettres et le Syndicat national de l'édition : il prévoit en effet un « droit de préférence ou de suite » lors de la signature du premier contrat qui va lier les deux partenaires (l'auteur doit soumettre à son éditeur ses cinq futurs manuscrits, que ce dernier a bien entendu toute liberté de refuser ; mais après deux refus, l'auteur peut reprendre sa liberté et s'adresser à un autre éditeur). L'investissement pour un premier roman est en effet rarement rentable et il semble juste que l'éditeur cherche à s'attacher durablement l'auteur en qui il croit et à récupérer sa mise initiale.

Mais les écrivains à succès refusent en général cette contrainte et ne signent souvent que pour un seul livre ; ils sont évidemment sollicités par les concurrents de leur maison d'origine qui leur proposent des à-valoir importants, ou d'autres avantages (Perec quitta les Lettres Nouvelles de Maurice Nadeau pour Hachette, qui lui proposait la mensualisation de ses droits, ce qui lui permettait de quitter son emploi de documentaliste au CNRS). On ne s'étonnera pas ainsi de voir les titres d'un écrivain dispersés entre plusieurs éditeurs. La raison de ces changements est souvent l'espérance d'un prix littéraire : quittant Flammarion pour Grasset, Daniel Picouly obtenait en 1998 le Prix Renaudot...

Mais, qu'il s'agisse d'un écrivain débutant ou d'un écrivain confirmé, le rôle de l'éditeur (ou plutôt de l'*editor*, puisque la langue anglaise, plus riche que la nôtre, différencie l'*editor*, celui qui assume une responsabilité intellectuelle et littéraire, et le *publisher*, le responsable de la gestion, le décideur, le manager) ne se limite pas à la prise de décision. Premier lecteur du manuscrit, ou de son ébauche, l'éditeur en accompagne la rédaction, sait donner à l'auteur les conseils utiles, lui redonne courage en cas de difficultés, en un mot agit conformément à l'étymologie de son nom (le latin *edo* signifie aider à la naissance) : on a souvent parlé à propos de Françoise Verny, qui a marqué de son action les éditions Grasset, Flammarion et Gallimard, de son talent « d'accoucheuse d'écrivains » dont elle a fait profiter de jeunes romanciers, Alexandre Jardin ou Yann Quéffelec, mais aussi un auteur confirmé comme Françoise Sagan.

Éditeurs, groupes et mouvements littéraires

L'histoire littéraire a été marquée par l'existence de courants ou d'écoles qui réunissaient des écrivains partageant les mêmes points de vue esthétiques ou idéologiques ; romantisme, symbolisme, réalisme, naturalisme... Une maison d'édition a été souvent au XXᵉ siècle le lieu servant de point de rencontre entre ces créateurs, à commencer bien sûr par les écrivains rassemblés autour de Gide à la *Nouvelle Revue Française*. Puis José Corti accueillit dans sa librairie et édita les surréalistes, Aragon, Éluard, Péret, Dali... Gallimard publia après la guerre les écrivains existentialistes, Sartre, Beauvoir et leurs épigones. La Table Ronde, fondée par Roland Laudenbach en 1945, publiait le groupe baptisé « Les Hussards » par Bernard Frank, groupe mené par Roger Nimier accompagné de Jacques Laurent, Antoine Blondin, Michel Déon, opposé à la conception sartrienne de l'écrivain « engagé ». Jérôme Lindon publiera à partir de 1953 la plupart des écrivains dits du Nouveau Roman : Alain Robbe-Grillet (qui fut directeur littéraire des Éditions de Minuit), Michel Butor, Robert Pinget, Claude Simon (Prix Nobel), Claude Ollier, Nathalie Sarraute, pour sa part, étant essentiellement publiée chez Gallimard.

Les années 1970 voient ensuite la primauté des recherches théoriques et formelles inspirées par le structuralisme, notamment celles du groupe Tel Quel, du nom de la revue animée par Philippe Sollers aux éditions du Seuil : on peut ainsi parler de romans de Minuit, pour la première génération d'écrivains, et de romans du Seuil, pour la seconde, comme on le fera lors d'un colloque organisé à Strasbourg par le Centre de philologie et de littératures romanes[1].

Le groupe Oulipo (Ouvroir de littérature potentielle) fut fondé à la suite d'une décade de Cerisy-la-Salle consacrée à l'œuvre de Raymond Queneau par ce dernier et son ami le mathématicien François Le Lionnais en 1960. Toujours actif, aux membres d'origine – les deux fondateurs, Noël Arnaud, Jacques Bens, André Blavier, Marcel Duchamp, Jean Queval, Albert-Marie Schmidt – s'ajoutèrent par cooptation d'autres écrivains dont certains de premier plan, Georges Perec, Jacques Roubaud, Jacques Jouet, Paul Fournel, François Caradec, Hervé Le Tellier, Oulipo reste fidèle à son projet d'origine : explorer les virtualités de la littérature, en inventant des règles et des contraintes nouvelles ; ses membres se comparent à « des rats qui ont à construire le labyrinthe dont ils se proposent de sortir[2] ». On

---

1. *Positions et oppositions sur le roman contemporain*, Paris, Klincksieck, 1971.
2. *La Littérature potentielle : créations, re-créations, récréations*, Paris, Gallimard, « Essais », 1988.

trouve les oulipiens, Roubaud par exemple, chez Gallimard, où Queneau dirigea l'« Encyclopédie de la Pléiade » ; dans la collection « Lettres nouvelles » dirigée par Maurice Nadeau chez Julliard, puis chez Denoël ; par la suite les hébergera la collection « Mots » dirigée par Paul Fournel chez Ramsay puis Seghers, où l'on trouve les trois premiers volumes de *La bibliothèque oulipienne* qui rassemble les travaux du groupe ; plus récemment le Castor astral a pris le relais en publiant en 1997 le volume IV de cette collection, ainsi que des textes d'Hervé Le Tellier et d'Harry Matthews.

Depuis, il existe peu de groupes réellement caractérisés autour d'un éditeur : on pourrait citer néanmoins chez Robert Laffont la collection « L'École de Brive », dirigée par Jacques Peuchmaurd, qui regroupe des auteurs tous originaires de Corrèze, Michel Peyramaure, Claude Michelet, Christian Signol, romanciers traditionnels qui se réclament volontiers de Bernard Clavel et de Jean Giono et qui parlent de leur terre, de ses paysans, de son passé, souvent dans de longues sagas ; ou bien les romanciers édités aux éditions de l'Olivier par Olivier Cohen, romanciers(ères) venant de l'édition pour la jeunesse (École des loisirs), Marie Desplechin, Geneviève Brisac, Agnès Desarthe, Guillaume Le Touze.

La Nouvelle Fiction, elle, s'est affirmée comme groupe grâce au texte fondateur de Jean-Luc Moreau[1], mais on ne peut réellement rattacher les auteurs qui composent ce groupe à une maison particulière ; on pourrait toutefois signaler deux éditeurs dominants : Fayard chez qui est paru l'essentiel de l'œuvre de Frédérick Tristan, comme celle de Marc Petit (édité aussi chez Stock) ; les Éditions du Rocher, maison qui a publié un recueil collectif *Demain les momies* et qui édite François Coupry, Georges-Olivier Chateaureynaud (édité aussi chez Grasset et Actes Sud) et Hubert Haddad (édité aussi chez Dumerchez, le Castor astral et Zulma).

Genres littéraires, éditeurs et collections

Le roman chez les plus grandes maisons

Gallimard et ses filiales

La couverture blanche de Gallimard a réuni tant d'écrivains célèbres, français et étrangers qu'on ne peut ici que citer quelques noms-repères : assisté de Jean Paulhan qui fut directeur littéraire de 1925 à 1968, Gaston Gallimard est notamment l'éditeur de Gide, Proust, Martin du Gard, Valéry, Claudel, puis de Malraux (qui fut directeur artistique et membre du comité de lecture), Sartre, Aragon, Camus, Saint-Exupéry, Kessel... pour résumer l'élite de la littérature et de la pensée française depuis les années 1920. Aujourd'hui, Gallimard continue d'éditer des auteurs parmi les plus renommés : Philippe Sollers, Milan Kundera, Michel Tour-

---

1. *La Nouvelle Fiction*, Paris, Critérion, 1992.

nier, Nathalie Sarraute, Jean-Marie Gustave Le Clézio, Patrick Modiano, Anne Wiazemski, Daniel Pennac... Pour la littérature étrangère, Gallimard avait su s'entourer d'écrivains et de grands intellectuels, directeurs de collections : Louis Aragon avec « Littératures soviétiques », René Etiemble avec « Connaissance de l'Orient », Roger Caillois avec « La Croix du Sud ». Mais l'essentiel des traductions est publié aujourd'hui dans la collection « Du monde entier ». Une nouvelle collection, « Continent noir », dirigée par Jean-Noël Schifano, publie depuis 1999 des auteurs africains francophones.

Pour les plus grands écrivains et philosophes d'hier et d'aujourd'hui, c'est une consécration d'entrer dans la « Bibliothèque de la Pléiade », créée par Jacques Schiffrin, qui publie des œuvres complètes, assorties d'un important apparat critique. Chaque année, un album de la Pléiade est publié et distribué pour tout acheteur de trois Pléiades (l'album 2000 était consacré à l'histoire de la NRF, avec des textes de François Nourissier et une abondante iconographie). Moins coûteuse, la collection « Quarto » publie avec un apparat critique allégé et des illustrations des grands textes des XIXe et XXe siècles : 24 titres parus début 2000, dont *Les Mémoires d'Outre-tombe* de Chateaubriand, les nouvelles de Pirandello et Proust.

« L'Infini », collection liée à la revue éponyme, toutes deux dirigées par Philippe Sollers, publie de la littérature contemporaine de création (une centaine de titres de romans et essais parus dont le Goncourt 2000, *Ingrid Caven* de Jean-Jacques Schuhl, ainsi que des textes de Gabriel Matzneff, Marc-Édouard Nabe, Pierre Bourgeade, Marcelin Pleynet).

La marque L'Arbalète, maison créée au début des années 1940 par Marc Barbezat, qui constitua un catalogue prestigieux avec des livres de bibliophilie ainsi que les premiers textes d'Antonin Artaud, Jean Genet, Roland Dubillard, est confiée aujourd'hui au poète André Velter.

Futuropolis, éditeur de bandes dessinées repris par Gallimard, publie de grands textes (notamment Céline) illustrés par Tardi et d'autres illustrateurs de talent.

Quant à L'Arpenteur, dirigé par Philippe Bourgadier, département qui a publié plus d'une centaine de titres d'auteurs français et étrangers, dont les premiers textes de Christine Angot (publiée désormais chez Stock), il a connu récemment un grand succès avec le bref ouvrage de Philippe Delerm, *La Première Gorgée de bière*.

● Dans la « galaxie » Gallimard
– Le Mercure de France est maintenant dirigé par Isabelle Gallimard, succédant à sa mère Simone Gallimard qui l'anima de 1967 à 1995. C'est une très ancienne maison, qui a publié des auteurs de premier plan (*Le Journal littéraire* de Paul Léautaud, Pierre-Jean Jouve, Yves Bonnefoy, Romain Gary – qui, après son premier Goncourt en 1956 pour *Les Racines du ciel* en obtint un second sous le pseudonyme d'Émile Ajar pour *La Vie devant soi* –, Andreï Makine qui obtint à la fois les Prix Goncourt et Médicis en 1995). Des romanciers étrangers, également, dans la « Bibliothèque étrangère », collection dirigée par Marie-Pierre Bay (Séféris, Strindberg, Oscar Wilde...).

– Robert Denoël, assassiné dans des conditions mystérieuses en 1945 alors qu'il était inquiété pour ses activités de collaboration, était depuis 1930 un concurrent sérieux de Gaston Gallimard (il fut l'éditeur de Céline et de Rebatet, mais aussi d'Elsa Triolet et de Raymond Queneau). Sa maison, reprise par Gallimard en 1951, est dirigée aujourd'hui par Olivier Rubinstein. Elle publie désormais divers romans hors collections (Sébastien Japrisot, Henri Vincenot...), ainsi qu'une collection de romans étrangers : « Denoël et d'ailleurs ».

– La Table Ronde fut fondée en 1945 par Roland Laudenbach, qui publiera des auteurs suspects de collaboration pendant la guerre, dont Jacques Chardonne, ainsi que le groupe connu sous le nom des Hussards (Nimier, Blondin, Déon...). La Table Ronde est dirigée aujourd'hui par Denis Tillinac, un des romanciers de l'École de Brive, qui lui redonne un nouveau souffle et édite désormais (après *Les Belles Lettres*) la revue *L'Atelier du roman*. Alphonse Boudard figure parmi les romanciers à succès de la maison.

Le groupe Gallimard, toutes maisons confondues, a donc publié un nombre considérable de titres, qui alimentent la collection de poche « Folio ».

Grasset

Bernard Grasset créa en 1907 sa maison qui fut durant des décennies la grande rivale de Gallimard sans réussir à égaler son prestige ; il fut l'éditeur dans l'entre-deux-guerres de grands romanciers : les 4M (Mauriac, Maurois, Morand, Montherlant), Raymond Radiguet, Cocteau et Giraudoux. Passée en 1958 dans le groupe Hachette, cette maison a été très marquée par ses directeurs successifs, Bernard Privat et Jean-Claude Fasquelle, par sa directrice littéraire Françoise Verny, qui y garde un rôle de conseil, par Yves Berger enfin, romancier lui-même, et connu pour la défense opiniâtre de ses auteurs, notamment auprès des jurys littéraires. Après 1945, Hervé Bazin sera un des auteurs vedettes (il sera aussi édité au Seuil), ainsi que François Nourissier, de même que des romancières de talent : Christiane Rochefort, Marie-Claire Blais, Edmonde Charles-Roux. Ces dernières années, Grasset a obtenu des succès avec Yann Quéffelec, Hector Bianciotti, Michèle Fitoussi, Amin Maalouf, Angelo Rinaldi, Jean Vautrin...

Les grands textes sont réédités dans les « Cahiers rouges » (semi-poche), baptisés en hommage aux « Cahiers verts », prestigieuse collection de Daniel Halévy, dont le premier volume, *Maria Chapdelaine* de Louis Hémon, fut un énorme succès dans les années 1920.

Les éditions du Seuil

Le succès inattendu du *Petit monde de Don Camillo* de Giovanni Guareschi, publié en 1951, fait connaître la maison dans le grand public ; autres succès : *Le Guépard* de Tomasi di Lampedusa, et *Le Dernier des Justes* d'André Schwarz-Bart. Ces réussites permettent l'édition de textes très exigeants en littérature et sciences humaines. Jean Cayrol, rescapé des camps de concentration, romancier et poète chrétien (prix Renaudot 1947 pour *Je vivrai l'amour des autres*) y dirige la collection « Écrire » à partir de 1956, avec la volonté de faire connaître une littérature « provocante » ; il y publiera notamment les premiers textes de Régis

Debray, de Philippe Sollers et de Denis Roche. Il sera assisté par Claude Durand, romancier, prix Médicis pour *Les Nuits zoologiques*, traducteur de Gabriel Garcia Marquez, qui fera connaître en France Alexandre Soljenitsyne et dirigera ensuite, toujours au Seuil, la collection « Combats » ; (en 1980, Durand passe chez Fayard, mais en emportant avec lui les droits de Julien Green et Alexandre Soljenitsyne).

Grâce à Emmanuel Roblès et sa collection « Méditerranée », seront connus des écrivains francophones du Maghreb : Kateb Yacine, Mohammed Dib, Mouloud Feraoun..., puis Tahar Ben Jelloun (on trouve aussi chez L'Harmattan des auteurs du monde arabe, et chez Karthala des auteurs africains).

De grands succès avec Didier Decoin, Erik Orsenna, Michel Del Castillo, Patrick Grainville et, pour l'étranger, William Boyd, John Irving et Gunter Grass, dans les collections de romans à cadre rouge (français) et à cadre vert (étrangers).

Une collection de recherche, « Fiction et Cie », dirigée par Denis Roche et, en 2000, une nouvelle collection, « Solo », dirigée par René de Ceccaty, chargé de créer un climat littéraire stimulant pour attirer de jeunes auteurs tout en n'écartant pas des romans destinés à un plus large public.

• Dans la « galaxie » Seuil
– Les éditions de l'Olivier, dirigées par Olivier Cohen, qui ont fait connaître d'abord beaucoup de traductions des pays anglo-saxons, surtout nord-américains et, pour la France, des auteurs qui écrivent souvent pour la jeunesse (notamment à l'École des loisirs) : Geneviève Brisac, Agnès Desarthe, Marie Desplechin...
– Phébus, éditions dirigées par Jean-Pierre Sicre (remarqué dès la parution de son premier livre, « fétiche de la maison », *Le Livre des ruses*), publie des romantiques allemands dans de nouvelles traductions (Hoffmann, entreprise initiée par Albert Béguin), des livres d'art et de voyages (surtout maritimes) et la revue *Caravanes* : tour du monde des littératures.
– Les éditions Verticales, créées en 1997 par Bernard Wallet, un catalogue éclectique où l'on remarque Régis Jauffret, Arnaud Cathrine et Lydie Salvayre.

Flammarion

Des romans (hors collections) de style assez traditionnel ont fait la réputation (et les grosses ventes) de Flammarion : Maurice Genevoix, Jules Romains, Jean Dutourd, Roger Peyrefitte, Henri Troyat, Christine Arnothy, Françoise Dorin, Nicole Avril ; dans les années 1970, Paul Otchakovsky-Laurens, puis Bernard Noël dirigeront « Textes », une collection de recherche qui sera interrompue ; plus récemment, avec la direction de Raphaël Sorin, sont publiés des écrivains également novateurs : Daniel Picouly, Michel Houellebecq (prix Novembre 1999 qui eut un retentissement certain) et Éric Holder (antérieurement au Dilettante). En 1999, une nouvelle collection de textes érotiques, « L'Enfer », est créée, dirigée par Emmanuel Pierrat, avocat spécialiste du droit d'auteur (rééditions de textes de Stendhal, Maupassant, Théophile Gautier). Une forte activité dans le domaine du poche avec J'ai lu (remarquables séries de science-fiction et fantastique, une série roman sentimental qui publie Barbara Cartland et la série « Nouvelle génération »),

« Librio » (collection de livres à dix francs) et « GF Garnier-Flammarion » (textes classiques pour étudiants).

Albin Michel

Albin Michel, au début du siècle, connaît de grands succès dans le domaine du roman avec Pierre Benoît, les grandes fresques de Roland Dorgelès (*Les Croix de bois*), Romain Rolland (*Jean-Christophe*) et Francis Carco... Après 1945 seront édités Jules Roy, Bernard Clavel, Robert Sabatier (qui assura la direction littéraire jusqu'à son entrée dans le jury Goncourt), Patrick Cauvin, Patrick Besson... Pour la littérature étrangère, des traductions de Konsalik mais aussi des sœurs Brontë, de Cronin, Henry James, Kawabata, Asturias (ces deux derniers, prix Nobel). Les milieux littéraires parisiens semblent un peu dédaigneux envers cette maison, qui néanmoins, d'après bon nombre de libraires, est la plus en phase avec les demandes des lecteurs. En tête des meilleures ventes depuis quelques années pour les romans de Mary Higgins Clark, Stephen King et Amélie Nothomb, qui publie un roman par an depuis 1992, Albin Michel avait délaissé la course aux prix, mais sous l'impulsion du directeur littéraire Richard Ducousset, elle a récemment obtenu plusieurs récompenses : Goncourt 1994 pour Didier van Cauwaelert, prix du roman de l'Académie française 1999 pour Amélie Nothomb, Interallié 1997 pour Éric Neuhoff et Interallié 2000 pour Patrick Poivre d'Arvor.

Fayard et Stock

Fayard est dirigé depuis 1980 par Claude Durand, venu des éditions du Seuil pour rajeunir une maison un peu endormie. Après avoir redressé le secteur des documents, ayant pris la direction de Stock, il tient désormais à enrichir le secteur littéraire et fait venir à cet effet Jean-Marc Roberts en 1994. On trouve ainsi au catalogue Alain-Fournier et Colette, mais aussi Julien Green, Vassilis Alexakis et Frédérick Tristan, une édition en cours des œuvres complètes de Boris Vian, des auteurs novateurs telle Christine Angot, des auteurs à très grande diffusion, Dan Franck et Jean Vautrin (*Les Aventures de Boro*), Madeleine Chapsal et, surtout, Régine Deforges (*La Bicyclette bleue*). Fayard a repris les éditions Pauvert, spécialistes de l'édition de textes surréalistes et érotiques (dont Sade) et dirigées aujourd'hui par Maren Sell, et s'est aussi lancé dans l'édition de textes érotiques de l'Enfer de la Bibliothèque nationale. Parmi les traductions, Juan Goytisolo, Ismail Kadaré, Leonardo Sciascia et surtout les œuvres complètes de Soljenitsyne.

La réputation de Stock, dont Jean-Marc Roberts (romancier, prix Renaudot 1979 pour *Affaires étrangères*) prend la direction en 1998, vient surtout de ses collections de littérature étrangère : « Bibliothèque cosmopolite » et « Cabinet cosmopolite » réunies aujourd'hui sous l'étiquette « Cosmopolite » (traductions de Jorge Amado, André Brink, Remarque, Singer, Tourguenieff, Han Suyin...). Cependant, elle vient aussi de ses romans d'auteurs des Caraïbes et du Maghreb (Raphaël Confiant et Rachid Mimouni). Roberts a cependant renforcé le secteur de la littérature française (collection « Bleue » créée d'abord chez Fayard) avec la publication des romans de Christine Angot, Luc Lang, François Salvaing, Marc

Weitzmann, Nina Bouraoui, Vassili Alexakis, ainsi que des rééditions récentes de certaines œuvres d'Aragon.

En ce qui concerne les autres maisons du groupe Hachette, Bernard de Fallois (maison créée en 1987) est l'éditeur des œuvres de Marcel Pagnol, de Françoise Chandernagor, de Robert Merle et de Wladimir Volkoff. Jean-Claude Lattès (maison créée en 1968) publie surtout des romans de grande diffusion. Quant à Calmann-Lévy, illustre maison créée en 1826, qui a édité notamment Balzac, Stendhal et Dumas, puis, après la Dernière Guerre, *Le Journal d'Anne Frank*, elle est renommée pour son domaine étranger dirigé aujourd'hui par Nina Salter : traductions d'Henry James, Knut Hamsun, Hermann Hesse, et Patricia Cornwell.

La Librairie générale française (LGF) créée en 1953 pour abriter « Le Livre de poche » (la première des collections de ce type) possède, après « Folio » (Gallimard), le catalogue le plus fourni des collections de poche en littérature et se décline aussi en multiples séries.

Robert Laffont

Robert Laffont concevait quelque amertume de son image d'« éditeur pour grand public ». Cette image doit être nuancée. Certes, Laffont est l'éditeur de *Papillon*, de collections intitulées « Best-sellers » et « Vécu », mais il a fait connaître certains auteurs tout à fait estimables : Gilbert Cesbron, Jean-Pierre Chabrol, Bernard Clavel, Max Gallo, Yann Quéffelec et les romanciers de l'École de Brive ; et surtout il a publié Graham Greene, Scott Fitzgerald, Bioy Casares, Henry James, Dino Buzzati dans sa collection « Pavillons », dirigée aujourd'hui par Jean-Claude Zylberstein, responsable également de la série « Domaine étranger » (10/18). De plus Gérard Klein a créé, dès 1969, la collection de science-fiction « Ailleurs et demain ».

On doit aussi à la maison Laffont une grande réussite éditoriale avec la collection « Bouquins », mise au point par Guy Schœller, qui édite de nombreuses œuvres complètes d'auteurs français et étrangers, classiques, policiers et fantastiques.

Cette image « grand public » correspond sans doute mieux à son successeur, Bernard Fixot, l'éditeur de *Jamais sans ma fille* de Betty Mahmoody et surtout de Christian Jacq. Champion du marketing, il a créé en 1999 sa maison XO et il se donne de très grands moyens pour promouvoir ses auteurs sur le plan international (son auteur-vedette est traduit dans de nombreux pays).

Julliard

Julliard, l'éditeur de Françoise Sagan, Françoise Mallet-Joris, Jean-Louis Curtis, se fit connaître après la guerre pour son flair d'éditeur et son sens de la publicité, raflant un grand nombre de prix littéraires entre 1946 et 1962. Mais c'est lui également qui en 1953 proposera à Maurice Nadeau, alors critique littéraire au *Combat* de Camus et Pascal Pia, de créer une revue, où Nadeau publiera notamment des textes d'Antonin Artaud, Roland Barthes, Henri Michaux, puis une collection éponyme ; Julliard laissa à Nadeau toute liberté dans ses choix. Dans cette collection « Les Lettres nouvelles », nombre d'écrivains feront leurs premières armes : Georges Perec avec *Les Choses*, Claire Etcherelli avec *Élise ou la vraie vie*, Angelo

Rinaldi avec *La Loge du gouverneur* ; il publiera aussi de nombreux écrivains étrangers : Henry Miller, Malcolm Lowry, Witold Gombrowicz, Leonardo Sciascia et avec *Les Récits de Kolyma* de Varlam Chalamov donnera le premier récit sur le Goulag.

Après la mort du fondateur en 1962, cette maison a connu bien des vicissitudes, dirigée successivement par Christian Bourgois, Marcel Jullian, Bernard de Fallois, François Bourin. C'est aujourd'hui Bernard Barrault (qui avait fait connaître Philippe Djian) qui tente de redresser la barre.

Plon

Plon est une maison ancienne, fondée en 1845, dirigée aujourd'hui par Olivier Orban. Plon fut l'éditeur d'historiens et de romanciers catholiques, dont Bernanos, et de Maurice Druon, Marguerite Yourcenar, Christine Arnothy, Françoise Sagan. « Feux croisés », grande collection de romans étrangers (Joyce, Moravia, Joseph Roth), est aujourd'hui dirigée par Ivan Nabokov, qui a obtenu (Christian Bourgois, éditeur des *Versets sataniques*, n'en ayant pas les possibilités financières) les droits du *Dernier soupir du Maure*, de Salman Rushdie.

Il faut également mentionner l'activité d'autres maisons indépendantes : les Éditions du Rocher (*cf.* p. 77) et aussi Balland, dont le fondateur, connu pour ses publications dans les domaines érotique et bibliophilique, a dû s'écarter pour des raisons financières. La maison Balland a été reprise par Jean-Jacques Augier ; elle continue dans le domaine littéraire sous la direction de Richard Millet (lui-même édité chez P.O.L) et a créé une collection spécialisée « Le Rayon gay », dirigée par Guillaume Dustan.

Les grandes collections de poche

– Gallimard : « Folio » (plus de 2 600 titres disponibles dont les séries « Folio bilingue » et « Folio Classiques ») et la collection semi-poche « L'Imaginaire » (pour les textes plus difficiles). Les plus grands succès : *L'Étranger* de Camus (7 millions d'exemplaires), *Terre des hommes* de Saint-Exupéry et *La Symphonie pastorale* de Gide (plus de 3 millions).

– Hachette-Livre : « Le Livre de poche » (Librairie générale française, 3 500 titres), avec de multiples déclinaisons.

– Chez Havas, trois collections de poche très différentes (5 000 titres) : « 10/18 », longtemps dirigée par Christian Bourgois et maintenant par Jean-Claude Zylberstein, qui a publié à la fois des textes d'évasion, Jack London, les romancières anglaises et la série « Grands détectives » mais aussi des textes très exigeants (colloques de Cerisy-la-Salle, par exemple), recentrée aujourd'hui sur la littérature étrangère ; « Pocket », des romans populaires d'abord (la série *Angélique* d'Anne et Serge Golon par exemple) suivis maintenant par des titres plus ambitieux, ainsi que des séries « Thrillers », « Fantastique » et « Science-fiction » (comme J'ai lu, son principal concurrent) ; « Fleuve noir », spécialisé dans le genre policier (San Antonio) et dans les séries fantastiques et de science-fiction.

– Au Seuil, collection « Points » : rééditions des succès de la maison mère et des éditeurs satellites ; inédits pour la série « Points policiers ».

Il y a bien sûr beaucoup d'autres collections, car même de petits éditeurs publient du poche, à cause du goût du public pour ce type de livre et de sa bonne visibilité en librairie.

L'édition théâtrale et l'édition de poésie

L'édition théâtrale fut très active à la fin du XIXᵉ siècle et jusqu'avant la Deuxième Guerre mondiale. Quand Pierre-Victor Stock (qui par la suite publia notamment les textes des spectacles montés à la Comédie-Française et au Théâtre libre d'Antoine) reprit le fonds Barba en 1895, celui-ci comptait environ trente mille titres. Mais aujourd'hui, bien que subsiste une activité certaine des troupes d'amateurs, bien que les spectacles à Paris comme en régions attirent un public très important, ce secteur éditorial connaît de grosses difficultés, dues peut-être en partie à une désaffection du spectacle vivant au profit de l'audiovisuel, dues aussi, selon Jean-Loup Rivière, conseiller littéraire à la Comédie-Française, à « la disparition du théâtre dans l'idéologie française[1] ». Le débat d'idées ne passe plus, ou passe peu par le théâtre. En outre, les années 1970 et 1980 ont vu la priorité écrasante de la mise en scène sur le texte et nombre de créations collectives : cela a certes donné des réussites absolues, si l'on pense à tout ce qu'a pu apporter le travail d'Ariane Mnouchkine, par exemple, mais a conduit certains à penser que le texte de théâtre n'était pas à lire, mais à voir sur une scène et que, de ce fait, la lecture d'un texte dramatique présentait de grandes difficultés. Les libraires confirment ce fait et seuls ceux qui travaillent en liaison avec une salle de spectacle peuvent se permettre de maintenir un rayon Théâtre. Ils assurent d'ailleurs souvent la tenue d'un dépôt à l'intérieur même d'une salle de proximité, car l'acte d'achat est lié la plupart du temps à la représentation et s'effectue au moment de l'entracte.

On est également obligé de constater, qu'aujourd'hui, assez peu d'éditeurs de littérature générale s'intéressent vraiment au théâtre, comme ce fut le cas autrefois, du temps où de grands romanciers écrivaient aussi des textes dramatiques. On trouve bien sûr Giraudoux chez Grasset, Beckett aux Éditions de Minuit, Claudel, Sartre et Genet chez Gallimard, Anouilh à la Table Ronde ; mais la plupart des éditeurs qui avaient une collection spécialisée l'ont peu à peu abandonnée : c'est le cas de « Théâtre ouvert » chez Stock (dont, on l'a vu, le théâtre fut la première spécialité), « T comme Théâtre » au Seuil ; quant au « Manteau d'Arlequin-Théâtre français et du monde entier » de Gallimard, sa production s'est beaucoup ralentie – un ou deux textes par an depuis 1997 – et se limite aux auteurs publiés dans d'autres collections ; ce déclin de l'édition de théâtre chez Gallimard semble bien navrant, quand on se souvient que parmi les fondateurs de la NRF, se trouvait Jacques Copeau, le rénovateur de la scène qui créa le Vieux-Colombier. Minuit

---

1. *Le Monde*, 09/07/1999.

présente dans son catalogue les textes de Beckett, Enzo Cormann, Bernard-Marie Koltès, Robert Pinget, sans pour autant avoir créé une collection de textes dramatiques qui aurait pu permettre de les identifier précisément ; c'est aussi le cas de P.O.L qui publiait aussi les *Cahiers de la Comédie-Française*, repris depuis 2000 chez Actes Sud ; Verdier éditant Armand Gatti et Raymond Lepoutre montre un intérêt pour le théâtre qui se confirmera peut-être.

Subsistent heureusement des lieux d'édition spécialisés :

– *L'Avant-scène-Théâtre*, bimensuel, qui a un catalogue très important (plus de mille numéros) ; mais sa production est en liaison avec les représentations de la saison parisienne et concerne généralement des auteurs déjà célèbres ou confirmés.

– L'Arche, qui a pour socle le théâtre de Brecht, dont il assure les droits de représentation, et qui s'est ouvert à d'autres auteurs, au cinéma et aux essais sur le spectacle.

– Actes Sud/Papiers, qui présente une collection de six cents titres, dont certains sont réimprimés.

– Les éditions Théâtrales, une maison militante issue de la Ligue de l'enseignement fondée par un ancien comédien, Jean-Pierre Engelbach.

– Les solitaires intempestifs, une très petite structure fondée par Jean-Luc Lagarce, auteur dramatique disparu prématurément ; cette association anime le site *theatre-contemporain.net* (4 000 pages en ligne sur le théâtre).

– Le Centre dramatique national de création Théâtre ouvert, créé dans les années 1980 par Micheline et Lucien Attoun, se consacre, quant à lui, à la recherche, la promotion et la diffusion de textes d'auteurs contemporains d'expression française à travers la collection « Tapuscrits ».

En matière de poésie, le redémarrage de la collection « Poètes d'aujourd'hui » chez Seghers, sous la direction d'Alain Veinstein, poète et producteur à France-Culture, est un signe qui pousse à l'optimisme. Après la guerre, la poésie fut le genre littéraire qui illustra le mieux l'idée de Résistance (cf. *Liberté*, de Paul Éluard) ; Pierre Seghers, fondateur de cette collection qui présente une anthologie précédée d'une étude de l'œuvre, connut de grands succès avec les livraisons consacrées à Éluard, Aragon, ainsi qu'à des poètes étrangers tels Garcia Lorca, Neruda, Brecht et bien d'autres. « Poètes d'aujourd'hui » fut d'ailleurs prolongée par « Poésie et chansons » (Brassens, Léo Ferré...). Seghers publia également des anthologies très précieuses. Rattachée ensuite à Laffont (Groupe de la Cité, puis Havas), cette maison, dont Paul Fournel assura quelque temps la direction littéraire, continua d'éditer des poèmes, notamment dans la collection « Volubile » dirigée par Francine Perceval, où parurent *Les Animaux de tout le monde* et *Les Animaux de personne* de l'oulipien Jacques Roubaud. Puis la marque Seghers fut mise en sommeil, faute de rentabilité suffisante.

Ce retour de la poésie est indéniable aujourd'hui, sans doute favorisé par l'action efficace du Centre national du livre, dont la commission Poésie, présidée antérieurement par André Velter, directeur de la collection « Poésie » chez Gallimard, l'est dorénavant par Jean-Michel Maulpoix, poète lui-même (et animateur du *Nouveau recueil*, chez Champ Vallon) ; favorisé aussi par la tenue régulière du

« Marché de la poésie » organisé à Paris par l'association Circé, du « Printemps des poètes », de la « Biennale internationale des poètes en Val-de-Marne » organisée par Henri Deluy, poète et directeur de la revue « Action poétique » (éditions Farrago), et de plusieurs manifestations organisées en régions ; il faut rappeler aussi l'activité de la Maison de la poésie à Paris, qui organise des animations régulières, abrite une bibliothèque spécialisée et est liée à la revue *Poésie* (titre suivi du millésime de l'année), dirigée par Pierre Dubrunquez.

Actuellement, la collection la plus riche est « Poésie » que publie Gallimard depuis 1968 en semi-poche, mais avec un papier et une présentation de grande qualité ; elle est dirigée par André Velter ; un fonds important chez sa filiale, Le Mercure de France, avec les textes de André Du Bouchet et Yves Bonnefoy ; Flammarion publie également une collection, intitulée « Poésie », sous la direction de Claude Esteban, universitaire et poète (puis de Henri Deluy, Bernard Noël, Jacqueline Risset) ; P.O.L, sans avoir de collection spécifique, publie les poèmes de ses auteurs (Prigent, Hocquard, Guglielmi...) ; Belin, par ailleurs éditeur universitaire, abrite une collection, « L'Extrême contemporain », dirigée par Michel Deguy, responsable de la revue *Po&sie* chez le même éditeur ; le Cherche Midi (successeur des éditions Saint-Germain-des-Prés) publie beaucoup d'anthologies dans la collection « Espaces », et des poèmes de Jean Orizet, qui dirige avec Marcel Jullian la revue *Poésie 1*.

Les autres maisons éditrices sont surtout de petites structures, souvent régionales, soucieuses au plus haut point de la qualité du texte et de la présentation, au premier rang desquelles on peut citer Fata Morgana ; mais aussi La Délirante (qui a fait l'objet d'une exposition fin 2000 à la Bibliothèque historique de la Ville de Paris) ; La Différence ; Farrago, qui succède à Fourbis, des poèmes d'Henri Deluy, Claude Esteban et Michel Deguy ; Obsidiane/Le temps qu'il fait ; Champ Vallon qui publie la collection « Champ poétique » ; Cheyne Éditeur.

Les éditeurs de création et de recherche

● José Corti

José Corti fut l'éditeur de Gaston Bachelard, des surréalistes Aragon, Crevel, Éluard, Péret, Dali, de Julien Gracq (qui refusa en 1951 le Prix Goncourt) ; il publia aussi de grandes études littéraires, d'Albert Béguin, Marcel Raimond et Jean Rousset ; il créa la collection « Romantiques », où il faisait revisiter des textes méconnus de romantiques européens, de Quincey, Hawthorne, Jean-Paul, William Blake et pour la France Nerval et Nodier. Son successeur, Bertrand Fillaudeau, reste fidèle à la ligne qu'il avait définie : à la suite de la collection consacrée aux romantiques a été créée « Merveilleux », consacrée aux utopies, voyages extraordinaires et contes...

● Les Éditions de Minuit

Les Éditions de Minuit ont publié dans la clandestinité *Le Silence de la mer* de Vercors et des recueils de poèmes d'Aragon, de Jean Cassou, de Paul Éluard...

Les fondateurs – Vercors et Pierre de Lescure – connaissent après-guerre des difficultés financières et Jérôme Lindon, alors chef de fabrication, prend la direction en 1948. Georges Lambrichs, qui dirigera par la suite la *Nouvelle Revue Française* et la collection de recherche « Le Chemin » chez Gallimard, puis Alain Robbe-Grillet se succèdent à la direction littéraire. Lindon connaît sa plus belle émotion d'éditeur en publiant Samuel Beckett, puis les écrivains du Nouveau Roman, Butor, Duras, Pinget, Robbe-Grillet, Claude Simon... et plus récemment Hervé Guibert, François Bon, Jean Echenoz, Marie Redonnet, Jean Rouaud, Christian Oster. Minuit publie aussi le théâtre des auteurs maison (Beckett, Enzo Cormann et Bernard-Marie Koltès).

● Christian Bourgois

Il a fait connaître les grands noms de la littérature américaine contemporaine, notamment ceux de la « Beat Generation », William Burroughs, Jack Kerouac, ainsi que John Fante, Allen Ginsberg, Jim Harrison, Toni Morrison ; les allemands Jünger et Handke ; Antonio Lobo Antunes, Manuel Vasquez Montalban ; les *Versets sataniques* de Salman Rushdie.

Son catalogue comporte bien sûr quelques auteurs de langue française, dont Arrabal (Espagnol d'origine) mais Christian Bourgois déclare volontiers qu'il « n'aime pas la littérature française actuelle [...] J'attends le roman de ma génération sur la guerre d'Algérie [...] sur les crises de la société [...] (elle) est d'une consternante insignifiance[1] ». Il est d'ailleurs en cela rejoint par Michel Butor, qui voit en Perec le dernier des romanciers modernes dignes d'intérêt (*Entretiens*, Joseph K).

● P.O.L

Une exigence éditoriale à l'image des Éditions de Minuit, mais un catalogue beaucoup plus éclectique avec des romans, de la poésie, du théâtre. C'est chez Christian Bourgois que Paul Otchakovsky-Laurens débute comme stagiaire, en 1969. Il passe ensuite chez Flammarion où jusqu'en 1977 il dirige « Textes », une collection de recherche ; il devient ensuite responsable d'un département chez Hachette, département désigné par ses initiales : P.O.L, c'est là qu'il publie les grands textes de Georges Perec *Je me souviens*, puis *La Vie, mode d'emploi*. Il prend ensuite son indépendance (bien que la moitié de son capital soit détenue par Jean-Jacques Augier, P-DG de Balland) ; il a publié René Belletto, Renaud Camus, Charles Juliet (qui a également confié des textes à de petits éditeurs tels Fata Morgana, Arfuyen, Fourbis), Danièle Sallenave, Emmanuel Hocquard et récemment Martin Winckler, Marie Darrieussecq ; la plupart de ces auteurs lui restant fidèles depuis ses débuts d'éditeur.

---

1. *Les Rendez-vous de l'édition 1*, *op. cit.*, pp. 71 à 73.

● Verdier

Cette maison de l'Aude, créée en 1979 par d'anciens militants de la Gauche prolétarienne, a pris une importance incontestable dans le milieu éditorial. Elle s'est d'abord fait connaître par des ouvrages de philosophie et de sciences humaines : textes fondateurs de l'islam et du judaïsme, livres de Benny Lévy qui, sous le nom de Pierre Victor, fut le dernier collaborateur de Sartre (c'est là que sont d'ailleurs publiés leurs entretiens) et surtout l'ouvrage de Victor Farias, *Heidegger et le nazisme*, qui fut un des premiers grands succès de la maison.

Sur le plan littéraire, un catalogue encore peu important sur le plan de la quantité mais qui présente des écrivains très novateurs et dont l'importance est aujourd'hui reconnue : Pierre Bergounioux, François Bon, Didier Daeninckx, Michèle Desbordes, Pierre Michon, Pierre Dumayet... ainsi que de la poésie (Joë Bousquet) et du théâtre (Armand Gatti).

Un catalogue de littérature étrangère qui ne cesse de s'étoffer avec des traductions de l'allemand, l'espagnol, l'italien, du russe et de l'anglais, donnant priorité aux auteurs contemporains.

● Les « petits » éditeurs

Une bibliographie de l'œuvre de Michel Butor montre que ce grand écrivain, édité à l'origine par les Éditions de Minuit et Gallimard, avait par la suite confié la publication de ses œuvres à pas moins d'une trentaine de petits éditeurs, façon sans doute d'aider certains d'entre eux, qui, installés en province et éloignés des centres de diffusion et de promotion parisiens, n'en accomplissent pas moins une action très intéressante.

Les uns se montrent éclectiques dans leurs choix éditoriaux : les éditions Climats, par exemple, fondées par Alain Martin (un ancien de l'équipe Maspero) et Olivier Rubinstein (ce dernier dirige aujourd'hui Denoël) ont d'abord publié des œuvres du domaine public (*La Vie de Mozart* de Stendhal et *Le Chef-d'œuvre inconnu* de Balzac), des traductions, mais aussi des livres de Marie Rouanet et Jorge Semprun, « des bouquins sur le cinéma, sur l'histoire de l'accordéon »... Autre exemple : Liana Lévi, qui se consacre également à l'histoire et aux religions (collection « Ikon »), s'attache surtout aux romans traduits de l'américain et de l'espagnol et développe un domaine yiddish.

Certains associent littérature et sciences humaines : l'Aube, qui publie Gao Xingjian, prix Nobel de littérature 2000, en même temps que des documents de la DATAR ; Arlea, qui à côté des romans, publie des textes de l'Antiquité dans de nouvelles traductions ; Champ Vallon, de la poésie et des essais.

D'autres se consacrent essentiellement à la littérature. Il faut d'abord rendre hommage à Maurice Nadeau : depuis les années 1950, à travers sa collection « Lettres nouvelles » éditée chez Julliard, puis Denoël, enfin dans la maison qui porte son nom et à travers *La Quinzaine littéraire*, il soutient « la littérature en train de se faire » et continue d'attirer de nouveaux auteurs.

Le Castor astral, maison fondée par deux anciens de l'IUT des Métiers du livre de Bordeaux, a repris la Bibliothèque oulipienne (à signaler ici le *Je me souviens de Je me souviens* à propos du texte de Georges Perec), et publie des rééditions dans la collection « Les inattendus » (*Physiologie de l'employé* de Balzac, *Les Marionnettes* et *L'Amateur de livres* de Charles Nodier), des anthologies de la poésie suédoise, polonaise, anglaise (Prix Max-Pol Fouchet en 2000 pour Rémi Faye), les textes des chansons d'Anne Sylvestre.

Le Dilettante, animé par des bénévoles, et lié à une librairie, a publié plusieurs romanciers maintenant reconnus : Jean-François Caujolle, Anna Gavalda, Éric Holder et Vincent Ravalec.

La nouvelle est, paraît-il, un genre méconnu par les Français ; mais l'Atelier du Gué, l'Atalante (surtout dans le domaine du policier et du fantastique), le Serpent à plumes font une promotion efficace pour ce genre très apprécié dans d'autres pays.

La Délirante, la Différence, le Temps qu'il fait se consacrent à la littérature, avec une priorité : la poésie. Fata Morgana, par la qualité de ses choix éditoriaux et la réalisation de ses publications, dont certaines à tirage limité, tient une place à part. De même, d'autres éditeurs associent littérature et art : Jacqueline Chambon, qui publie également des traductions du catalan, des textes de philosophie et des albums de photographies ; Ivrea (qui a repris le catalogue de la maison Champ libre) ; Tristram, dont les animateurs Sylvie Martigny et Jean-Pierre Gaillot, qui ont à leur catalogue des textes de Pierre Bourgeade, Maurice Roche, Jackson Pollock et Arno Schmidt, s'affirment « éditeurs au-delà des modes ».

D'autres, enfin, se consacrent à une littérature particulière : Rivages a fait connaître en France David Lodge et édite Grace Pailey ; Anne-Marie Métailié publie les littératures de langue portugaise, elle fut la première, en coédition avec Albin Michel à avoir édité Jose Saramago, prix Nobel 1998 ; Noir sur Blanc s'occupe des littératures polonaise et russe ; Philippe Picquier des littératures d'Asie : de grands textes mais aussi de la littérature populaire, policière, érotique, le but étant de présenter l'Asie dans sa diversité culturelle.

Littérature populaire, policiers, science-fiction

Les « grands » de la littérature populaire de la fin du XIXᵉ et du début du XXᵉ siècle, qui s'adressent à un public sans cesse renouvelé (les adaptations cinématographiques reprises à la télévision y sont sans doute pour quelque chose), sont dorénavant réédités dans les collections d'œuvres complètes, initiées par la collection « Bouquins » (Laffont) : on y trouve *Fantômas* de Souvestre et Allain, d'abord publié par Arthème Fayard, les *Pardaillan* de Michel Zévaco, les œuvres de Gaston Leroux, ainsi que *Les Nouveaux Mystères de Paris* (Nestor Burma) de Léo Malet, que l'on peut également rattacher à la littérature policière ; ces romans sont édités avec une préface et des notes de Francis Lacassin, grand spécialiste de cette littérature et, par ailleurs, auteur de *Mythologie du roman policier* (édité chez Christian Bourgois). Le succès de la formule a évidemment inspiré d'autres éditeurs : les Presses de la Cité avec « Omnibus » et Gallimard avec « Biblos », puis « Quarto ».

Pour la période contemporaine, c'est chez Fayard (retour aux sources ?) que l'on trouve des tentatives de retour au roman populaire de la grande époque, avec

Les Aventures de Boro, écrites à quatre mains, comme les *Fantômas*, par Dan Franck et Jean Vautrin ; chez le même éditeur, Régine Deforges, avec *La Bicyclette bleue*, retrouve aussi une des clés du succès du roman populaire : la série ; celle-ci fut d'abord publiée chez Ramsay, qui ne put faire face aux conséquences du procès intenté par les héritiers de Margaret Mitchell, accusant l'auteur de plagiat d'*Autant en emporte le vent*.

Presses-Solar-Belfond, dirigé par Jean Arcache, sous-groupe de la maison Vivendi est quant à lui spécialisé dans la littérature d'évasion (Benzoni, par exemple) et l'humour (Pierre Perret).

Et n'est-ce pas à la littérature populaire, à ses héros défenseurs de la veuve et de l'orphelin plutôt qu'au roman policier qu'on peut rattacher ce personnage du Poulpe (éditions Baleine), ce libertaire imaginé par Jean-Bernard Pouy, mais dont les aventures sont contées par une multitude d'auteurs ; certains sont célèbres déjà, Daeninckx, Jonquet, Raynal... d'autres pas du tout, mais Jean-Bernard Pouy, qui a déjà un programme pour les cinq années à venir, veut faire de cette collection un vivier d'auteurs populaires.

Il faut signaler ici l'activité des éditions Encrage dirigées à Amiens par Alain Fuzellier (ALFU), dorénavant avec l'appui des Belles Lettres, qui se sont consacrées à l'étude des littératures populaires, tous genres compris ; plus de cent vingt titres publiés sur des auteurs (Jules Verne, Chandler...), sur des genres (le roman noir) et sur des collections (« Le Masque »).

Policiers, science-fiction et fantastique

Le nombre des parutions ne cesse d'augmenter depuis quelques années dans ces domaines ; une tendance s'affirme aujourd'hui, initiée par le Fleuve noir, mais que l'on retrouve au Masque et chez Rivages : une diversification des collections, d'abord policières, en direction du fantastique et de la science-fiction, même si, chez d'autres éditeurs, les collections restent orientées sur un genre unique. La mode des jeux de rôle, les nouvelles technologies, les films de Steven Spielberg et d'autres, le succès étonnant des récits fantastiques et d'épouvante en littérature de jeunesse – *Harry Potter*, la collection « Chair de poule », etc. – ont suscité un regain d'intérêt pour ces deux derniers genres, qui étaient quelque peu sous-représentés ; l'angoisse et la terreur, enfin, (signe des temps ?) sont des thèmes récurrents, qu'il s'agisse de certaines collections policières ou de fantastique/science-fiction : plusieurs jeunes éditeurs, d'ailleurs, comme L'Atalante ou Baleine, publient dans les deux genres et le Masque se diversifie aujourd'hui avec des séries « Fantastique » et « Science-fiction », tandis que J'ai lu, dont est célèbre la collection de science-fiction, vient d'ajouter une série policière à son catalogue.

Dans le domaine de la littérature policière, démarrait en 1927 « Le Masque » (Librairie des Champs-Élysées) avec *Le Meurtre de Roger Ackroyd* d'Agatha Christie. Ce fut jusqu'à la Deuxième Guerre mondiale la principale collection à succès, consacrée au roman-problème ou roman à énigme, dont la célèbre romancière exploitera toutes les potentialités dans son œuvre considérable, aujourd'hui rassemblée dans des œuvres complètes chez le même éditeur. Bien d'autres lui succéderont, dans la même veine.

Georges Simenon, qui signa d'abord sous plusieurs pseudonymes, trouva en Gide un fervent admirateur. Il fut d'abord édité dans les années 1930 chez Fayard ; après un passage chez Gallimard, il fut édité chez Plon et aux Presses de la Cité. C'est dans la collection « Omnibus » que l'on trouve ses œuvres complètes.

À partir de 1945, alors que les premiers Peter Cheyney étaient publiés aux Presses de la Cité, Marcel Duhamel, dans la « Série Noire » (Gallimard), faisait connaître en France les auteurs qu'il avait découverts durant la guerre aux États-Unis, notamment grâce à la collection « Black Mask ». Ce nouveau genre, le roman noir – où la violence se racontait souvent avec humour – rencontrait un public enthousiaste, composé en partie d'intellectuels ; après une certaine baisse de sa popularité, la « Série Noire » reprenait vie et vigueur à partir des années 1970 grâce au néo-polar, défini par Jean-Patrick Manchette, son meilleur représentant, comme « un roman d'intervention sociale très violent ». Les auteurs de roman noir français sont devenus de plus en plus nombreux (ceux du néo-polar souvent issus politiquement des milieux gauchistes : Daeninckx, Jonquet, Varoux, Vautrin, Dantec...). La « Série Noire » s'est longtemps limitée à la traduction de romanciers de langue anglaise, dont ceux de référence (Hammett, Chandler, Cain, Cheyney, Chase, Mac Coy), mais avec Patrick Raynal, son actuel directeur, elle s'ouvre au roman allemand, espagnol, italien. Les rééditions sont assurées dans la série « Folio Policiers ».

Apparaissait en 1948, sous la direction d'Armand de Caro, la collection « Fleuve noir » (Groupe de la Cité, Havas poche), spécialisée dans un genre policier plus populaire, qui a multiplié ses séries en direction de l'espionnage d'abord, puis du fantastique et de la science-fiction. Son slogan : « 100 collections, 1 000 auteurs, 10 000 titres, 1 milliard de volumes vendus ». Son auteur vedette : Frédéric Dard/San Antonio (300 titres, 260 millions de volumes vendus). Récemment disparu, il a été et est toujours l'objet de travaux universitaires, ce qui a d'ailleurs sorti le Fleuve noir d'un certain ghetto.

La collection « Sueurs froides », créée en 1962 chez Denoël, a toujours donné priorité aux auteurs français, souvent de grande qualité (Boileau-Narcejac, Sébastien Japrisot, René Réouven, Hervé Jaouen...) ; elle est maintenant arrêtée, les titres seront réédités dans la série « Folio Policiers ».

« Grands détectives » (10/18), collection dirigée par Jean-Claude Zylberstein, s'est attachée à faire connaître des séries d'une très grande qualité, policiers d'ailleurs (autres qu'anglo-saxons) cultivant souvent une veine historique.

Rattachées à Payot, les éditions Rivages ont depuis les années 1980 constitué un catalogue très riche dans la collection « Rivages Noir », dirigée par François Guérif, un des meilleurs connaisseurs des films et des romans noirs (il est également responsable de la revue *Polar*, diffusée uniquement en librairies), composé surtout d'auteurs traduits de l'américain (souvent édités aussi en « Série Noire ») ; une série « Fantasy » s'enrichit régulièrement sous la direction de Doug Headline (le fils de Manchette).

Toutes ces collections appartiennent à des séries « Poche », de même que les plus récentes du Serpent à plumes (« Serpent noir ») et de Zulma. Mais on constate aujourd'hui la présence de collections grand format, mieux identifiées dans les librairies, dont certaines cultivent souvent l'angoisse et la terreur : chez Albin Michel, « Spécial policier » et surtout « Spécial suspense » (Patricia Mac Donald, Mary Higgins Clark) ; aux Presses de la Cité (McBain, Martha Grimes, Elizabeth George, repris en « Omnibus ») ; chez Calmann-Lévy, les collections « Crime » et « Suspense » (Patricia Cornwell, Anne Rambach) ; chez Belfond : « Nuits noires » ; chez Anne Carrière, « Éditions noires », chez Liana Levi « À corps et à crimes » ; chez Viviane Hamy, « Chemins nocturnes » (Fred Vargas, Maud Tabatchnick, Estelle Montbrun), collection qui a su, dans une présentation très soignée, faire connaître de nouveaux auteurs, surtout féminins (titres repris chez J'ai lu, qui vient de créer une nouvelle série policière).

« Omnibus » (Presses de la Cité) publie des œuvres complètes de la littérature populaire, et notamment des grands du roman policier (Simenon, Ed Mc Bain, etc.).

En matière de fantastique et de science-fiction, des collections anciennes continuent de se développer. En poche « J'ai lu », dont la série « S-F » créée par Jacques Sadoul en 1970 a fait connaître les grands classiques du genre (Asimov par exemple) et a été complétée par « Épouvante », « Ténèbres » et maintenant « Millénaires », ainsi que « Pocket », série concurrente dirigée par Jacques Goimard. En grand format, « Ailleurs et demain », fondée et toujours dirigée par Gérard Klein, enrichit régulièrement son catalogue.

Mais la collection « Présence du futur » (Denoël), la plus ancienne des collections françaises de science-fiction qui a fait connaître notamment Ray Bradbury est maintenant abandonnée et les titres sont réédités dans la collection « Folio Science-Fiction ».

L'Atalante, maison nantaise qui publie surtout des nouvelles, a pris une place d'autant moins négligeable qu'elle a organisé en 2000 le festival Utopia, organisé antérieurement à Poitiers, qui a rassemblé plus de 20 000 visiteurs,

Quant aux nouveautés, pour sa collection « Imagine », créée en 1999 chez Flammarion, « invitation au voyage dans les envers et les potentialités du réel, dans l'exploration des retombées des technologies modernes », Jacques Chambon a choisi un format semi-poche.

Au diable Vauvert, créée en juin 2000, Marion Mazauric, ancienne directrice de J'ai lu, va sans doute développer un secteur qui lui est familier. Y aura-t-il d'autres créations ? Le connaisseur qu'est Gérard Klein estime qu'il n'y a de place que pour huit à dix collections dans ce domaine[1].

Ouvrages de référence et études littéraires

Si dans certains domaines, en sciences par exemple, les ouvrages de référence sont assez peu nombreux, on ne peut en dire autant en littérature, dans la mesure où l'on en trouve dans tous les secteurs : éditeurs spécialisés, éditeurs universitaires

---

1. *Livres Hebdo*, n° 366.

et éditeurs de littérature générale. Il est toujours intéressant d'acquérir plusieurs ouvrages de ce type couvrant le même sujet, (d'autant que certains sont édités dans des collections semi-poche), car les articles peuvent se compléter très utilement.

La qualité des articles parus dans l'*Encyclopædia Universalis* (qui publiait en 1990 *Le Grand Atlas Universalis des littératures*) n'est plus à démontrer : ils sont généralement signés par les meilleurs spécialistes qu'ils soient universitaires ou critiques. Un accord avec Albin Michel a permis à cet éditeur de littérature générale de rééditer les articles de *l'Encyclopædia Universalis* par domaines : on trouvera ainsi à son catalogue le *Dictionnaire des genres et notions littéraires*, le *Dictionnaire de la littérature française du XIXe siècle*, le *Dictionnaire de la littérature française du XXe siècle*, le *Dictionnaire de la littérature anglaise*, ou encore le *Dictionnaire du théâtre* ; on peut penser que cette collection va régulièrement s'enrichir.

D'abord axés sur la langue, les dictionnaires *Robert* ont élargi leur palette en confiant à des équipes dirigées par le professeur Henri Mitterand l'élaboration de dictionnaires spécialisés en littérature : sont parus un *Dictionnaire des grandes œuvres de la littérature française*, ainsi qu'un *Dictionnaire des œuvres du XXe siècle : littérature française et francophone*.

Aux Presses universitaires de France paraissait en 1994 un *Dictionnaire universel des littératures* dirigé par Béatrice Didier : très ambitieux (et coûteux), cet ouvrage divisé en 45 secteurs, chacun étant dirigé par un spécialiste de la littérature concernée – des littératures africaines aux littératures yougoslaves – rassemblait plus de 10 000 articles dus à d'excellents spécialistes. Cet ouvrage essentiel n'est pas actuellement disponible, mais l'éditeur a choisi de le rééditer par domaines : *Littérature arabe et maghrébine francophones*, *Littérature brésilienne*, *Littérature chinoise* et *Littérature japonaise* paraissaient ainsi au début 2000 dans la collection « Quadrige ». C'est également dans cette collection qu'est constamment réédité depuis 1968 le *Dictionnaire des littératures* de Van Tieghem, qui, sous une forme très condensée, fourmille de renseignements très fiables concernant les auteurs, les littératures de certains pays, les notions et termes littéraires.

On trouve également chez Bordas-Larousse des ouvrages fondamentaux dirigés par Jean-Pierre de Beaumarchais et Daniel Couty : *Dictionnaire des littératures de langue française*, *Dictionnaire des œuvres littéraires* (disponible également sur cédérom) ainsi que le *Dictionnaire encyclopédique du théâtre* dirigé par Michel Corvin. Chez le même éditeur, paraissait en 2000 une *Histoire de la littérature française* dirigée par Daniel Couty dans la collection « In-extenso », histoire qui comble un vide que l'on pouvait regretter ces dernières années.

Mais les éditeurs de littérature générale sont aussi présents sur ce marché. Les Laffont-Bompiani (*Nouveau dictionnaire des auteurs*, *Nouveau dictionnaire des œuvres*) sont constamment réédités chez Laffont dans la collection « Bouquins », où l'on trouve également un *Dictionnaire encyclopédique de la littérature française*, qui présente en quelque quatre cents articles l'essentiel du sujet. Le *Dictionnaire des lettres françaises* dirigé par Mgr Grente, remis à jour, est disponible chez Fayard et dans la collection « Pochothèque » (LGF). Les Éditions du Rocher publient un dictionnaire spécialisé de Pierre Brunel, *Dictionnaire des mythes littéraires* ; Jean d'Ormesson a donné chez Nil sa vision personnelle du sujet avec *Une autre histoire de la littérature française* ; les éditions Fayard ont une série d'histoire des littératures étrangères dues à d'éminents spécialistes ; il faut enfin souhaiter une mise à jour de *L'Histoire des littératures* (Gallimard, « Encyclopédie de la Pléiade »).

On trouvera au Seuil, outre la précieuse série « Écrivains de toujours », des ouvrages fondamentaux de critique et de théorie (Barthes, Genette, Ricardou, Todorov...), dans les collections « Tel Quel », « Poétique », « Fiction et Cie », de même que chez Gallimard et aux Éditions de Minuit.

En ce qui concerne les manuels, qui peuvent intéresser un public plus large que celui des étudiants, les bibliothèques publiques peuvent retenir les collections des maisons universitaires qui proposent des ouvrages correspondant aux différents niveaux des études supérieures :
– Hachette, « Fondamentaux » ;
– Hatier, « Hatier concours », « Hatier formation : le temps des savoirs » ;
– PUF, « Premier cycle », « Major », « SUP. Littérature » ;
– Armand Colin, « Synthèse », « Cursus Lettres », « ULettres » ;
– Dunod, « Lettres sup » ;
– Nathan, « 128 Lettres », « Fac Littérature ».

Mais il faut insister sur l'importance des collections de plus haut niveau publiées par les Presses universitaires de France : « Écritures », « Écrivains », « Perspectives critiques » et « Littératures européennes ».

On a tenté, au cours de ces pages, de donner un aperçu, qui est sans doute incomplet, de l'édition littéraire française d'aujourd'hui. Ce qui, semble-t-il, serait à retenir, est son incontestable richesse, qui tient à la permanence de maisons durablement installées qui entretiennent et enrichissent leur fonds, mais aussi à la vitalité des jeunes éditeurs qui font connaître de nouvelles sensibilités et de nouvelles formes d'expression à travers l'œuvre d'écrivains français et étrangers.

Annie BÉTHERY,
Conservatrice générale
des bibliothèques honoraire

BIBLIOGRAPHIE

BRETON Jacques, *Le Livre français contemporain*, Paris, Solin, 2 vol., 1988.
    Manuel de bibliologie qui envisage tous les acteurs du livre.

BOUVAIST Jean-Marie et BOIN Jean-Guy, *Les Jeunes Éditeurs*, Paris, La Documentation française, 1986.

CHARTIER Roger et MARTIN Henri-Jean (dir.), *Histoire de l'édition française 4. Le Livre concurrencé : 1900-1950*, Paris, Éditions du Cercle de La Librairie, 1986.
    Fondamental.

FOUCHÉ Pascal (dir.), *L'Édition française depuis 1945*, Paris, Éditions du Cercle de la Librairie, 1998.
   Un ouvrage de référence essentiel, avec notamment les monographies des principaux éditeurs.

LEGENDRE Bertrand, *Les Métiers de l'édition*, Paris, Éditions du Cercle de la Librairie, 1999.
   Les différents métiers, dans le contexte de l'activité éditoriale contemporaine.

MOLLIER Jean-Yves, *Où va le livre ?*, Paris, La Dispute, 2000.
   Une analyse très intéressante, appuyée sur les informations les plus récentes.

SALGAS Jean-Pierre, NADAUD Alain et SCHMIDT Joël, *Roman français contemporain*, ADPF, 1997.

SCHUWER Philippe, *Éditeurs d'aujourd'hui*, Paris, Retz, 1987.

Les rendez-vous de l'édition, sous la dir. de Bertrand Legendre, Paris, Bibliothèque publique d'information, 2 vol., 1999-2000.
   Une série d'entretiens avec des éditeurs.

« Édition, éditeurs », *Actes de la recherche en sciences sociales*, n° 128-129.
   Un article très décapant de Pierre Bourdieu « Une révolution conservatrice dans l'édition », une bibliographie quasi exhaustive des travaux menés sur l'édition (y compris les mémoires universitaires).

Éditeurs et diffuseurs 2000/2001, Livres Hebdo, suppl. au n° 391, 1er septembre 2000.

Périodiques : *Livres Hebdo, Le Magazine littéraire, La Quinzaine littéraire, Le Matricule des anges, Libération* et *Le Monde*.

BIOGRAPHIES ET AUTOBIOGRAPHIES

ASSOULINE Pierre, *Gaston Gallimard. Un demi-siècle d'édition française*, Paris, Balland, 1984.

CORTI José, *Souvenirs désordonnés*, Paris, Corti, 1983.

CORTI José, *Provisoirement définitif*, Paris, Corti, 1992.

LAFFONT, Robert, *Éditeur*, Paris, Robert Laffont, 1974.

NADEAU Maurice, *Grâces leur soient rendues : mémoires littéraires*, Paris, Albin Michel, 1990.

NYSSEN Hubert, *L'Éditeur et son double*, Arles, Actes Sud, 3 vol., 1988, 1990, 1997.

VERNY Françoise, *Le Plus Beau Métier du monde*, Paris, Orban, 1990.

Jeunes et « petits » éditeurs*

Allia (1982 – Paris)
210 titres. Dir. Gérard Berréby. Catalogue éclectique : Leopardi, Pic de la Mirandole, Internationale situationniste, musique rock.

L'Arche (1949 – Paris), *arche-editeur.com*
350 titres. Dir. Rudolph Rach. Un éditeur spécialisé dans les textes dramatiques, qui gère également les droits de représentation de Bertolt Brecht.

Arléa (1986 – Paris)
480 titres. Dir. Jean-Claude Guillebaud et Claude Pinganaud. Collections de textes de l'Antiquité classique, avec nouvelles traductions, et de romans dont « 1er Mille » (premiers romans).

L'Atalante (1991 – 44000 Nantes)
200 titres. Dir. Pierre Michaut. Un éditeur qui publie nouvelles, science-fiction et policiers. Organisateur du Festival Utopia en 2000.

L'Atelier du gué (1976 – 11300 Villelongue-d'Aude)
186 titres. Dir. Daniel Delort. Un éditeur spécialisé dans la nouvelle.

Au Diable Vauvert (2000 – Paris), *audiable.com*
Dirigée par Marion Mazauric qui a passé dix ans à la direction de J'ai lu et compte publier environ quinze titres par an en s'intéressant particulièrement au Grand Sud (Espagne et Maghreb).

L'Aube (1987 – 84240 La Tour d'Aigues)
550 titres. Dirigée par Jean Viart et Marion Hennebert. L'Aube a voulu faire connaître, avant la chute du mur de Berlin, les écrivains des pays de l'Est, puis d'Iran et d'Algérie ; elle édite Gao Xingjian, prix Nobel 2000. Collection « Regards croisés ».

La Baleine (1995 – Paris)
170 titres, dont la célèbre série « Le Poulpe ».

Anne Carrière (1993 – Paris)
190 titres. Dir. Anne Carrière.

Le Castor astral (1975 – 33038 Bordeaux-Paris)
420 titres. Dir. Marc Torralba. Un catalogue diversifié : « Bibliothèque oulipienne », textes de poèmes, des chansons, « Les Inattendus » (rééditions).

Jacqueline Chambon (1987 – 30900 Nîmes)
150 titres. Dir. Jacqueline Chambon. Une maison nîmoise qui publie notamment des traductions du catalan, des textes de philosophie et des albums de photographies.

Champ Vallon (1979 – 01420 Seyssel), *champ-vallon.com*
288 titres. Dir. Patrick Beaune. Études littéraires et poésie (*Le Nouveau Recueil*, revue dirigée par Jean-Michel Maulpoix, qui préside la commission Poésie au Centre national du livre).

---

* On a retenu ici un certain nombre d'éditeurs dont l'activité semble révélatrice des tendances actuelles de la production.

Le Cherche Midi Éditeur (1977 – Paris), *cherche-midi.com*
450 titres. Dir. le poète Jean Orizet et Marcel Jullian. Une maison qui publie entre autres de la poésie (revue *Poésie 1*).

Climats (1988 – 34170 Castelnau-le-Lez), *editions.climats.com*
240 titres. Dir. Alain Martin. Un catalogue diversifié.

La Délirante (1967 – Paris)
100 titres de poésie et bibliophilie. Dir. Patrick Genevaz.

La Différence (1976 – Paris)
1 150 titres d'art, de littérature et de poésie. Dir. Joaquim Vital.

Le Dilettante (1984 – Paris)
135 titres de littérature uniquement. Dir. Dominique Gaultier.

Encrage (1986 – 80004 Amiens), *encrage.fr*
119 titres. Dir. Alain Fuzellier, spécialiste de littérature populaire.

Farrago (1999 – 37000 Tours)
150 titres. Dir. Jean-Pierre Boyer. Succède à Fourbis. Littérature, poésie (revue *Action poétique*).

Fata Morgana (1966 – Fontfroide-le-Haut 34980 Saint-Clément)
480 titres. Dir. Bruno Roy. Très exigeant sur la qualité des textes (beaucoup de poésie) et de la présentation.

Viviane Hamy (1990 – Paris), *viviane-hamy.fr*
105 titres. Dir. Viviane Hamy. Édite à la fois des jeunes auteurs inconnus, des auteurs plus anciens dont l'œuvre a été oubliée (Léon Werth par exemple), des traductions des pays scandinaves et de Hongrie. Collection policière « Chemins nocturnes ».

Ivrea (1992 – Paris)
182 titres. Dir. Lorenzo Valentin. A repris le fonds Lebovici/Champ libre. Littérature et sciences humaines.

Liana Lévi (1982 – Paris)
240 titres. Dir. Liana Lévi. Littérature majoritairement anglo-américaine, religion, beaux-arts, essais.

Anne-Marie Métailié (1979 – Paris), *editions-metailie.com*
400 titres. Dir. Anne-Marie Métailié. Elle s'est vouée au domaine de la littérature lusophone, portugaise et surtout brésilienne et fut la première, en coédition avec Albin Michel, à avoir édité Jose Saramago (prix Nobel 1998). Elle développe désormais les domaines allemand et écossais.

Maurice Nadeau (1979 – Paris)
101 titres. Dir. Maurice Nadeau. Entre dans la vie littéraire comme critique au *Combat* de Pascal Pia et Albert Camus et crée la collection « Lettres nouvelles ». Fondateur en 1966 et toujours directeur de *La Quinzaine littéraire*.

Noir sur Blanc (1986 – Paris)
80 titres. Une maison suisse-polonaise à l'origine, qui se consacre aux traductions de textes polonais et russes.

Le Passeur (1988 – 44012 Nantes), *cecofop.com*
74 titres. Dir. Yves Douet. Une maison créée dans le prolongement de CECOFOP, organisme de formation continue pour les métiers du livre. Ce sont les stagiaires qui

préparent de A à Z la publication, depuis la négociation des droits jusqu'à l'établissement de la maquette. La seule maison, avec Gallimard, à avoir publié Seamus Heaney, prix Nobel irlandais.

Phébus (1976 – Paris)
700 titres au catalogue. Dir. Jean-Pierre Sicre. Collection « D'Aujourd'hui », traductions des romantiques allemands. Livres de voyages (surtout maritimes). Littérature française et étrangère. Collection « Libretto », semi-poche. Revue *Caravanes* : tour du monde des littératures.

Philippe Picquier (1986 – 13200 Arles)
450 titres. Dir. Philippe Picquier. Spécialiste des pays d'Asie.

Jean-Michel Place (1973 – Paris), *jmplace.com*
400 titres. Dir. Jean-Michel Place. Spécialiste de la réédition de revues, notamment surréalistes et poétiques. Créateur du « Marché de la poésie » en 1983. Publie aussi beaux-arts et architecture.

Rivages (1984 – Paris)
1 300 titres. Dir. Jean-François Lamunière. Surtout littérature anglo-américaine (gros succès avec David Lodge et « Rivages Noir »).

Le Serpent à plumes (1988 – Paris), *serpentaplumes.com*
275 titres de littérature uniquement. Dir. Pierre Astier. A débuté comme éditeur d'une revue de même nom, textes courts, nouvelles.

Le Temps qu'il fait (1981 – 16100 Cognac)
330 titres. Dir. Georges Monti. Éditeur de littérature uniquement et imprimeur (de Fata Morgana notamment).

Tristram (1988 – 32002 Auch)
35 titres. Dir. Sylvie Martigny. Littérature française et étrangère, classique et contemporaine.

Zulma (1990 – Toulouse-Paris), *zulma.fr*
200 titres. Créée par Laure Leroy et Serge Safran, qui tient la rubrique des revues au *Magazine littéraire*. Romans et littérature érotique, romans noirs.

Les revues littéraires

Les revues littéraires représentent, aujourd'hui encore, un extraordinaire terrain d'information, d'expériences, de confrontations, d'échanges et de réflexion pour qui s'intéresse à la littérature en train de se faire ou en train de raisonner sur elle-même. L'amateur comme le professionnel peuvent y trouver matière à passion et à travail et les institutions que sont les bibliothèques se doivent de maintenir un fonds vivant et attractif de ces revues. Ce travail de veille est d'autant plus important que la santé économique des revues est souvent fragile et que, s'il en naît beaucoup, si le foisonnement des titres et des projets nouveaux en démontre le besoin et la vitalité, la plupart d'entre elles ont une durée de vie limitée et échappent, de leur vivant, à toute large commercialisation.

Nous essaierons, dans un premier temps, à travers un bref survol historique, de rappeler quelques-unes des fonctions des revues dans le domaine littéraire, pour proposer ensuite une typologie des revues littéraires actuelles, avant de conclure sur leur représentation dans les bibliothèques.

Les fonctions des revues littéraires

En France, les premières revues littéraires remontent au XVIIe siècle avec la création du *Journal des savants*, en 1665, revue passée sous le contrôle de l'Académie des inscriptions et belles lettres grâce à son acquisition par l'État et, en 1672, avec le *Mercure Galant*, créé par Donneau de Visé et Thomas Corneille qui adopte le nom de *Mercure de France* en 1714.

Le premier titre propose plutôt des résumés des nouveaux ouvrages parus que de strictes critiques de ceux-ci, mais cette première forme de signalement participe d'une volonté de diffuser les idées et les opinions et de faire connaître les livres. Le second est plus léger, il veut également divertir et offre un mélange de nouvelles journalistiques, d'anecdotes et d'œuvres en vers, courtes et originales, selon une recette qui sera maintes fois copiée.

Un peu plus tard, apparaît une seconde presse, plus philosophique peut-être, dont le modèle pourrait être les *Nouvelles de la République des lettres* que fonde en 1684 Pierre Bayle, exilé en Hollande pour échapper à la censure. Avec les Lumières, puis la Révolution et ses répercussions, les publications se multiplient et expriment souvent une tendance littéraire, mais également idéologique ou politique très marquée. Ainsi *La Revue des Deux Mondes* fondée par François Buloz en 1829 est, à l'origine, la grande revue romantique où écrivent Balzac, Victor Hugo ou le critique Sainte-Beuve. Les années 1830 marquent d'ailleurs la naissance de la revue littéraire au sens moderne du terme. Les progrès techniques de l'imprimerie et les lois sur la presse permettent l'essor des quotidiens et de la presse d'information et les frontières entre la presse politique et la presse littéraire, entre le journal et la revue, voire entre le journalisme et la culture, se dessinent alors nettement. Cette démarcation n'est pas un obstacle à l'engagement : chaque école, chaque groupe, parfois chaque personnalité marquante crée sa revue.

Ces trois fonctions, informer, proposer des textes originaux et combattre pour une certaine idée de la littérature vont se retrouver, à des degrés divers, dans toutes les revues et à tous les âges. La formule de la revue se caractérise en effet par une plus grande souplesse que l'édition de livres. Prise en charge par un groupe d'amis partageant une même conviction littéraire, réunissant une plus grande diversité d'auteurs et de textes qu'un ouvrage, prompte à réagir, du fait de sa périodicité, aux questions de l'actualité, la revue est le lieu par excellence où peut se créer et se faire reconnaître une école, la formule où se définissent les frontières, les amis et les ennemis d'un mouvement et d'une forme de littérature sur l'échiquier des débats intellectuels et littéraires, l'instrument qui anticipe et accompagne au mieux les mouvements et soubresauts mêmes de la création.

Les fonctions créatrices et parfois « militantes » des revues littéraires se renforcent encore au tournant des XIXᵉ et XXᵉ siècles où s'imposent de nouveaux titres : la *Revue blanche*, qui édite Mallarmé et les symbolistes, Le *Mercure de France*, fondé par Alfred Vallette, qui publie Gide, Bloy, Léautaud, Pergaud, Jouve et Jarry et, surtout, la *Nouvelle Revue Française*. Fondée par André Gide et un groupe de ses amis (essentiellement Jean Schlumberger, Jacques Copeau, Marcel Drouin, André Ruyters et Henri Ghéon), la *NRF*, après un faux départ en novembre 1908, voit vraiment le jour le 1ᵉʳ février 1909 et va révéler tous les grands noms de la littérature française des années 1920 et 1930, exerçant une sorte de magistère incontesté sur toute la période de l'entre-deux-guerres.

De nombreuses autres revues, souvent beaucoup plus engagées sur un plan littéraire ou artistique, existent cependant à ses côtés : Dada et le surréalisme se font ainsi connaître par une multitude de titres, souvent éphémères. Par ailleurs, ces mouvements explorent une forme de revue plus ambitieuse. *Littérature*, *La Révolution surréaliste*, plus encore *Le Minotaure*, se veulent des revues abordant la littérature et l'art, la photographie et la philosophie, voire la psychanalyse, l'ethnographie et, pour la dernière, les sciences occultes. Elles remettent également à l'honneur l'art typographique et illustrent à merveille le fait que la revue permet également une grande souplesse typographique par le jeu des mises en page, du choix des polices et des corps de caractères, de la longueur des articles, etc. Elles illustrent, tant par le choix des textes, que par leur présentation, leur caractère expérimental.

Par ailleurs, ces revues, outre le fait qu'elles permettent à de nouvelles générations d'écrivains de s'engager dans un processus de définition de leur propre écriture et de reconnaissance littéraire et sociale, se voient attribuées une autre fonction : elles forment des lecteurs. Elles les initient à de nouveaux écrivains, à de nouvelles thématiques ou à de nouvelles formes stylistiques. Les critiques et essais qui accompagnent la publication de textes originaux contribuent à éclairer les voies qu'explorent les écrivains, ils préparent l'accueil et la compréhension de la nouveauté, ils contribuent à une meilleure évaluation de certains auteurs. C'est ce que fait la *NRF*, pour faire lire Marcel Proust ou pour introduire certains écrivains étrangers en France, Conrad, Rilke ou Hemingway, pour ne donner que quelques exemples. Ce dernier aspect rappelle le rôle des revues dans la circulation des textes et des idées au-delà des frontières et leur importance dans les échanges culturels et intellectuels. Les revues américaines de Paris, celles de la génération de l'exil, ou la *Revue européenne* de Valéry Larbaud, dans les années 1920, jouent cette fonction de passeur entre les continents et les hommes et contribuent à faire du Paris d'alors une capitale des lettres et des arts.

La période qui s'étend jusqu'à la fin des années 1960 correspond probablement à l'apogée des revues littéraires. Il n'existe pas de mouvement qui ne se dote d'une revue et tout ce que la littérature et, plus largement, la pensée, comptent de vivant se diffuse ainsi. Que ce soit le groupe réuni autour du *Grand Jeu* ou celui autour de Bataille et de la revue *Critique*, les exemple foisonnent. Nombreux sont alors les écrivains à attacher leur nom à l'animation d'une ou plusieurs revues, de Georges Bataille déjà cité à Jean Paulhan ou André Breton. Les revues d'idées ne manquent pas également de consacrer de larges espaces aux articles et prises de position littéraires, et aux critiques en ce domaine, que ce soit *Esprit* ou les *Temps modernes*, dont le premier numéro contient le manifeste pour une littérature engagée de Sartre, la traduction d'une nouvelle de Richard Wright et des fragments littéraires et philosophiques de Francis Ponge.

Les plus importantes de ces revues sont très souvent éditées par des maisons d'édition reconnues, ce qui leur attribue une dernière fonction : elles sont un des instruments de la notoriété de l'éditeur et servent de pépinières de jeunes auteurs. Gallimard héberge donc la *NRF*, Julliard puis Denoël les *Lettres nouvelles*, *Écrire* puis *Tel Quel* paraissent aux éditions du Seuil, *Change* aux éditions du Seuil puis chez Seghers et Laffont, *Minuit* aux éditions du même nom, etc. C'est l'époque également où certaines de ces revues font une part importante à la théorie littéraire et où celle-ci quitte le domaine réservé des revues universitaires apparues depuis la fin du XIXᵉ siècle et la création des cursus et travaux universitaires (la *Revue d'histoire littéraire de la France* est née en 1894).

Cette période est en partie achevée : les grands groupes éditoriaux sont aujourd'hui aux mains de groupes financiers qui se désintéressent de publications peu rentables, seuls les éditeurs indépendants et littéraires maintiennent cette tradition. Surtout, les conditions de légitimation et de consécration littéraire et intellectuelle ont été profondément modifiées ; la presse, et encore plus les médias audiovisuels sont aujourd'hui déterminants et les revues ont perdu de leur poids et de leur influence. L'ère est au magazine et à la recherche de l'audience quantitative.

Peu nombreux sont donc les éditeurs qui maintiennent une revue. Gallimard avec *L'Infini*, fondée par Philippe Sollers en 1987 et la *NRF*, aujourd'hui trimestrielle et dirigée par Michel Braudeau, en est l'exemple type. *Po&sie* aux éditions Belin, Denoël qui vient de sortir en France *Autodafé*, la revue du Parlement international des écrivains en sont d'autres. Encore faut-il que la revue ne soit pas trop critique : *Perpendiculaire*, éditée par Flammarion et qui voulait constituer une sorte de laboratoire critique, a vu son contrat rompu par l'éditeur lorsqu'elle a mis en cause Michel Houellebecq, auteur de la maison.

La revue littéraire est surtout publiée par des éditeurs petits ou moyens. Sans forcément s'engager sur une durée, nombre d'éditeurs littéraires se dotent cependant, à un moment ou à un autre, d'une revue. Celle-ci vient à point pour intervenir à un moment donné, pour élargir l'audience d'un éditeur, pour constituer une sorte de manifeste. Christian Bourgois, à plusieurs reprises, a ainsi publié des revues, annoncées dès le départ comme ne devant avoir que quelques numéros. Cette forme de revue d'intervention a pu se reproduire avec *NRV* chez Florent Massot ou avec la *Revue de littérature générale* chez P.O.L. Par ailleurs, nombre de petits éditeurs continuent à se faire connaître et à bâtir ensuite une politique d'édition à partir d'une revue : la revue le *Serpent à plume* fut à l'origine des éditions du même nom, *Jungle* pour le Castor astral, *La Main de singe* et aujourd'hui *La Polygraphe*, pour les éditions Comp'Act, *Le Recueil* suivi du *Nouveau Recueil* aux éditions Champ Vallon ou *Caravanes* aux éditions Phébus sont pour beaucoup dans la renommée de leur maison d'édition.

Toutes ces revues d'éditeur présentent un équilibre financier fragile et ne sont publiées qu'avec l'aide des pouvoirs publics, c'est-à-dire grâce aux subventions du CNL, parfois accompagnées de subventions des régions ou de la Commission européenne. Par ailleurs, dès qu'une maison d'édition connaît des problèmes ou se fait racheter par un éditeur plus grand, la revue est en général la première publication sacrifiée.

La plupart des revues sont donc aujourd'hui entièrement à la charge d'associations ou de groupes de personnes dont l'amitié et le désir de faire quelque chose ensemble l'emportent sur les considérations financières. Faites par des personnes, et parfois par un seul individu (*Le Mai hors saison*, *La Délirante*), qui ne renâclent pas sur leur temps, ne demandent pas de salaires, aidées là aussi par le CNL, ces revues « artisanales », paradoxalement, parviennent à vivre et à équilibrer des comptes là où les grands éditeurs perdent de l'argent. Il est souvent vrai aussi qu'elles ne cherchent pas à en gagner. Certaines de ces revues se situent également sur le terrain de la bibliophilie. Si cette dimension peut aider leur diffusion, le résultat est souvent somptueux. *L'Éphémère*, *La Délirante*, *Argile*, *L'Ire des vents* pour citer quelques exemples récents, ont offert de remarquables dialogues entre les textes et les illustrations, entre les écrivains et les peintres contemporains, et leurs collections sont aujourd'hui recherchées.

Cette dimension passionnée d'aventure individuelle ou collective ne va pas sans fragilité. La disparition du fondateur entraîne souvent celle de la revue et la sociabilité littéraire s'accompagne aussi de ruptures et d'exclusions. Les lecteurs en sont les témoins et, par ce biais, participent également du côté expérimental et vivant de toute création.

Typologies des revues littéraires françaises

Plusieurs types de revues littéraires existent. Mais il est vrai qu'il est fort difficile de donner une définition exacte du terme revue. Située entre la presse et l'édition, la revue embrasse une large variété de formes et de présentations, qui vont des fanzines (il en existe de nombreux titres pour des genres littéraires tels que la science-fiction ou le policier) aux numéros spéciaux ou thématiques qui s'apparentent davantage à des monographies et sont d'ailleurs souvent traités comme tels par les libraires et les bibliothécaires.

Ce n'est donc pas la forme exacte ou la périodicité du support, ni non plus le genre abordé qui permettront de bâtir une typologie des revues littéraires, mais plutôt leur contenu et les fonctions qu'il offre. Nous distinguerons donc, en nous restreignant aux revues littéraires publiées en France, des revues dont l'axe principal est celui de la critique des parutions, des revues de création proprement dites, des revues d'histoire ou de théorie littéraire, enfin des revues aux confins du champ littéraire, puis nous conclurons sur quelques réflexions bibliographiques.

Les revues de critiques littéraires

À côté des critiques qu'on peut trouver dans la presse et en particulier dans les suppléments littéraires de certains quotidiens, certaines revues sont spécialisées dans le recensement critique des parutions récentes : *Le Magazine littéraire*, *Lire*, *La Quinzaine littéraire*, *Le Matricule des Anges*, le *Journal du polar* font partie de ces revues. Souvent la partie recension est accompagnée d'autres éléments : *Lire* est ainsi plus connu pour les extraits des livres récents sélectionnés par sa rédaction, le *Magazine littéraire* pour son dossier consacré à un écrivain, parfois à un type de littérature ou à un thème. Plus exigeant sur les choix littéraires, *La Quinzaine littéraire* fait une part importante aux sciences humaines et *Le Matricule des Anges* propose également, outre un entretien approfondi avec un écrivain, des rubriques sur les autres revues littéraires, sur les éditeurs et sur la poésie ou le théâtre, genres un peu délaissés par les titres précédents.

En région, quelques revues, comme *Septimanie* ou *Encres de Loire*, souvent subventionnées par les CRL (Centres régionaux du livre), font un travail de signalement des publications des éditeurs de la région, travail précieux car certains de ces éditeurs ne sont pas commercialisés au niveau national.

Les revues de création

Les revues qui se décrivent comme engagées au service d'une forme de la littérature ou qui se veulent manifestes d'un renouveau artistique sont aujourd'hui peu nombreuses. Les avant-gardes sont en crise et les théories littéraires sont en panne. Cela ne veut pas dire que certaines revues n'aient point une politique éditoriale rigoureuse, mais cette rigueur renvoie souvent à une « qualité » de texte, qualificatif point trop défini en termes théoriques et qui permet une assez grande ouverture sur les auteurs retenus. Ce n'est donc pas la théorie qui permet de définir une orientation de la revue, mais plutôt l'ensemble des auteurs qui y publient : chaque titre a son réseau, au risque parfois de se constituer comme le château fort destiné à marquer une position, un lieu de pouvoir individuel ou collectif.

Quelques revues défendent encore les avant-gardes : *Java* en est l'exemple le plus réussi. Construisant patiemment sa réputation en dosant dossiers sur les auteurs réputés de cette avant-garde (de Raymond Roussel à Maurice Roche) et textes d'auteurs renouvelant celle-ci (Valère Novarina, Christian Prigent...), *Java* a été récompensée en 1998 par le 1er Prix de la revue de création. En poésie, *Action poétique* maintient une certaine illustration de la poésie la plus contemporaine, avec une ouverture vers les poètes du monde entier, tandis que les *Cahiers du refuge*, édités par le CIPM (Centre international de poésie de Marseille) donne les textes des auteurs invités, auteurs qui ont en commun de travailler sur la langue et de mener des recherches souvent en relation avec d'autres disciplines artistiques. Encore plus aventureuse, la revue *Docks* se veut lieu de publication des performances de l'avant-garde, à mi-chemin de l'art et de la poésie, en utilisant toutes les possibilités de la typographie, des collages, de la photographie ou de la photocopie, du mail-art, etc.

Les Cahiers bleus, L'Infini, le Jardin d'essai, la *NRF, La Polygraphe, Le Sapriphage*, accueillent aussi bien de la littérature française qu'étrangère, de la prose que de la poésie. D'autres revues sont plus centrées sur la littérature française, parfois celle d'une région, parfois celle d'un genre : *Nord* met en avant les auteurs du Nord/Pas-de-Calais et de la Belgique ; *Algérie, Littérature/Action* la littérature d'expression française d'origine algérienne ; *Le Paresseux* recherche plutôt des textes courts et il en est de même de la revue sur Internet *Inventaire/Invention* ; *Supérieur inconnu* s'inscrit dans la continuité du surréalisme.

Nombreuses sont les revues installées en province, qui revendiquent leur éloignement de Paris et du milieu littéraire et qui n'en construisent pas moins sur le long terme des anthologies remarquables, souvent avec une belle présentation typographique : citons *La Barbacane* à Fumel, *L'Autre Sud* (dans la lignée des défunts *Cahiers du Sud*) à Marseille, *Le Galet* (de conception très bibliophilique) à Saint-Hilaire du Rosier, *La Rivière échappée* à Rennes, *Théodore Balmoral* à Orléans, etc.

La poésie est marquée par un foisonnement de revues, à la durée de vie souvent limitée. Heureusement, certaines se maintiennent sur le long terme : *Poésie 99, 2000...* témoigne, dans l'esprit de son fondateur Pierre Seghers, d'une vaste ouverture vers toutes les formes de la poésie mondiale, tandis que *Po&sie*, dirigée par Michel Deguy, allie création contemporaine et réflexion théorique. *Encres vives* est davantage tournée vers une poésie de l'imaginaire, *Le Mâche-Laurier* vers une défense de la prosodie française, réactualisant de manière contemporaine un certain classicisme, *La Sape*, vers une poésie lyrique, *La Traductière* accompagne le festival franco-anglais de poésie annuel.

Le théâtre est moins représenté : si on fait abstraction des revues ne présentant que des critiques sur les pièces jouées, il reste l'*Avant-scène théâtre*, bimestriel qui publie le texte intégral d'une pièce et *Théâtre public*, publié par le théâtre de Gennevilliers qui porte d'abord sur le travail de la mise en scène.

La nouvelle est représentée par *Brèves*, *Encres vagabondes* (qui accepte aussi de la poésie), *Harfang*, *Nouvelle Donne*, le roman policier par *813* (édité par les Amis de la littérature policière) en tandem avec *Polar* des éditions Rivages, deux revues qui mêlent articles de fond et notes de lecture, et la science-fiction par *Galaxies* et *Science fiction magazine*... Mais pour le policier et la science-fiction, ainsi que pour la littérature populaire, il existe de très nombreuses publications peu diffusées commercialement, sous la forme de fanzines, sans parler des nombreuses publications numériques apparues sur le web, le site *Mauvais genres* et sa liste de diffusion (*http://www.multimania.com/mauvaisgenres*) en étant un des exemples les plus réussis.

Bien évidemment, ce travail partiel de sélection devrait être élargi à des revues étrangères, à commencer par les revues francophones, qui sont indispensables si on veut avoir une vision complète des littératures d'expression française.

Les revues d'histoire et de théorie littéraire

Dans ces domaines, les revues universitaires sont dominantes, depuis la vénérable *Revue d'histoire littéraire de la France*, dont un numéro annuel est consacré à la bibliographie annuelle de la littérature française, poursuivant ainsi le travail de René Rancœur, jusqu'aux titres qui s'inscrivent dans une perspective d'analyse plus moderne : *Littérature*, publié par l'université Paris-VIII ou la *Revue des sciences humaines*, par l'université Lille-III ou *Poétique* aux éditions du Seuil, que complète une collection dirigée par Gérard Genette. Il existe aussi des revues consacrées à un siècle (*Dix-huitième siècle*, par exemple) ou au contraire qui embrassent le comparatisme : *RLC* ou *Revue de littérature comparée*.

Certaines de ces revues s'adressent cependant à un public non universitaire. C'est le cas d'*Europe*, fondée par Romain Rolland et Jean-Richard Bloch en 1923, ou de *L'Atelier du Roman* qui, à côté d'analyses sur les romans ou auteurs qui ont marqué le genre, donne également la parole aux romanciers d'aujourd'hui qui s'expliquent sur leur art et leurs choix.

Enfin, il faudrait ajouter à ce domaine le vaste corpus des revues et bulletins des associations d'amis d'écrivains, sans oublier certaines publications émanant d'institutions, de bibliothèques spécialisées en particulier : les *Cahiers de la bibliothèque Jacques Doucet*, qui existent depuis 1997, mêlent par exemple, dans un numéro annuel, études et textes d'écrivains.

Aux confins du champ littéraire

La littérature demeure très présente dans les revues d'idées et de débats : *Les Temps modernes*, *Esprit*, *Critique* (dont les articles sont de longues analyses de publications françaises ou étrangères) consacrent d'assez nombreuses pages à la littérature. Il en est de même pour *Le Débat*, fondé en 1980 par Pierre Nora et encore plus pour *Lignes*, fondée par Michel Surya qui s'inscrit dans une perspective philosophique et littéraire issue de Blanchot et de Bataille, ou pour la *Lettre internationale* où nouvelles et poèmes viennent toujours en contrepoint des articles de réflexion.

Enfin, il existe de très nombreuses revues qui jouent de l'art et de la littérature et présentent souvent de nouvelles formes littéraires, dans une présentation typographique originale : *Fusées* à Auvers-sur-Oise ou *Incidences* à Marseille en sont des exemples.

Orientation bibliographique

Proposer un choix de revues littéraires, c'est s'exposer à une certaine subjectivité, ainsi qu'à une vision forcément contingente puisqu'on l'a vu, ces revues manquant souvent d'assise financière et étant de moins en moins publiées par de grands éditeurs, leur existence est souvent éphémère.

Par ailleurs, cette précarité s'inscrit comme une des fonctions de la revue. La formule souple de celle-ci permet en effet une intervention ponctuelle, une prise de position à un moment donné et toutes les revues n'ont pas mission à durer. De nouveaux titres de revues littéraires paraissent régulièrement, d'autres s'interrompent, sans qu'on soit forcément certain de leur fin, beaucoup ont des parutions assez irrégulières.

Le repérage des revues est donc un travail difficile et les outils bibliographiques professionnels n'y apportent qu'une contribution partielle. Si on ne considère que les revues françaises, *L'Annuaire de la presse, de la publicité et de la communication* ne rend compte, de manière fiable, que des revues commerciales, et y ajoute une sélection de titres de revues universitaires ou de création. *Revues et magazines. Guide des périodiques à l'intention des bibliothèques publiques* (Éditions du Cercle de la Librairie) propose une sélection critique de titres et *ARLIT et cie : Annuaire des revues littéraires et compagnie*, publié par Roger Gaillard et le CALCRE, recense près de 750 titres francophones, dont plus de la moitié dans le domaine littéraire.

On peut également y ajouter *La Revue des revues* (publiée par l'association Ent'revues) qui propose de nombreux dossiers sur les revues savantes et édite un fort utile annuaire de celles-ci, le *Catalogue des revues culturelles* ainsi que des catalogues particuliers dont l'un est justement consacré aux revues littéraires et un autre aux bulletins des sociétés d'écrivains. L'ensemble est en partie disponible sur Internet : *http://www.entrevues.org/*. Dans le domaine des associations consacrées à des écrivains, la librairie Nicaise a publié, à la fin de l'année 2000, un *Guide Nicaise des associations d'amis d'auteurs* qui donne des descriptions détaillées d'environ deux cents de ces associations et mentionne leurs publications.

Il faut ajouter à ces outils une bonne dose d'empirisme : les revues elles-mêmes publient souvent des critiques d'autres revues, quelques libraires possèdent un rayon de revues et permettent ainsi d'être informé de nouvelles parutions, enfin certains types de salons (le Marché de la poésie, celui de l'édition théâtrale à Paris, mais aussi de nombreuses autres manifestations partout en France) sont l'occasion rêvée de rencontrer les éditeurs de revues.

Les revues littéraires et les bibliothèques

Acheter et offrir à ses lecteurs un vaste panorama de revues fait partie des missions de toute bibliothèque. Des revues littéraires sont donc disponibles dans de très nombreux établissements : les bibliothèques universitaires proposeront un vaste choix de revues universitaires et de revues de théorie et d'histoire littéraire, les bibliothèques municipales ou départementales des revues de critique littéraire et une sélection de revues de création, les bibliothèques spécialisées, ayant un fonds littéraire, actualiseront leurs collections.

On peut cependant s'interroger sur une certaine frilosité des choix opérés dans nombre d'établissements. Il y a lieu en effet de s'inquiéter de la coupure stricte entre revues universitaires ou de théorie et revues de création ou entre les fonds littéraires consacrés et que l'histoire a justifiés et la création contemporaine. On peut encore s'interroger devant le peu d'enthousiasme manifesté par des bibliothèques de lecture publique pour s'abonner à des revues de poésie et de création littéraire, au prétexte que leurs prêts ne suivent pas.

Or, une des missions des bibliothèques est certainement de compléter l'offre marchande : les revues et plus généralement les ouvrages à rotation lente, les ouvrages de création sont de moins en moins présents dans les fonds des librairies. N'est-ce pas le rôle des bibliothèques de permettre à tout ce secteur de la création et de la vie littéraire d'atteindre un public, d'acquérir une visibilité ?

Évidemment, cette visibilité ne va pas de soi. Outre le délicat travail de veille sur les revues et la gestion parfois complexe de leurs acquisitions, il faut également penser à la promotion et à la communication de ce type de document. Les revues littéraires ne sont pas dépouillées dans les fichiers, par exemple, ce qui, pour les lecteurs, ne facilite pas le passage de la lecture du livre d'un auteur à la lecture des textes que ce même auteur a publié en revue. Par ailleurs, la lecture de la revue a besoin d'un espace particulier, elle se prête plus que le livre au besoin de découverte, au désir de feuilleter sur place. Il y a donc lieu de créer cet espace, de le signaler, d'afficher les revues sur des mobiliers et des présentoirs spécifiques.

Tout un travail, aussi bien dans le signalement que dans la présentation dans l'espace de la bibliothèque, devrait permettre cette liaison entre livres et textes de revues de et sur un auteur. L'animation doit également donner vie aux revues littéraires : inviter les responsables de revues à présenter celles-ci, susciter des expositions, organiser des rencontres autour de leurs sommaires et des thèmes abordés peuvent permettre ou améliorer la rencontre entre les lecteurs et ces revues.

Les bibliothèques ont aussi une mission de conservation : aujourd'hui les revues littéraires font partie intégrante du patrimoine et offrent un nouveau champ à des travaux de recherche[1]. La bibliothèque littéraire Jacques-Doucet ou l'IMEC (Institut Mémoires de l'Édition contemporaine) sont aujourd'hui connus pour leurs collections de revues littéraires ou des archives de ces revues qu'ils conservent. D'autres bibliothèques sont concernées par cette mission de conservation : les bibliothèques municipales classées ou les bibliothèques à vocation régionale, par exemple, peuvent et doivent s'enrichir des revues éditées dans leur aire géographique. Cette conservation ne va pas de soi : elle oblige à constituer des collections complètes, raisonnées de revues, avec tout un travail d'inventaire et de signalement et des choix de communication (de lecture sur place par exemple) et de techniques de conservation (de reliure principalement) qui nécessitent à la fois un important investissement de travail et des budgets souvent conséquents.

Les revues littéraires permettent à de nouvelles formes de la création littéraire contemporaine de voir le jour, à des auteurs encore méconnus de trouver un lectorat, à des mouvements de se constituer, à des groupes d'intervenir dans les débats.

Les bibliothèques, en les achetant, en les présentant, en les mettant en valeur, donnent à ces revues des raisons et des moyens d'exister. Elles apportent à ces revues la vitrine et les lecteurs dont elles ont souvent besoin. Elles jouent par là pleinement leur rôle d'institution culturelle.

Jean-Claude UTARD,
Conservateur en chef
des bibliothèques, Ville de Paris

BIBLIOGRAPHIE

CORPET Olivier (réd. en chef), *La Revue des revues : revue internationale d'histoire et de bibliographie*, Association Ent'revues, existe depuis 1986, revue semestrielle.

CHARTIER Roger et MARTIN Henri-Jean (dir.), *Histoire de l'édition française 4. Le Livre concurrencé : 1900-1950*, Paris, Promodis-Éditions du Cercle de La Librairie, 1986.

FOUCHÉ Pascal (dir.), *L'Édition française depuis 1945*, Paris, Éditions du Cercle de la Librairie, 1998.

---

1. Dont un des tous premiers exemples pourrait être le travail d'Auguste Anglès, *André Gide et le premier groupe de la « Nouvelle Revue Française »*, Gallimard, 3 tomes, 1978-1986.

La littérature sur Internet

« Livre électronique », « e-book », ou « livrel » (Québec), « portail des Lettres », « hyperfiction », un Prix Internet du livre lancé en 1999 et son slogan « Le plus grand jury du monde[1] » !

Oui, le livre et la littérature sont présents sur le dernier-né des grands médias. Des documents de référence ou d'étude les accompagnent et s'adressent aussi bien aux spécialistes qu'aux autodidactes.

Mêlant supports et contenus, les effets d'annonce liés à Internet suscitent souvent plusieurs types de réaction, de l'enthousiasme au dédain total. Dans les milieux littéraires où le document imprimé garde toute son aura, la prise en compte d'Internet n'est pas encore le fait de tous. Il faut dire que la lecture d'œuvres de fiction sur écran n'est pas d'un grand attrait : plus de lien intime avec l'objet qu'est le livre imprimé, un support lourd et froid, difficulté d'une position détendue, maniement d'une technique qui paraît opposée à la faculté d'imaginer ou de se représenter les personnages et les situations décrits.

Les derniers vecteurs électroniques, de plus petit format et d'une réelle portabilité, apporteront-ils une amélioration ? Les développeurs l'assurent[2]. *A priori*, pour la simple lecture de textes, les supports informatiques ne devraient répondre qu'à des situations particulières : déplacement ou éloignement de bibliothèques aux fonds conséquents.

Par contre, la consultation de documents de référence informatisés est devenue incontournable, même en littérature. Comme dans d'autres domaines, le nombre des publications augmente. Et seuls les outils informatiques permettent d'explorer rapidement et finement des catalogues de bibliothèques, des bibliographies ou un corpus de textes. Internet est devenu un vecteur essentiel de l'accès à ces ressources. Un bref rappel du contexte dans lequel les sources linguistiques et littéraires se sont développées permettra de mieux mesurer l'impact d'Internet dans ce domaine du savoir.

---

1. Le Prix Internet du livre est organisé par *l'Express* et *France Loisirs* : *http://www.leprixinternet.com/cgi-bin/index.asp*.
2. « Le e-book », *Lettre du bibliothécaire québécois*, n° 22, mai-septembre 2000 : *www.sciencepresse.qc.ca/lbq/lbq.html*.

Une présentation de l'offre éditoriale et de ses différents acteurs donnera une idée du potentiel documentaire actuel et à venir. Puis, quelques aspects spécifiques de la gestion des ressources littéraires dans les bibliothèques seront évoqués. Une conclusion tentera de convaincre de l'intérêt particulier que revêt la présence de la littérature sur le réseau des réseaux.

L'impact d'Internet

L'informatisation de documents d'étude des langues et des littératures a une histoire souvent méconnue qui remonte au début des années 1950. Une riche bibliographie existe sur cette question. Seuls deux ouvrages principaux d'Alain Vuillemin peuvent être cités ici[1] mais ils offrent un bon panorama des travaux et des réalisations correspondant à différents projets. Les banques de données produites s'adressaient à un public d'autant plus restreint de chercheurs et d'étudiants que certaines bibliographies ne figuraient même pas au catalogue des serveurs commerciaux. Le secteur littéraire a toujours été minoritaire au sein de la production mondiale de sources informatisées, diffusées en ligne ou sur cédérom et ne représentait guère plus de 5 % en 1996.

Internet semble avoir donné une impulsion nouvelle et a révélé à un public plus large des sources inconnues de lui jusque-là. Le nouveau mode d'édition et de diffusion que permet le Web se prête à cette nouvelle dynamique, sinon vraiment éditoriale, de mise en ligne de textes, de bibliographies et d'index, de revues, de cours, d'annuaires de liens. L'hypertexte, concept déjà ancien et au cœur de toute élaboration de documents disponibles sur Internet, trouve là tout son sens. Tout l'art des nouveaux documents réside dans la structuration des données, dans le parcours proposé, dans la pertinence des liens vers des informations complémentaires.

Les raisons d'un regain dans la production ou la diffusion de sources littéraires ne sont pas toujours clairement exprimées : émulation ? Peur de l'hégémonie d'une langue ? Une plus grande facilité à éditer ou à diffuser ? Des partenariats ou des collaborations favorisés par des communications plus aisées ? Face à une mondialisation dont un des dangers les plus redoutés est l'uniformisation, la diffusion de données, reflets de patrimoines culturels divers, a peut-être paru une priorité.

Toutes les institutions et les organismes publics des grands pays ont leur propre serveur Web. Et il semble qu'aucune des grandes civilisations n'ait voulu rester à l'écart de cette nouvelle manière d'être au monde. Dès l'avènement d'Internet pour le grand public, tous les grands textes fondateurs, de la Bible à la Bhagavad-Gîtâ en passant par le Coran ou la Torah, étaient en ligne, avec des outils de recherche de surcroît.

---

1. *Informatique et littérature, 1950-1990*, Paris, Genève, Slatkine, 1990 ; *Les Banques de données littéraires comparatistes et francophones*, Presses universitaires de Limoges, 1993.

Des acteurs de niveaux complètement différents se côtoient dans ce nouvel environnement à l'échelle planétaire ou presque. L'offre multiple et très hétérogène qui en résulte ne doit pas être sous-estimée.

L'offre éditoriale

Cette offre est diverse, autant par ses acteurs que par les modes de production et les types de ressources disponibles. Plusieurs cas de figure sont présents. Ils diffèrent par le volume des sources à numériser et l'utilisation qui en sera proposée.

Mettre en ligne quelques poèmes à des fins de lecture seule n'a rien en commun avec l'édition d'une banque de données de nombreux textes assortis d'outils de recherche performants. Dans ce deuxième cas, les investissements seront beaucoup plus lourds et nécessiteront des compétences variées. Des institutions ayant une autonomie de production, des partenariats entre propriétaires de contenus et des sociétés de services informatiques, des bénévoles de tous types travaillent à l'informatisation de sources littéraires d'hier et, dans une moindre mesure, de celles d'aujourd'hui.

Les collections patrimoniales et les bibliothèques numériques

Dans la plupart des pays développés, la numérisation en masse de documents est en marche et représente un des enjeux majeurs de la société de l'information. Seuls de grands établissements et institutions, publics et privés, ont les moyens de s'impliquer dans des projets de grande ampleur.

Les collections patrimoniales, libres de droits, ont été les premières traitées parce que la diffusion pouvait se faire sans restriction. L'autre justification de ce choix est la communication au grand public de documents difficiles d'accès : éditions rares, manuscrits et autres documents précieux, dont parfois le public ne soupçonnait pas l'existence et qui désormais s'offrent à lui, dans les bibliothèques ou à domicile.

Dans les projets de numérisation des fonds patrimoniaux, la part dévolue à la littérature n'est pas encore la plus grande. Les problèmes de choix sont sûrement plus complexes concernant des fonds pléthoriques : choix des éditions, des auteurs à retenir, des regroupements à opérer. La numérisation ne peut se suffire à elle-même. Une véritable démarche éditoriale ou une nouvelle politique de constitution de fonds est indispensable afin de déterminer les objectifs précis auxquels devront répondre les nouvelles collections numérisées. Plusieurs pays, villes, régions sont impliqués dans la constitution de ces nouveaux fonds. Seules quelques réalisations à fort contenus littéraires ou linguistiques seront évoquées.

– Depuis 1997, la Bibliothèque nationale de France propose selon deux axes, « Gallica » et « Gallica classique », plus de 1 000 textes complets de littérature française, du Moyen Âge au XIXᵉ siècle. La réalisation de « Gallica Classique » est le fruit de trois partenariats : l'Institut national de la langue française (INALF) avec un extrait de la base Frantext, l'éditeur Academia pour les éditions complètes de Chateaubriand et la célèbre édition Furne de *La Comédie humaine* de Balzac, l'éditeur Bibliopolis pour une centaine de volumes de la collection des Classiques Garnier. Le logiciel Trevi de Bibliopolis fournit les outils de recherche. Des dossiers liés à des expositions, « Utopies, la quête de la société idéale en Occident », « Proust », permettent la consultation de nouveaux documents : *http://gallica.bnf.fr/*.

– Bibliotheca Universalis, lancé en 1995, est un projet de catalogue commun des œuvres numérisées du patrimoine mondial détenues dans les bibliothèques participantes. Il est piloté par la France et le Japon et regroupe 13 nations : les pays du G7 et de la Commission européenne et quelques pays extérieurs récemment associés au projet. Par une même passerelle, des textes de l'ère Meiji au Japon ou des manuscrits de l'Inde du Sud conservés à la Bibliothèque nationale de la république Tchèque seront accessibles : *http://www.culture.fr/g7/fr/aceuil3.htm*. Une description plus complète existe en anglais à l'URL : *http://www.konbib.nl/gabriel/bibliotheca-universalis/bibuniv.htm*.

– Canadiana est une bibliothèque de sources primaires numérisées sur l'histoire canadienne dont un des thèmes majeurs est la littérature. Ces ressources ont été élaborées par la Bibliothèque nationale du Canada, les bibliothèques universitaires de Laval et de Toronto, et par l'Institut canadien de microreproductions historiques. 800 œuvres de littérature de langue anglaise et datant d'avant 1900 sont en ligne : *http://www.canadiana.org/*.

– British National Corpus est un ensemble de documents écrits et parlés, permettant l'étude de la langue anglaise moderne. Plus de 4 000 textes ont été fournis par des éditeurs de dictionnaires (OUP, Longman, Chambers-Larousse) et des centres de recherche (Oxford University, Lancaster University and the British Library) : *http://info.ox.ac.uk/bnc*.

– Frantext de l'INALF-CNRS est diffusé via Internet depuis deux ans. La base contient 3 000 œuvres en texte intégral et en français, éditées du XVIᵉ au XXᵉ siècle et représentatives de l'évolution de la langue française. 80 % des textes sont littéraires. Un logiciel puissant permet des recherches sophistiquées pour des études lexicales ou syntaxiques. La simple recherche d'occurrences dans les textes est à la portée des profanes. L'accès est réservé aux abonnés : *http://zeus.inalf.cnrs.fr/*.

– L'ARTFL Project ou l'American and French Research on the Treasury of the French Language (Trésor de la langue française) a été fondé par l'université de Chicago et l'Institut national de la langue française. Il est conçu pour les étudiants et chercheurs américains. Un équivalent de la base Frantext leur est proposé ainsi que de nombreuses ressources concernant les études de langue et littérature française : des textes de poésie provençale, des dictionnaires : *http://humanities.uchicago.edu/ARTFL/ARTFL.html*.

L'offre des serveurs commerciaux

Les négociations entre les milieux de l'édition et les fournisseurs de services informatiques semblent encore difficiles dans le secteur des sciences humaines. Les enjeux sont moins clairs que dans les domaines des sciences, de l'industrie ou du commerce pour lesquels les retours sur investissements sont plus assurés.

Dans cette perspective, la rupture entre Gallimard et Bibliopolis a été une déception quant au développement des documents électroniques en littérature de langue française. L'espoir de produits éditoriaux à valeur documentaire ajoutée était né.

Les fusions-acquisitions de sociétés, fournisseurs d'information électronique et de logiciels, ont atteint des records ces deux dernières années dans le monde. La marge de manœuvre des clients n'en est que plus réduite. Mais ces regroupements ont souvent abouti à des alliances couplant une société productrice de contenus et une autre dont les logiciels ou les systèmes de traitement de l'information constituent le point fort.

Si le nombre des produits éditoriaux en ligne de langue française augmente lentement, il faut d'autant plus saluer et encourager des initiatives comme celle de Bibliopolis et des éditeurs partenaires.

Trois offres documentaires ont été élaborées :

– « LILI, Littérature en ligne », centre de ressources et d'échanges des professeurs de lettres. L'accès est réservé aux enseignants et à leurs élèves. Le site comporte « 377 œuvres de littérature classique en texte intégral, accompagnées de leurs notices et de la biographie des auteurs », 120 explications de textes et 1 000 extraits.

– « Biblionet » s'adresse au grand public et offre « 113 œuvres intégrales de 64 auteurs qui composent les fondamentaux de la littérature française classique ».

– La « Bibliothèque des lettres » comporte un ensemble très important de textes de différents domaines où la littérature domine. La réalisation est très soignée et l'ergonomie d'utilisation est bonne : un sommaire clair, une grande flexibilité quant à la recherche sur les textes, une aide contextuelle de base présente en permanence et une aide plus détaillée affichable à tout moment. Un bonheur supplémentaire : la possibilité de lire les textes complets. Le design est sobre, sans être triste. Ce corpus contient : « Encyclopédie de la littérature française du Moyen Âge à 1925 », 170 textes) ; « Théâtre du grand siècle » ; « Autour du romantisme : le roman, 1792-1886 » ; « Romanciers réalistes et naturalistes, 1820-1910 » ; « La critique littéraire de Laharpe à Proust » ; « Les écrits sur l'art de Diderot à Proust » ; « *La Quinzaine littéraire* », pour laquelle la recherche d'articles remonte à 1990 et l'accès aux articles complets porte sur les années 1996 à 2000. L'accès est payant sur la base d'un abonnement annuel.

Les autres documents concernent l'histoire et la philosophie : « La Révolution et l'Empire », « Corpus des œuvres de philosophie de langue française ». Le service est payant, sur abonnement.

Les autres producteurs de sources littéraires textuelles et bibliographiques sont anglais et américains. La plupart ont une longue expérience de l'édition sur support électronique.

Seules les sociétés offrant des contenus importants ou une démarche originale seront citées.

– Chadwyck-Healey (Grande-Bretagne) du groupe Bell&Howell (États-Unis) a un catalogue riche de 13 banques de données bibliographiques et textuelles en langue et littérature dont le produit phare est Literature Online : ensemble de 230 000 textes de poésie anglaise et américaine (chaque poème est un texte...), de pièces de théâtre, de prose ainsi que des bibliographies, des biographies et autres sources secondaires. Des outils de recherche très performants et une utilisation intelligente de l'hypertexte contribuent à la valeur de ce document de référence. Les autres documents concernent les cultures allemande, espagnole, française : *http://www.chadwyck.co.uk/*.

– Arden (G.B.) : Arden Shakespeare est une banque de données, réalisée par un des plus anciens éditeurs de Shakespeare. Elle s'adresse aux milieux scolaires et universitaires. Toute l'œuvre de l'auteur est en ligne, avec l'appareil critique constamment mis à jour, enrichi de documents iconographiques orientés vers les arts du spectacle : *http://www.ardenshakespeare.com/ardenonline/*.

– OCLC (Online Computer Library Center, Inc., États-Unis) : 171 titres de revues de langue anglaise et en texte intégral pour les matières « Philology. Linguistics. Languages. Literatures » : *http://www2.oclc.org/oclc/fseco/topic_area.asp?topic=P*.

– RLIN (RLG) : Research Libraries Information Network (Research Libraries Group, États-Unis) : cette société se distingue par la mise en ligne de bases bibliographiques en sciences humaines prenant en compte des civilisations non occidentales et leur système d'écriture : arabe, langues d'Asie, russe, hébreu : *http://www.rlg.org/toc.html#toc*.

Toutes ces sociétés ont participé à toutes les étapes du développement de l'information électronique et leur avance est certaine dans la négociation avec les producteurs de contenus et les concepteurs de logiciels.

Les ressources éditées ou rassemblées par les bénévoles

Enseignants, étudiants, bibliothécaires, et particuliers passionnés de littérature ont œuvré très tôt et animé des sites aux ressources diverses, presque partout dans le monde. Toute la communauté des littéraires et des simples amoureux de littérature leur est redevable de nombreuses ressources gratuites. Des cours, de la théorie, des fiches de lecture, des bases de données, des sites consacrés à un auteur sont disponibles. Les sites produits sont inégaux mais de gros efforts sont faits pour que les contenus soient consistants, de bonne référence, et que les répertoires de liens soient pertinents.

Deux sites français de textes, nés avec le web, gardent une grande cohérence et les gestionnaires en améliorent régulièrement l'utilisation.

– L'ABU (Association des bibliophiles universels) : premier site français à diffuser des textes littéraires de langue française, complets, gratuitement, sur Internet. Il s'agit de textes libres de droits. Une page d'accueil claire fournit les informations indispensables quant au contenu et à l'utilisation qui peut en être faite. Le site donne accès à 295 textes de 94 auteurs français du XVIᵉ au XXᵉ siècle. Un outil de recherche d'occurrences de termes est disponible et peut être appliqué à tout le corpus : *http://abu.cnam.fr/*.

– La bibliothèque municipale de Lisieux : à l'initiative du directeur de l'établissement, la numérisation en mode texte est réalisée par du personnel de la bibliothèque. Deux cents textes littéraires et documentaires ont été choisis en fonction de leur originalité, leur lien avec la région Normandie, ou des événements récents qui leur redonnent une actualité. Depuis peu, en partenariat avec une bibliothèque canadienne, cette base de textes est interrogeable et permet principalement la recherche d'occurrences de mots ou d'expressions : *http://www.bmlisieux.com/*. La base est interrogeable par l'URL : *http://www.chass.utoronto.ca/epc/langueXIX/lexotor/*.

– Athena est un site fédérateur d'accès à des textes de littérature d'expression française et à des textes d'auteurs non francophones traduits en français : *http://un2sg4.unige.ch/athena/html/francaut.html*.

Les initiatives étrangères de mise en ligne de textes sont très nombreuses. Seules quelques-unes d'entre elles, remarquables par le nombre des ressources et la valeur des documents, seront citées.

– Gutenberg Project, à l'initiative de Mikael Hart, donne accès à plus de 2 000 textes littéraires de langue anglaise tombés dans le domaine public : *http://promo.net/pg/*.

– Electronic Text Center, de la bibliothèque de l'université de Virginie (États-Unis), regroupe des textes de 12 langues différentes. Cent mille textes sont numérisés dont seule une partie est accessible librement à tous les publics. Les textes protégés ou achetés à des éditeurs privés sont réservés aux utilisateurs de l'université : *http://etext.lib.virginia.edu/*.

– Le Project Runeberg, réalisé par la Linköping University, en Suède, a été entrepris en 1992 et concerne les littératures nordiques. Il permet la lecture de 200 textes du XVIIIᵉ au début du XXᵉ siècle : *http://www.lysator.liu.se/runeberg*.

La plupart de ces sites sont d'accès gratuits, mais ne permettent pas de recherche très élaborée.

Plus axés vers les milieux de l'enseignement et de la recherche, des ressources de tous types tentent d'apporter une aide aux élèves et aux étudiants.

– ELLIT, Éléments de littérature, XIIᵉ-XXᵉ siècle, du bac au DEUG, se veut un site de références littéraires et propose des articles sur les genres, les courants et les écoles. L'accès nécessite un abonnement : *http://rabac.com*.

– Fleurs de rhétorique : l'histoire de la rhétorique, de l'Antiquité à la rhétorique électronique, édité par l'École normale supérieure de Fontenay/Saint-Cloud : *http://ghatt.nexen.net/*.

– Fabula, Théorie de la fiction littéraire est un site animé par un groupe de jeunes chercheurs en littérature qui fournit toutes les informations liées à l'actualité : colloques et congrès, nouvelles parutions résumées et commentées, débats divers en ligne. Ce site comporte toutefois peu de documents primaires : *http://www.fabula.org*.

– La Clé, Répertoire de procédés littéraires, fait partie du Cours autodidactique du français écrit (Café) et donne les outils très complets pour connaître les figures de styles, analyser des textes et écrire : *http://www.cafe.umontreal.ca/cle/accueil.html*.

– La République des lettres est un site fédérateur pouvant servir de point de départ vers beaucoup d'autres ressources : *http://www.republique-des-lettres.com/index.shtml*.

– Un travail différent et très complet du professeur américain Paul Brians mérite d'être cité. Il s'agit du commentaire très sérieux des *Versets sataniques* de Salman Rushdie. Le document est exemplaire quant à l'utilisation de l'hypertexte. Il a pour but de faire percevoir aux étudiants toutes les richesses de vocabulaire, ce qui se trouve derrière les multiples allusions, et à quelles réalités renvoient les références culturelles liées à la biographie de l'auteur du roman : *http://www.wsu.edu/~brians/anglophone/satanic_verses/*. Paul Brians a présenté son travail dans un article de la revue *Computer and the humanities*[1].

Les présentations précédentes indiquent clairement que, si la documentation concernant la littérature contemporaine n'est pas absente du web, les textes en ligne, accessibles gratuitement, sont très minoritaires. Ceux qui existent sont le fait d'auteurs qui n'ont pas trouvé leur éditeur et de ceux qui tentent une nouvelle forme d'expression. La question des droits d'auteur est au centre de la diffusion d'œuvres de fiction récente. Mais l'irruption du livre électronique paraît accélérer certains processus.

La littérature contemporaine

Les éditeurs traditionnels

Les éditeurs américains et européens ont investi dans l'édition de revues en ligne dès l'avènement du Web. Les éditeurs français étaient plus hésitants. Actuellement, toutes les grandes maisons d'édition estiment qu'il est nécessaire d'être présent sur ce nouveau marché. Outre la capacité à investir, la question cruciale pour les éditeurs est celle des droits de l'édition électronique.

Cet aspect juridique tenait une large place à la Foire du livre de Francfort 2000 et la plupart des partenaires s'interrogent sur ce qu'implique la gestion de ces droits pour lesquels aucun contrat type n'existe aujourd'hui[2].

Malgré tout, de grands acteurs de l'édition française tels Albin Michel, Gallimard et Havas acquièrent depuis deux ou trois ans les droits électroniques concernant des œuvres non tombées dans le domaine public.

---

1. « Annotating the Satanic Verses : an Example of Internet Research and Publication », in *Computers and the humanities*, n° 33, pp. 247 à 264, 1999.
2. Frédérique Roussel, « Les droits dans la prise, l'édition électronique pose des problèmes juridiques inédits », *Libération*, 26 octobre 2000, *http://www.liberation.com/livres/2000oct/2610edition.htm*.

Les webéditeurs

Ce sont des éditeurs nés avec Internet qui ont proposé, au choix, l'achat de livres en ligne ou de livres imprimés à la demande :

– 00h00 a été le premier à se lancer en France. Le catalogue paraît restreint mais varié et, outre les achats possibles, est toujours proposé un texte à lire gratuitement. Les livres peuvent concerner d'autres domaines que celui de la littérature, et outre le français, le portugais est représenté. Le livre en ligne coûte la moitié du prix de celui fourni sur papier : *http://www.00h00.com/index2.html*.

– Olympio.com, « l'éditeur des Internautes », est le dernier-né de ce type d'entreprise, fondé par un ancien responsable de la maison Julliard, François Bourin[1]. L'équipe qui l'accompagne réunit les compétences indispensables : celles du secteur de l'édition mais aussi celles qui sont liées aux domaines de l'informatique et des systèmes d'information. Le pari porte uniquement sur l'édition électronique. L'offre se présente sur deux niveaux : une offre de textes proposés par tout auteur écrivant sur Internet, après la seule vérification « qu'ils ne sont pas pédophiles ou révisionnistes » ; une offre correspondant à un catalogue (à construire encore) et dont les textes bénéficieront cette fois d'un travail éditorial. Les romans sont vendus 35 francs et les nouvelles 15 francs. Tous les genres littéraires sont représentés : *http://www.olympio.com/txtnet/default.asp*.

Les auteurs-éditeurs

Pour les ignorés du circuit traditionnel, le Web peut être une chance inespérée de « publier » un texte. Publier à compte d'auteur est onéreux. Sur Internet, les coûts sont plus accessibles. L'auteur a l'espoir d'être lu, ne serait-ce que par une personne... Il peut annoncer lui-même sa publication sur des listes de diffusion ou dans certains forums.

Des auteurs contemporains reconnus acceptent la mise en ligne de textes inédits sur leur site. Le site animé par François Bon en est un exemple. Il accueille à la fois des textes d'auteurs connus et des textes d'auteurs n'ayant pas encore publié. De nombreux liens vers des revues, des ateliers d'écriture, des ressources bibliographiques ou consacrés aux grands auteurs contemporains font du site de François Bon un « lieu » foisonnant et vivant : *http://www.remue.net*.

Deux écrivains reconnus, Antonio Perez Reverte et Stephen King, réhabilitent le feuilleton pour proposer leur nouvelle fiction. Le premier l'offre gratuitement, le deuxième demande une participation financière de 1 à 2 $ pour chaque chapitre. Il a interrompu récemment cette diffusion, qui ne correspondait pas à ses espérances.

---

1. Alain Salles, « L'E-retour de François Bourin », *Le Monde des livres*, 10 novembre 2000.

L'hyperfiction et la création littéraire

Depuis quinze ans, aux États-Unis, et plus récemment en France, des auteurs travaillent à la création d'œuvres littéraires totalement différentes de celles réalisées jusque-là. Toutes les ressources de l'hypertexte et de la construction hypermédia sont utilisées pour produire des formes de récit nouvelles dont les maîtres mots seraient fragments, rupture, labyrinthe. Toute lecture linéaire a disparu. Le texte ne se donne pas d'emblée, semble caché ou surgit à l'issue d'un parcours sinueux accompagné d'images ou d'animations diverses. L'interactivité, la création collective sont encouragées.

Certaines de ces œuvres témoignent d'un sens de la poésie. Les cheminements proposés, fondés sur le mystère ou proches de l'errance, peuvent séduire. Toutefois, la lecture de tels textes n'est pas toujours aisée. Jeunesse du genre ? Inexpérience des auteurs quant à la mise en œuvre ? Inexpérience du lecteur, sûrement. Mais il est intéressant que ces lieux d'expérimentation existent. L'espace de liberté qu'offre Internet ici semble important. Il y a là sans doute des paroles à découvrir, des champs d'exploration de l'imaginaire à ne pas négliger. En France, un des départements de recherche très actif dans l'étude de ce domaine est le département Hypermédias de l'université Paris-VIII[1].

– « Hyperhorizons » est un des premiers sites américains de « fiction hypertexte ». Il est construit par un archiviste et catalogueur de manuscrits à la Duke's Special Collections Library, lui-même auteur de ce nouveau type d'écriture. Le site donne accès à des sources primaires et secondaires : des textes élaborés par une personne ou plusieurs, de la théorie, des critiques.

– En France, « Ressources.org » se veut le lieu de découverte de la littérature interactive. Il propose une revue en ligne, une sélection de textes, des dossiers documentaires : *http://www.ressources.org/Revue/index.htm*.

– « Anacoluthe », « site arrogant et prétentieux qui ne fait rien comme tout le monde » est un site d'expérimentation de fictions hypertextuelles : *http://www. anacoluthe.com/*.

– « Ovosite », produit à l'université Paris-VIII propose des œuvres originales mêlant textes et images : *http://hypermedia.univ-paris8.fr/ovosite*.

Les bibliothèques et la littérature sur Internet

Sans être spécifique au domaine littéraire, la gestion de ces « nouveaux » fonds est plus longue et complexe. Très peu d'outils traditionnels, comme les bibliographies ou les revues d'analyse de livres, prennent en compte les ressources Internet. Seule la revue *Choice*, éditée par l'American Library Association, fournit des

---

1. Jean Clément, « L'hypertexte de fiction : naissance d'un nouveau genre » : *http://hypermedia. univ-paris8.fr/jean/articles/allc.htm*.

analyses de ressources en ligne ou sur cédérom. Sur le Web, les annuaires réalisés par des professionnels de la documentation sont les premiers à explorer parce que les ressources ont été sélectionnées et évaluées.

En France, parmi les outils réalisés par des bibliothécaires ou des spécialistes, se distinguent : les signets en littérature de la Bibliothèque nationale de France (*http://www.bnf.fr/web-bnf/liens/index.htm*), le très spécialisé catalogue critique des ressources textuelles sur Internet (CCRTI) de l'INALF-CNRS (*http://inalf.ivry.cnrs.fr/ccrti/*), les sélections réalisées par des encyclopédies telles l'Encyclopædia Britannica ou l'Encyclopédie Hachette multimédia, (*http://www.hachette.net*), ces deux derniers annuaires permettant le repérage de ressources s'adressant aux très jeunes publics.

Aux États-Unis, sans être dévolus au seul secteur des lettres, des catalogues de ressources indexées ont été entrepris par OCLC (Online Computer Library Catalogue) : NetFirst, d'accès payant, est intégré à d'autres bases de données ; le projet CORC (Cooperative Online Resource Catalog) est un premier catalogue collectif de resources Internet qui intègre 120 partenaires dans le monde : *http://www.oclc.org/firstsearch/*.

En Écosse, BUBL LINK/5:15 : Catalogue of Internet Selected Resources a toujours de bonnes critiques dans les revues professionnelles traitant des outils de recherche sur le réseau : *http://bubl.ac.uk/link/*.

La démarche de catalogage de ressources Internet peut, de fait, être la première condition d'une intégration des documents électroniques au fonds général d'un établissement.

Comme pour les autres domaines du savoir, la prise en compte des documents électroniques plus nombreux suppose une nouvelle définition de la politique documentaire. Une spécificité du domaine littéraire concerne les œuvres elles-mêmes. Pour la simple lecture des textes, l'utilisateur s'orientera naturellement vers les collections imprimées. Les mêmes textes deviennent des documents de référence quand ils sont numérisés et accompagnés d'outils de recherche et d'analyse. Les bibliothèques devront-elles acquérir une même collection d'œuvres sur deux supports ? Cet élément sera un des pivots de la réflexion.

En ce qui concerne la communication des textes, le livre électronique téléchargeable sur un poste personnel de travail, mobile ou non, est déjà expérimenté dans certaines bibliothèques publiques américaines. Gageons que ce nouveau service sera présent prochainement dans les bibliothèques européennes.

Dans toutes les polémiques suscitées depuis l'irruption d'Internet dans notre univers, l'usage d'Internet est encore trop souvent jugé superficiel par des intellectuels ou des chercheurs, et notamment en sciences humaines. Internet ne sera que ce que les différentes communautés en feront. Et les bibliothécaires devraient avoir plus de moyens de s'engager dans l'élaboration d'outils facilitant l'accès à des contenus qui augmentent régulièrement.

La littérature sur le réseau reste de la littérature et même parcellaire, éparpillée, sa présence est d'autant plus indispensable que tous les publics ne sont pas proches de bibliothèques richement dotées. Par ailleurs, dans un univers de plus en plus marchand, passer, d'un clic, des plus anciens manuscrits enluminés à une création littéraire contemporaine, relire, découvrir, ou écouter un poème d'Apollinaire, quelle plus grande garantie d'un recours toujours possible à ce qui structure et définit l'être humain : la langue et l'expression écrite et ce qu'elles génèrent de découverte de soi et des autres ?

Colette BERGEAL,
Chef du Service des documents électroniques,
Bibliothèque publique d'information
du Centre Georges-Pompidou

Acquisitions, classement, mise en valeur

Littérature en bibliothèque

Les fonds de littérature en bibliothèque de lecture publique ne semblent pas les plus compliqués à constituer et à mettre en valeur. La vieille idée du bibliothécaire cultivé, fin connaisseur du patrimoine littéraire, mondial bien sûr, court toujours dans notre profession. Il ne serait donc pas difficile, en principe, de savoir ce qu'il est bon d'acquérir, de conserver, de faire lire... Pourtant, en même temps que la notion de culture existe celle du goût, et ce n'est pas forcément la même chose. La notion aussi du bagage personnel du bibliothécaire, que l'on ne peut assimiler uniquement à celle de culture. Ce bagage est constitué de couches multiples, glanées au fur et à mesure de notre vie, de la formation initiale aux nombreuses rencontres suscitées aussi bien par la fréquentation des livres que par celle des hommes.

Intervient aussi, et peut-être plus fortement encore, la question des lecteurs. Les fonds constitués même avec le plus grand soin ne prennent leur sens qu'en fonction des lecteurs qui viendront consulter, emprunter ces ouvrages, qu'il s'agisse de romans, de poésie ou de théâtre. Tous les bibliothécaires savent que les fonds trient les lecteurs, et que selon que nous aurons mis la barre « littéraire » plus ou moins haute, nous aurons plus ou moins de lecteurs de tel ou tel type.

Aucun bibliothécaire ne peut donc fournir de réponses parfaites, car il y a autant de cultures, de goûts, d'histoires personnelles, qu'il y a de lecteurs ou de bibliothécaires... D'ailleurs, d'une bibliothèque à l'autre, on ne retrouve pas les mêmes fonds, et les variations ne sont pas mineures. On s'en aperçoit lorsque, à l'occasion d'une mutation, on découvre un nouvel établissement. C'est presque un autre monde ! Le regard porté sur les auteurs, les maisons d'édition, les collections, est éminemment personnel, et même si on affirme haut et fort des intentions d'objectivité, les points communs présents ici ou là sont davantage liés aux circonstances (prix littéraires, position prépondérante d'un écrivain ou d'un courant littéraire) qu'à des choix délibérés. Mis à part les grands chefs-d'œuvre de la littérature que personne ne conteste, même si on ne les a pas toujours lus (disons au hasard : *Don Quichotte* ou *Le Roman de Renart*), il est difficile de choisir, surtout si l'on a un budget limité, ou peu de place, ou encore un public restreint ou très hétérogène. L'immensité de la production contemporaine, très diverse, ne le cède en rien à l'immensité du patrimoine... Qui peut définir, sans risque d'erreurs, ce qui est indispensable, important, ou secondaire, voire superflu ? On ne se trompe guère en sélectionnant les œuvres majeures de Faulkner ou de Balzac. Mais que décide-t-on pour Guilloux, Bove ou Navel, que les jeunes professionnels connaissent mal, ou pour les auteurs triomphants de l'année ?

Nous nous fions donc à notre culture, à notre goût, à notre mémoire personnelle. Les histoires de la littérature ne sont pas d'une grande aide, tant les points de vue universitaires semblent quelquefois bien décalés par rapport à nos pratiques quotidiennes, par rapport aux demandes et aux approches de nos lecteurs. Les ostracismes du passé ne sont heureusement plus de mise et les clivages de valeur ne sont plus établis avec l'absence de nuances que l'on a connue il y a quelques décennies, mais ils demeurent : selon les saints que l'on honore, on mettra un auteur au sommet de nos préférences ou au contraire on le refusera, avec la même bonne foi. Qui a raison ?

Nos fonds de littérature courent le risque sérieux d'être de vastes fourre-tout, où l'on trouve pêle-mêle les productions du génie et les immondices des lettres, selon les mots de Diderot. Placées au même plan, sur les mêmes rayonnages, aux mêmes cotes. Comment introduire de la cohérence dans tout cela, comment faire apparaître nos intentions, rendre lisible nos orientations, notre volonté ?

La première difficulté que nous rencontrons est que notre définition de la littérature s'écarte un peu de celle du *Robert* : « les œuvres écrites, dans la mesure où elles portent la marque de préoccupations esthétiques »... il va sans dire que nous nous en écartons par force ! S'il s'agit de constituer des fonds à seule valeur littéraire reconnue, les moyens de sélections existent. Mais s'agissant des romans, et surtout de la production contemporaine, nous sommes dans l'obligation de nuancer notre approche. Peut-on donner raisonnablement le nom d'œuvre littéraire à ces innombrables objets imprimés qui envahissent le marché de l'édition, romans sentimentaux, d'aventures, de société ou policiers, romans d'évasion pour simplifier, et qui forment une part majeure des emprunts de littérature ? Empruntés, donc, d'une certaine façon, demandés, même si ce n'est pas directement. En achetant cette littérature d'évasion, nous répondons aux demandes implicites ou explicites, mais nous alimentons aussi la demande en en créant le besoin. Encore une fois, c'est tout à fait légitime : le public des bibliothèques de lecture publique a changé, on n'y entre plus en parlant à voix basse, et la démocratisation de leur fréquentation a aussi entraîné un élargissement des collections.

Les rayons de littérature sont donc des rayons tout public. Mais selon les points forts de la collection, ou plus exactement la représentation plus ou moins affirmée de certains secteurs de l'édition, les lecteurs s'y sentiront plus ou moins à l'aise. Ils viennent d'abord chercher ce qui fait déjà partie de leur univers. Ainsi la lectrice qui demande ingénument où sont classés les Danielle Steel et qui s'entend répondre qu'il n'y en a pas se sent elle-même exclue de la bibliothèque. C'est anecdotique, mais c'est aussi une question de fond (et de fonds !) : les débats à ce propos sont interminables dans les réunions d'acquisition, sans que les décisions prises le soient toujours de manière très claire ou cohérente.

On navigue à vue, faute de réels critères de sélection, faute aussi de données précises sur les pratiques de l'établissement. Pratiques réelles d'acquisition (statistiques sur les éditeurs, les collections...), pratiques relationnelles avec le public (que conseiller au lecteur qui veut à tout prix des romans d'espionnage alors que justement on a décidé de limiter ces littératures de genre ?) et enfin pratiques de gestion des fonds, car l'élimination de certains titres n'est pas, ou ne doit pas être, le fait du hasard. Que veut-on, au fond, pour la collection ? Quelle fonction a-t-elle ? Quelle image de la bibliothèque veut-on donner et pour quels publics ?

Les politiques d'acquisition

Les bibliothécaires ont l'immense avantage de pouvoir survoler presque toute la production. Survoler ne veut pas dire connaître, encore moins lire ! mais le dépouillement patient de *Livres Hebdo* renseigne très précisément sur les sorties de livres. Renseigne mais aussi égare. L'œil se perd dans la multitude des titres signalés, en particulier lorsque chaque automne amène la même inflation de titres, déplorée hypocritement par tous les partenaires de la chaîne du livre, sans que quiconque modifie ses pratiques : l'éditeur dit que les parutions hors rentrée littéraire ne sont pas soutenues par la presse et qu'il est bien obligé de concentrer ses publications, le critique dit que l'automne tourne à la folie, les libraires crient à l'asphyxie, le discours est connu, trop connu.

De plus, les ouvrages des petites maisons d'édition sont signalés avec un certain décalage, ce qui ne favorise pas la connaissance de ce secteur, ni la prise de décision et l'achat réel, renforçant encore l'inégalité entre les différents types de production éditoriale.

Le tri que les bibliothécaires doivent effectuer est d'autant plus important que la bibliothèque est considérée et ce, à juste titre, comme un lieu de références pour les usagers. Un lieu culturel, dont la fréquentation est valorisante. Les documents qu'elle contient acquièrent donc *ipso facto* la même réputation culturelle. Stendhal n'est jamais loin de Steel, topologiquement et, si l'on ose dire, statutairement. Le mélange des genres et des valeurs n'est pas nouveau : il suffit de regarder un catalogue imprimé des années 1930 pour voir que bon nombre d'auteurs, très bien représentés alors, ont complètement disparu. Frondaie, par exemple, qui a été une gloire des lettres avant la Seconde Guerre mondiale, tirant à quelques 40 000 exemplaires, célèbre pour *L'Homme à l'hispano*, ne figure même plus au catalogue des livres disponibles. Les bibliothécaires gèrent depuis toujours ce genre de question, avec lucidité pour les genres dits mineurs, avec plus d'hésitations pour les auteurs faisant partie de l'*intelligentsia* littéraire. Qui décide de leur valeur ? Suivre le courant (des médias, de la production...) est une tentation, et les repères que nous construisons ainsi pour les lecteurs contribuent à asseoir encore un peu davantage des œuvres qui, dans un contexte différent, passeraient inaperçues. Contrairement à l'idée reçue, le patrimoine que nous constituons est temporel, voire temporaire.

Pour autant, nous avons la conviction de devoir aussi soutenir la création, les petites maisons d'édition, les jeunes auteurs. Ce n'est pas contradictoire, si l'on accepte les missions dévolues à la bibliothèque publique, mais ce n'est pas facile. D'abord parce que la création, par définition, est novatrice, et que ni les lecteurs ni les bibliothécaires ne savent forcément reconnaître et accepter la novation à son apparition. Ensuite parce que les mots « petites maisons d'édition » ne sont pas synonymes de qualité. Petites ou grandes, les maisons d'édition ont les mêmes risques d'erreur, subissent des pressions de même nature pour éditer un auteur et satisfaire leurs partenaires, qu'ils soient financiers ou autres. Enfin, les livres peinant à trouver leur lectorat sont peu empruntés. Alors que les demandes de best-sellers sont exponentielles et jamais satisfaites, il est courageux de vouloir consacrer une partie de moyens toujours trop faibles à des livres qui dorment benoîtement sur les rayons. De plus, nous n'aimons pas le grand écart, entre les livres réputés illisibles de la littérature contemporaine (où sont l'intrigue, l'action, l'émotion dont les lecteurs sont friands ?) et les romans de gare. Entre les deux, une production de bon ton, déclarée de qualité par la presse spécialisée, présente sur les chaînes de télévision, et qui forme le gros de nos achats.

Quant aux jeunes auteurs... Ils sont déjà bien peu soutenus par les éditeurs et subissent un premier filtre terrible pour être édités. Un second pour apparaître sur les tables des libraires, en fonction des critiques obtenues. Comment se situent les bibliothécaires ? Leur traditionnelle prudence trouve là de quoi s'exercer, et sauf succès critique important, les premiers romans ne trouvent guère de place dans les rayons.

Le grand écart est littéralement impossible lorsque l'objectif principal est de satisfaire les demandes courantes, et non de promouvoir les inconnus, la nouveauté, avec tous les risques que cela comporte. Pourtant, quels sont les risques ? Celui d'affirmer que nous connaissons et aimons ces œuvres, que nous les jugeons dignes de figurer dans nos équipements, alors même que peut-être nos proches collègues les refusent... Risque plus réel de se tromper, d'accroître le stock des livres jamais empruntés, et de déséquilibrer les graphiques de rotation des collections, nouvelle bible des bibliothécaires gestionnaires. D'où l'intérêt d'une définition claire de la politique d'acquisition, qui seule permet d'affirmer des orientations, et de relativiser la portée des risques engagés.

La politique d'acquisition, surtout en ce qui concerne la littérature, est trop souvent présentée comme une protection des professionnels face au public, aux élus, ou comme une légitimation des conduites de ces professionnels. Alors qu'au contraire, elle doit ouvrir des pistes, donner de l'élan, conforter des pratiques, en éliminer d'autres. Les équipes d'acquéreurs ont expressément besoin de ce document, fondé sur une réflexion d'équipe, et qui permet une autre lecture de la production comme des fonds. Si les principes fondamentaux qui régissent la bibliothèque ne sont pas affirmés, sur quoi se fondera-t-on pour accepter ou refuser un livre, et quelles explications donnera-t-on aux usagers ?

Cette énorme production dont nous devons sélectionner le meilleur obéit elle aussi à des principes, qui pour n'être pas écrits n'en sont pas moins présents. L'édition est un commerce, on n'aurait garde de l'oublier. Avant d'être des « œuvres », les livres sont des objets manufacturés qui doivent faire gagner de l'argent à des entreprises de plus en plus importantes et internationalisées, soumises à des

Le rôle du Centre national du livre

Le Centre national du livre a pour mission de soutenir par diverses mesures d'aide ou d'incitation la création littéraire en France et l'édition de qualité en général, ainsi que de contribuer à sa diffusion.

Établissement public présidé par le Directeur du livre et de la lecture, le CNL associe étroitement les acteurs du monde du livre à son fonctionnement. Plus de 200 spécialistes – écrivains, universitaires, journalistes, chercheurs, artistes, traducteurs, critiques, éditeurs, libraires, conservateurs, animateurs de la vie littéraire, français et étrangers – composent ainsi les 13 commissions qui se réunissent trois fois par an afin d'étudier les demandes et d'émettre un avis sur l'attribution d'aides aux auteurs, éditeurs, bibliothèques et associations de promotion de la vie littéraire.

Les formes du soutien

Le CNL apporte des soutiens financiers aux *auteurs* de création dans les domaines littéraires (roman, poésie, théâtre, bande dessinée, littérature pour la jeunesse) ; il soutient aussi des auteurs effectuant des recherches dans diverses disciplines.

Le CNL soutient des *éditeurs* portant des projets éditoriaux de qualité, de vente lente, en langue française. Les aides apportées prennent la forme d'avances remboursables sans intérêt ou de subventions. Le CNL peut également soutenir le développement d'entreprises d'édition de qualité.

Le CNL contribue au maintien et au développement d'un réseau de *librairies* traditionnelles assurant la promotion de livres de vente difficile, à rotation lente.

Le CNL peut accompagner un projet de création et d'extension de *bibliothèque*. L'aide du CNL est attribuée sous forme de crédits d'achat de livres et de revues. Elle peut également aider à la création de fonds thématiques.

Le CNL soutient des *revues* culturelles et scientifiques.

Le CNL aide les organismes et collectivités œuvrant à la promotion des écrivains, à la diffusion du livre, au développement de la lecture et à l'animation littéraire.

Enfin, le CNL organise pour le compte du ministère de la Culture et de la Communication la manifestation annuelle *Lire en fête* et contribue à l'invitation et l'accueil d'écrivains étrangers, notamment dans le cadre de la manifestation des *Belles étrangères*.

Le CNL a son siège à l'Hotel d'Avejan à Paris, qui accueille également La Maison des écrivains.

Texte écrit d'après la brochure de présentation du CNL
Adresse : 53 rue de Verneuil, 75343 Paris cedex 07.
Tél. 01 49 54 68 68. Fax : 01 49 54 68 68.
Site web : http://centrenationaldulivre.fr

seuils de rentabilité à deux chiffres. Même si le secteur est moins porteur qu'il ne le fut, les entreprises de communication, propriétaires des maisons d'édition, vont rechercher dans les ouvrages publiés de quoi alimenter leurs productions audiovisuelles et rentabiliser leurs investissements ou plus simplement en tirer quelque brillante image de marque. Cette idée, fort banale, devrait tempérer quelque peu les enthousiasmes : non, ce succès qui se mesure en dizaines de milliers d'exemplaires n'est pas le chef-d'œuvre du siècle, comme le prétend la quatrième de couverture... Non, cet auteur inconnu hier dont la télévision a révélé le visage sympathique n'est pas notre nouveau Balzac... Faux vrais succès, vraie fausse notoriété, toutes les combinaisons sont possibles. Mais comment aider le lecteur, qui croit en nos sélections, qui nous fait confiance, et qui très souvent ne mesure pas l'ampleur de la production, faute de librairie générale à proximité de son domicile. Ce qu'on va lui présenter est pour lui LA production. Sauf s'il est un fervent admirateur de Leiris et donc sachant ce qu'il veut, ou un inconditionnel de la SF (auquel cas il en saura 100 fois plus que nous !), il vient à la bibliothèque à la recherche de livres « bien » à lire, c'est-à-dire susceptibles de lui plaire.

Ces inquiétudes sur la valeur réelle des ouvrages ne doivent pas non plus masquer l'autre aspect de la production, le plus intéressant pour nous. Certes, il y a souvent manipulation sur la qualité, pour des raisons économiques. Mais il y a aussi le travail des éditeurs, des directeurs littéraires, qui construisent des catalogues sur le long terme, patients découvreurs de talents, et qu'il importe de connaître. Ce sont eux qui donnent sa couleur à une maison d'édition. Ce sont eux qui édifient le « capital confiance » indispensable dans la relation entre acquéreurs et édition. Ces éléments de la vie littéraire sont aisément perceptibles lors de rencontres avec les écrivains, ce que, peu ou prou, tous les bibliothécaires organisent dans leurs équipements. Dès le premier contact avec la maison d'édition, le plus souvent par l'intermédiaire des attachés de presse ou des directeurs de collection, on découvre ce tissage de relations, d'estime et de soutien qui entourent les auteurs. On apprend à aimer les textes, et non à être dans la défiance, à suivre les écrivains, chaleureusement.

Cela devrait encourager les bibliothécaires à la découverte et au soutien des auteurs. Si un éditeur consent le sacrifice financier que représente la publication de certains livres, pourquoi ne pourrions-nous pas manifester ce même soutien à travers nos sélections et aider à leur succès ? Ce soutien peut aussi se manifester par quelques abonnements à des revues littéraires (à ne pas confondre avec les périodiques de critiques littéraires), car elles contribuent à la connaissance des auteurs, en publiant des textes inédits et des auteurs encore peu connus.

Enfin, on ne peut oublier, même s'agissant de la littérature, que les bibliothèques deviennent médiathèques, et que les différents supports ont toute leur place dans la définition de la politique d'acquisition de fonds littéraires. La vidéo, le disque, le cédérom complètent et diversifient les collections, par des apports d'un autre ordre que l'imprimé, et que l'on ne saurait confondre avec lui. Ils ne remplacent pas le livre, mais ils offrent des compléments d'informations et de connaissances dont on aurait tort de se priver. Écouter un enregistrement de la voix d'Antonin Artaud ne dispense pas de la lecture de ses œuvres, mais procure une approche vivante, voire émouvante...

Définir des critères d'acquisition

Est-ce nécessaire, est-ce possible ? Et quels critères, en sachant qu'en matière d'approche de la littérature, il ne peut y avoir de recettes toutes faites.

Mais distinguons. En ce qui concerne les achats de littérature classique, fondés sur des besoins connus, il n'y a pas de raisons de discuter, au moins pour les choix des titres, la question du nombre d'exemplaires étant plus compliquée. Les demandes des lycéens, collégiens, étudiants, sont claires et les devoirs de la bibliothèque aussi. On sait jusqu'à quel niveau on peut intervenir, c'est-à-dire si on doit tenir compte des étudiants en DEUG, en licence, en maîtrise, des programmes du Capes, etc. La politique documentaire de l'établissement est définie dans le cadre de la charte des acquisitions et varie naturellement d'une ville à une autre. La question est beaucoup plus floue pour les œuvres contemporaines, romans, essais, théâtre ou poésie. Elle ne devrait pas l'être, certes, mais on entend toujours le même type de réflexion dans les équipes d'acquéreurs : c'est une affaire de goût, c'est personnel, en bref, « c'est selon »...

Les principes de base, incontournables, sur lesquels prendront appui les décisions d'acquisition, sont pourtant les mêmes que pour les autres types de collection : connaître la nature des missions dévolues à la bibliothèque et connaître le public. Mais aussi connaître les orientations générales du plan de développement des collections... Connaître l'état de la collection... Connaître son usage...

Sur ces bases viendront se greffer les principaux éléments d'analyse que l'on peut normalement être à même de définir, qui touchent à l'écrivain, l'éditeur, la collection, le genre, l'écriture, la critique littéraire, le public visé, sans oublier les prix littéraires, le nombre de pages du livre, la réédition, la demande d'un lecteur. Ces informations croisées avec ce que nous savons de nos missions, de nos publics, de nos objectifs, de l'état des collections et du budget permettent dans la plupart des cas de donner une réponse claire à la proposition d'acquisition.

Ces méthodes de gestion tout à fait nécessaires ne sont pas encore mises en place partout, faute de moyens humains et/ou techniques. Faute d'en ressentir la nécessité peut-être.

Même si on ne peut conduire la démarche jusqu'à son terme, on peut poser quelques jalons relevant simplement d'une réflexion collective et d'un modeste travail de collecte d'informations. Par exemple, on peut commencer à approfondir la question des publics. Connaître ceux qui fréquentent l'établissement, bien sûr, mais aussi les autres. Ceux que l'on voudrait toucher, en cherchant à comprendre pourquoi ils ne viennent pas, au-delà des contingences matérielles (horaires, éloignement...) et sur quelles bases on voudrait les faire venir. Réfléchir également aux différents types de public pour lesquels il est nécessaire de procéder à des acquisitions particulières, comme les adolescents, qui sont les mal servis de nos équipements ou les personnes âgées, etc. Analyser les emprunts, même superficiellement, en les comparant aux grandes masses des collections et aux acquisitions des années précédentes. De même, on peut affiner les répartitions budgétaires, y compris sur les genres, les littératures étrangères ou les équilibres centrale/annexes.

Ces réflexions et ces prévisions ont une incidence directe sur les acquisitions. Même si l'on n'est pas en mesure d'écrire une charte d'acquisition élaborée, même si un plan de développement des collections est une notion qui reste lointaine, ces premières approches de théorisation des pratiques donnent un éclairage qui aura pour conséquence de faire tomber une bonne partie des incertitudes sur la valeur réelle ou supposée des livres, sur la nécessité d'acquérir ou pas la dernière coqueluche de l'année, ou la rareté poétique.

Enfin, il est nécessaire de comprendre les pratiques littéraires, du côté de l'édition et du côté des critiques. La seule lecture de *Livres Hebdo* est une source de renseignements inépuisable sur la vie de l'édition. À condition de savoir décrypter, lire entre les lignes, comprendre ce que veut dire une information lapidaire dans la rubrique « les gens ».

Il est nécessaire d'apprendre à lire les statistiques de production et à en tirer des conclusions pratiques : comparer par genres le nombre de titres publiés et le nombre de titres acquis par la bibliothèque... Même comparaison avec les titres publiés par éditeur. Cela permet de vérifier si les orientations de principe sont suivies d'effet. Par exemple lorsque l'on constate que le nombre de premiers romans acquis est infinitésimal, ou que les romans de tel éditeur de recherche ne figurent qu'à peine dans le catalogue, on peut penser que notre volonté de soutenir la création n'est que de façade. Encore faut-il faire ce travail précis d'enquête.

Cette analyse est à conduire aussi du côté de la critique littéraire. Beaucoup s'accordent à dire que la critique n'est pas fiable, parce que les critiques étant souvent eux-mêmes écrivains, employés des maisons d'édition, voire membres de jurys littéraires, ils ont des positions ambiguës de « copinage » et de renvois d'ascenseur. C'est souvent vrai. On sait bien que les chroniques de journaux n'ont pas les mêmes pôles d'intérêts que les bibliothécaires, ne visent pas les mêmes publics, et donc ne répondent pas aux mêmes attentes. Le commercial et le culturel tout à la fois gouvernent les pages livres des périodiques. Les impératifs économiques peuvent avoir des incidences directes sur les sélections. Le critique est rarement sévère avec un ouvrage publié dans une maison appartenant au même groupe financier ou écrit par un auteur qui est son voisin dans un jury littéraire. Le petit univers de la critique littéraire n'échappe pas au jeu complexe des relations humaines ni aux lois de l'économie. Mais aux bibliothécaires de devenir eux-mêmes de bons analystes de critiques ! On apprend vite à repérer les pratiques douteuses et à savoir à qui accorder notre confiance. Les critiques, comme les bibliothécaires, ont des compétences, des spécialisations, des goûts, et lorsqu'ils défendent un auteur, ils ne le font pas seulement dans un esprit de chapelle.

Contrairement aux idées reçues, tout le monde ne parle pas en même temps des mêmes livres. Une lecture superficielle de la presse peut le laisser croire, mais seuls dix ou vingt écrivains bénéficient chaque année de l'engouement de la critique. Chaque support de presse a sa ligne éditoriale. Il faut donc croiser les sources, faire confiance dans certains cas, et chercher toujours ailleurs plus d'informations : des tables des libraires aux concertations des professionnels, des chroniques mensuelles (ou trimestrielles) dans une revue d'idées aux suggestions de lecteurs. Les moyens ne manquent pas, seule la disponibilité des équipes fait trop souvent défaut. Les suggestions de lecteurs doivent être traitées avec beaucoup d'attention : ce lien direct et ténu avec nos usagers est révélateur de leurs attentes comme des lacunes de la bibliothèque. Il ne saurait être question de donner raison à toutes, mais elles permettent d'instaurer un dialogue souvent utile pour mieux cerner les attentes.

Enfin, il n'est pas inutile de rappeler l'importance de la formation continue pour éviter que les compétences des acquéreurs ne reposent que sur leur seule bonne volonté. Les stages ou autres formations ne sont jamais du temps et de l'argent perdus et sont profitables à l'équipe entière, de même que les rencontres littéraires ou les journées d'étude d'organismes spécialisés.

L'offre par le classement

L'ordre historique et quasiment immuable des bibliothèques publiques est celui de la classification Dewey. Elle impose une approche géographique, de genres, et même chronologique si on suit jusqu'au bout sa logique. Cette approche a long-temps aidé les bibliothécaires. C'était un monde clair, qui permettait une vision très structurée de la littérature, même si bien souvent on se permettait une entorse majeure : les romans contemporains classés sous la lettre « R », y compris les romans étrangers. Mais la poésie, le théâtre, les essais, les œuvres classiques, étaient traités selon les règles en vigueur. C'est ainsi que les œuvres de Virginia Woolf ou de Victor Hugo sont classées à 7 ou 8 cotes différentes, le journal intime ne frayant ni avec le théâtre ni avec les essais ! et qu'on ne pouvait pas trouver les grands romans du XIXe siècle avec les autres œuvres de fiction. C'était très efficace pour les bibliothécaires. Mais le lecteur à la recherche des pièces de Shakespeare s'entendait répondre : « cote 822.33 » sans un instant d'hésitation.

Cette vision structurée de l'espace littéraire correspondait aussi au lectorat, souvent lettré, cultivé, capable de surmonter les difficultés de la Dewey, et pour qui la nationalité de Henry James, par exemple, ne posait pas de problème.

Mais les bibliothèques et leur public ayant changé, cela a entraîné une modifi-cation des politiques d'accès aux collections, dont nous n'avons sans doute encore vu que les prémices. Aujourd'hui, un certain nombre d'établissements ont fait des choix de classement de la littérature totalement différents, à la satisfaction, sem-ble-t-il, du public. Se côtoient désormais, dans une solidarité de genre et sans distinction de nationalité, tous les textes dits littéraires. Les œuvres sont enfin rassemblées, Virginia Woolf a retrouvé son journal et Henry James n'oscille plus entre l'Angleterre et les États-Unis. Mieux même, les ouvrages biographiques ou les essais critiques ont suivi la même voie, et le *Proust* de Painter voisine avec les œuvres de son modèle.

Le classement a des avantages incontestables : simplification des recherches, vision plus globale des auteurs, découverte des textes moins connus, les biblio-thécaires interrogés ne reviendraient pour rien au monde à l'ancien système, même si certains reconnaissent *mezzo vocce* que c'est quelquefois un peu compliqué à gérer : le *Proust* de Painter voisine aussi avec des auteurs beaucoup plus obscurs, entrés dans les collections à la faveur d'actualités plus ou moins contestables. Ceux qui étaient rassurés par l'ancienne échelle de valeur, qui rangeait la littérature (la vraie littérature...) en 800 et les romans contemporains sous la cote « R » sont déstabilisés par cet immense melting-pot.

Il faut choisir entre une Dewey classique, plus ou moins aménagée, et une approche plus globale reniant apparemment les vieilles méthodes. Encore une fois, ces choix sont des choix d'équipe, où tous sont concernés, et le système fonctionne toujours bien lorsque les décisions ont été négociées ensemble.

Cependant, il faut ajouter que la Dewey n'est jamais tout à fait abandonnée : elle retrouve son utilité grâce à l'informatique, en permettant des recherches très fines par genre ou par pays. Comment autrement pourrait-on retrouver par exemple une liste des poètes italiens appartenant au fonds de la bibliothèque ? C'est un effet heureux de l'informatisation des fonds que de permettre cette simplification de l'approche des collections par le public tout en conservant la richesse des classifications systématiques.

Pour autant, les anciens systèmes ne déméritent pas. Les partisans de la tradition assument leur choix, soit pour des raisons théoriques, soit pour des raisons de place. Il est plus facile en effet de bouleverser les collections dans les établissements récents, où les espaces nécessaires ont été calculés dans un cahier des charges précis, que dans les vieilles bibliothèques qui ont dû s'adapter à des lieux qui n'étaient pas conçus pour accueillir des collections et du public.

Certes, il y avait un certain charme intellectuel à retrouver d'un seul coup d'œil toute la poésie française ou le théâtre élisabéthain... Mais il y a un réel bonheur à découvrir par hasard que Georges Perros est aussi l'auteur d'une volumineuse correspondance... On peut dire également, dans le cas d'une classification traditionnelle, que le lecteur découvre l'ampleur des richesses du fonds, l'étendue de la collection sur tel ou tel sujet, sans devoir connaître obligatoirement tous les auteurs concernés. On ne peut objectivement opposer systématiquement les deux manières de faire. On voit actuellement se développer des solutions intermédiaires, à l'aide d'une cote supplémentaire, rendant chaque ouvrage à son origine (P pour poésie, T pour théâtre, E pour essais, etc.), ce qui tendrait à prouver que la réunion de tous les genres a besoin malgré tout de quelques repères pour introduire une espèce de sous-classification. Le lecteur, averti tout de même ! furetant dans les rayons, pourra opérer ainsi une première sélection.

Dans les fonds traditionnels de romans, on a besoin des mêmes procédés pour différencier les ouvrages. Romans policiers, de science-fiction, sentimentaux, autant de genres qui font l'objet de recherches précises de la part des lecteurs. On ne trompe pas les amateurs ! et les longues séances de recherches dans les rayons les rebutent souvent. Certains bibliothécaires ont donc inventé des signalétiques complémentaires, alphabétiques ou de couleurs, pour désigner les genres. Le système est bien connu des sections jeunesse. Le seul reproche que l'on pourrait lui faire, surtout si on a l'esprit chagrin, est d'introduire des modes de recherches qui sont propres à l'établissement, personnalisés, et non utilisables partout. Est-ce au lecteur de s'adapter ? La réponse, encore une fois, est liée à la politique générale de la bibliothèque.

Conservation et élimination

Le désherbage est entré dans nos mœurs depuis quelques années, et tout ceux qui ont mis en œuvre ces grandes opérations de rajeunissement des collections en sont satisfaits. C'est particulièrement vrai en ce qui concerne la littérature, facilement frappée d'un vieillissement accéléré. Comme exprimé plus haut, la littérature qui n'obéit qu'au seul critère de remplissage des programmes de publication pour assurer de la trésorerie ou pour se plier aux phénomènes de mode n'a aucune raison de survivre. La difficulté est de définir des critères d'élimination qui ne soient pas fondés sur des approches trop personnalisées, et qui tiennent compte de l'histoire de l'édition, de l'histoire littéraire et de la notoriété des auteurs. Sans oublier le taux de rotation des livres, qui est une indication importante de l'intérêt qu'ils suscitent auprès des lecteurs. Mais cette donnée est aussi à manier avec prudence : certains titres ont et auront encore longtemps une rotation lente, très lente, comme en librairie. Or, la librairie aujourd'hui peut de moins en moins assurer la gestion de ces stocks quasi immobiles. La bibliothèque publique le peut encore, en principe et pour des raisons différentes, en raison de ses missions patrimoniales. Je dis « en principe », car à ce sujet, deux forces assez contradictoires s'affrontent, dont on ne sait qui aura le dernier mot. Le désir légitime des bibliothécaires de montrer des fonds attrayants, vivants, collés à l'actualité, oblige à des éliminations sévères. Si sévères que certains auteurs sont en train de disparaître, faute du soutien des professionnels et faute de lecteurs. Doit-on le regretter ? On peut répondre négativement, et penser qu'il y a là une loi inexorable d'élimination presque naturelle, qui veut que les œuvres ne vivent que si les lecteurs s'en emparent. Mais on peut aussi penser que s'il a fallu quelques dizaines d'années pour que le recueil *Alcools* d'Apollinaire soit vendu à 960 exemplaires, il faut bien donner un peu de temps à Louis-René Des Forêts ou à Pierre Michon pour trouver leur lectorat... La responsabilité de la bibliothèque publique est réelle en termes de mémoire et de construction du patrimoine (mais bien entendu cette responsabilité n'est pas identique selon la taille des équipements et les missions qui leur sont confiées). Or le lectorat des œuvres dites « rares » se constitue lentement, et sera de toutes façons toujours inférieur en nombre à celui des best-sellers. Refuser ces rotations à plusieurs vitesses, c'est s'imaginer que la littérature est un bloc homogène, sans échelle historique ni de valeur, ce que tout lecteur, même moyen, sait très bien.

Les éliminations, rendues nécessaires par des décennies de conservation automatique, peuvent avoir, si l'on n'y prend garde, des aspects redoutables. On voit disparaître une bonne partie de notre histoire littéraire récente, à travers des auteurs, vivants ou morts, qui ne bénéficient plus d'une renommée d'actualité, tombés peu à peu dans un oubli de bon aloi. Perte de mémoire sèche pour la collectivité, perte de racines.

Imaginons donc que, par devoir (mission patrimoniale et de mémoire) et par raison (rotation différente des auteurs), les bibliothécaires acceptent que certains auteurs continuent à figurer dans les catalogues. Certains... mais lesquels ? Et parmi ceux-ci, quels titres ?

Il n'y a malheureusement pas de réponses toutes faites, ce qui serait bien commode pour les professionnels. Mais ne risquons pas le « c'est selon » qui gouverne (ou gouverna, dans des temps anciens...) trop souvent les acquisitions. Les observations formulées pour les achats valent pour les éliminations. À condition de préciser les raisons qui amènent à conserver un auteur, et en mettant en place une véritable politique de conservation, si l'établissement a cette vocation, ou une véritable politique de soutien. Surseoir à une élimination faute de certitudes n'arrange rien, pas plus que la mise en réserve provisoire qui n'est qu'un mouroir lent. Construire une cohérence générale des fonds doit être un des buts des éliminations.

Mise en valeur

Quelques réponses aux préoccupations exprimées ci-dessus pourraient être formulées grâce à une politique de valorisation des collections littéraires. Les bibliothécaires ont une longue pratique des tables de nouveautés, des sélections thématiques rapides à propos d'événements ou d'anniversaires et qui sont le b-a-ba du quotidien. Une attention particulière peut être apportée à la présentation de la littérature et, seulement, sous l'angle flatteur de la nouveauté. Il s'agit de donner une visibilité aux choix effectués, choix quelquefois difficiles, risqués, et qu'il est indispensable de montrer physiquement, pour éviter leur disparition dans la masse de la collection. Les auteurs connus ne disparaissent pas : les repères existent, celui du nom, de l'éditeur, de la place occupée sur les rayons, que l'on peut calculer pour certains en mètres linéaires. Mais les nouveaux, ceux qui sont encore anonymes, les petits éditeurs ont besoin de cet éclairage. Les libraries opèrent des distinctions dans les livres présentés, par thème, par type de littérature et d'éditeur. Cela permet de donner une meilleure lecture des collections, d'encourager une approche sélective qui provoque la curiosité et l'envie de lire. Mais il faut que ces présentations ne soient pas éphémères et que les constantes soient sensibles.

Autre pôle important de la mise en valeur des collections, celui du travail bibliographique engagé sur les fonds qui peut être source de réflexions, et de décisions pratiques, tant pour les acquisitions que pour les éliminations.

Les fonds sont un vaste fourre-tout, on l'a dit et on le sait ! Il s'agit donc d'ouvrir des pistes exploitables par les lecteurs, afin de favoriser la découverte et de faire lire des auteurs oubliés ou des littératures mal connues. L'idéal est de créer des liens entre les différents fonds : conserver les quatre volumes du *Journal de Cosima Wagner* prend davantage de sens si les ouvrages sont présentés lors de sélections discographiques sur les opéras.

La pratique courante des bibliographies thématiques impose en conséquence des fonds intellectuellement riches. Les confluences existent, en permanence. L'art africain et Michel Leiris, les guides de voyages et Nicolas Bouvier, l'histoire de la guerre froide et la littérature soviétique, etc. Tout est à construire, au-delà de ces exemples évidents. Nous savons mettre en valeur le roman policier, c'est un peu un classique de nos savoir-faire, mais on trouve des thèmes plus rarement exploités comme la musique, le temps ou la nuit dans la littérature. Cela donne des sélections surprenantes, qui sont des invites à la découverte.

Encore faut-il avoir conservé les livres nécessaires. La constitution de beaux fonds passe par les filtres des acquisitions et des éliminations successives et par ces mises en valeur du « premier degré », liées à l'exercice de notre métier, les bibliographies. Certaines bibliothèques en produisent qui font autorité. Ces actions de prestige ne doivent pas effrayer : il n'y a pas dans toutes les bibliothèques des bibliographes avertis, incollables sur l'histoire de l'édition et des idées. Mais mêmes modestes, les sélections ouvrent toujours des portes et justifient les acquisitions. Chaque équipement entreprend, avec ses seules forces ou en les mutualisant avec d'autres organismes, ce qu'il est à même de conduire. La vitalité d'une bibliothèque se mesure à cet engagement vis-à-vis de ses fonds, qui sont uniques, vis-à-vis de ses publics, qui sont particuliers, et non à l'aulne de pratiques standardisées.

En effet, le premier danger qui guette les fonds de littérature est la standardisation, l'uniformisation. Les beaux fonds, ceux qui ont une couleur, une densité, sont ceux qui contiennent un certain mystère. On va y rencontrer des lignes de force, des résistances, des motifs de surprise et des incitations à la découverte. La diversité de la production doit inciter les professionnels à sortir des sentiers battus et à construire des collections diversifiées. Pas seulement pour répondre aux attentes supposées des différentes catégories de lecteurs. C'est une question de politique de l'offre, et même de politique culturelle. La bibliothèque n'est pas le réceptacle d'une production hégémonique, elle est une force : les fonds littéraires nécessitent un engagement intellectuel des bibliothécaires, eux-mêmes lecteurs et avertis de la complexité des mouvements qui s'opèrent constamment entre acquisitions/éliminations/mise en valeur/emprunts. Autant dire que la tâche est rude et que la problématique est la même quelle que soit la taille de la bibliothèque.

Madeleine DELOULE,
Directrice de la bibliothèque municipale de Saint-Denis

QUELQUES RÉFÉRENCES THÉORIQUES ET PRATIQUES

« Acquisitions et gestion des collections », *Bulletin d'informations de l'Association des bibliothé-caires français*, n° 189, 4ᵉ trimestre 2000.

BARTHES Roland, *Le Plaisir du texte*, Paris, Seuil, 2000.

CALENGE Bertrand, *Les Politiques d'acquisition : constituer une collection dans une bibliothèque*, Paris, Éditions du Cercle de la Librairie, « Collection Bibliothèques », 1994.

CERTEAU Michel de, « Lire, un braconnage », in *L'Invention du quotidien*, UGE, T. 1, *Arts de faire*.

« Comment définir le pluralisme des collections », *La Gazette des Communes*, 15 janvier 1999.

Conseil supérieur des bibliothèques. Rapport pour les années 1997-1998.

DELOULE Madeleine, « Choisir les romans. Une enquête auprès de dix bibliothèques publiques », *Bulletin des bibliothèques de France*, n° 4, 1988.

DELOULE Madeleine, « La nouveauté romanesque dans les bibliothèques ». *Bulletin d'informations de l'Association des bibliothécaires français*, n° 161, 4ᵉ trimestre 1993.

ESCARPIT Robert, *Le Littéraire et le Social*, Paris, Flammarion, 1977.

ESCARPIT Robert, *Sociologie de la littérature*, Paris, PUF, « Que Sais-Je ? », n° 777.

FREUD Sigmund, *L'Inquiétante Étrangeté et autres essais*, Paris, Gallimard, « Folio », 1991.

GAUTIER-GENTES J.-L., « Lettre ouverte à un jeune bibliothécaire sur le pluralisme des collections », *Esprit*, n° 2, 1998.

KUNDERA Milan, *L'Art du roman*, Paris, Gallimard, 1995.

LADOR Pierre-Yves, *Le Rat, la Célestine et le Bibliothécaire*, Paris, L'Âge d'homme, 1985.

PARMENTIER Patrick, « Bon ou mauvais genre : la classification des lectures et le classement des lecteurs », *Bulletin des bibliothèques de France*, n° 3, 1986.

PARMENTIER Patrick, « Les rayons de la bibliothèque ou comment on fait son miel », *Bulletin des bibliothèques de France*, n° 1, 1985.

PICARD Michel, *La Lecture comme jeu*, Paris, Éditions de Minuit, 1986.

RIVIÈRE François, *Un personnage de romans*, Paris, Horay, 1987.

ROBERT Marthe, *La Vérité littéraire*, Paris, Grasset, 1981.

ROBERT Marthe, *Roman des origines et origines du roman*, Paris, Gallimard, 1976.

WOOLF Virginia, *L'Art du roman*, Paris, Seuil, 1979.

La littérature contemporaine
en bibliothèque d'étude :
l'exemple de la littérature française
à la Bibliothèque nationale de France

> Il y a toujours une intimidation par la modernité, qu'on ne peut pas éviter.
> La novation est intimidante, parce qu'on a peur de manquer
> ce qu'il peut y avoir d'important en elle. Mais on devrait, là aussi, être objectif,
> et penser que la modernité la plus actuelle comporte ses propres déchets ;
> la modernité livre pêle-mêle le déchet, l'expérience, peut-être une œuvre future.
> Il faut en prendre son parti et défendre la modernité dans son ensemble,
> en assumant la part de déchet qu'elle comporte inévitablement,
> et que nous ne pouvons pas évaluer exactement maintenant.
> Il faut avoir une attitude de disponibilité.
>
> Roland BARTHES[1]

Du principe de Réalité

Roland Barthes décrit la bibliothèque comme le lieu d'une rencontre par nature frustrante du lecteur avec le Réel[2]. Pour le bibliothécaire, définir une politique d'acquisition concernant la littérature contemporaine dans une bibliothèque d'étude c'est aussi affronter le principe de Réalité. Le public d'une bibliothèque d'étude, en effet, qu'il s'agisse d'une bibliothèque universitaire, d'une bibliothèque spécialisée ou d'un établissement ouvert à tous, comme la Bibliothèque publique d'information ou la Bibliothèque nationale de France, est par définition très majoritairement composé d'étudiants, d'enseignants et de chercheurs, qui s'y rendent

---

1. Roland Barthes, Dialogue avec Maurice Nadeau dans l'émission *Dialogues*, France-Culture, 13 mars 1974. Repris dans les *Œuvres complètes*, tome III : 1974-1980, Paris, Seuil, 1995, pp. 62-63.
2. « Tendanciellement, le livre désiré n'y est jamais, cependant qu'un autre livre vous est proposé : la bibliothèque est l'espace des substituts de désir ; face à l'aventure du lire, elle est le réel, en ce qu'elle rappelle à l'ordre le Désir : pour tirer plaisir, comblement, jouissance d'une Bibliothèque, le sujet doit renoncer à l'effusion de son Imaginaire ; il doit avoir fait son Œdipe », Roland Barthes, « Sur la lecture », *Writing Conference* de Luchon, 1975, *Le Bruissement de la langue*, Paris, Seuil, 1984, p. 41. Repris dans les *Œuvres complètes*, tome III, *op. cit.*, pp. 377-384.

essentiellement dans le but de mener à bien un travail précis ou d'approfondir leurs connaissances concernant un sujet ou un auteur. La mission d'une bibliothèque d'étude est donc avant toute chose, en matière de littérature, d'offrir à son public les œuvres des auteurs étudiés à l'université (éventuellement au lycée), ainsi que des ouvrages critiques généraux ou portant sur ces œuvres (monographies, revues universitaires, thèses publiées ou non...). Les écrivains contemporains qui font l'objet de cours, d'ouvrages ou d'articles (les nouveaux romanciers, par exemple, ou encore Sollers, Gracq, Le Clézio, Modiano, Ernaux), sont en quelque sorte déjà considérés comme des « classiques » de la littérature française, et font de ce fait l'objet du même traitement.

Il est en revanche beaucoup moins évident que le rôle d'une bibliothèque d'étude soit de proposer les œuvres des auteurs les plus immédiatement contemporains, qui, quel que soit leur type d'écriture (de la poésie d'avant-garde à la science-fiction), ne sont pas (encore ?) étudiés à l'université. Il peut même sembler à certains contraire à sa mission de « dilapider » des budgets et des mètres linéaires qui sont par là même retirés à des ouvrages considérés comme plus utiles, pour acquérir des livres qui ne seront pas consultés par son public, et que celui-ci pourrait aisément trouver, s'il souhaite les emprunter, dans la bibliothèque municipale la plus proche de son domicile. Aussi la plupart des bibliothèques universitaires, souvent limitées par des budgets assez serrés, sont-elles assez pauvres en littérature très contemporaine.

Dans le cas de la Bibliothèque nationale de France, la question de la littérature contemporaine française se pose essentiellement en libre accès dans la mesure où les collections des magasins sont couvertes par le dépôt légal. Au moment d'entreprendre la constitution *ex nihilo* des collections proposées aujourd'hui dans les salles de lecture de littérature française, la Bibliothèque nationale de France, soucieuse de s'assurer de l'adéquation entre son offre et la demande de ses utilisateurs, réunit en décembre 1992 une Commission d'acquisitions composée d'universitaires aux spécialités littéraires variées. Or le rapport de cette commission, qui dresse une typologie des ouvrages nécessaires, ne mentionne quasiment pas les écrivains contemporains, ce qui montre bien que leur présence n'est pas ressentie comme prioritaire par la majorité des futurs lecteurs de l'établissement : il est simplement dit du « haut-de-jardin » qu'il « doit se doter d'une large représentativité de la production littéraire du XXᵉ siècle ».

La *Charte documentaire* rédigée en 1993 dans le but de définir et de formaliser des objectifs d'acquisition de la Bibliothèque nationale de France demeure également assez prudente, mais précise toutefois un objectif concernant la littérature contemporaine : la représenter essentiellement au « niveau Référence » (renommé depuis le « haut-de-jardin ») : « au niveau Recherche [...] l'accent sera mis notamment sur les siècles qui, à la B.N., font pour le moment l'objet de la majorité des recherches (Antiquité, Moyen Âge, XVIᵉ, XVIIᵉ, XVIIIᵉ, XIXᵉ) [...] au niveau Référence [...] l'offre sera plus résolument tournée vers le domaine contemporain, en s'efforçant de présenter une sélection des tendances de la création contemporaine, par le biais des revues souvent bien adaptées à ce but ». Cette différence de traitement entre les collections du libre accès destiné aux chercheurs et celles

réunies pour l'usage d'un public plus varié transparaît dans les chiffres : en
« rez-de-jardin », environ 10 300 volumes, sur 22 600 volumes pour la totalité des
littératures française et d'expression française, sont consacrés au XXᵉ siècle français
et francophone, soit 45 % ; en « haut-de-jardin », environ 14 700 sur 26 500, soit
55 %. Dans un cas comme dans l'autre, ces chiffres sont importants, et, même
s'ils concernent la totalité du XXᵉ siècle, suffisent à montrer que la littérature
contemporaine n'a pas été oubliée. Au moment de choisir les écrivains du XXᵉ siècle
qui seront représentés, les critères de sélection sont par ailleurs plus stricts au
niveau destiné aux chercheurs : on trouve à ce jour environ 800 écrivains du
vingtième siècle en « haut-de-jardin » pour 400 en « rez-de-jardin », le principal
critère discriminant étant l'existence de publications critiques, sous forme de
monographies ou d'articles publiés dans des revues universitaires.

Cette décision de représenter assez largement la littérature française et d'expression française contemporaine en libre accès a notamment pour but d'aller au
devant des attentes d'un public potentiel : s'il est vrai que les collections font le
public tout autant que le public détermine les collections, la Bibliothèque nationale
de France se doit de ne pas négliger, même si elle demeure très minoritaire et
surtout très difficile à cerner et à définir, la part non universitaire du public du
« haut-de-jardin », voire du « rez-de-jardin ».

Le libre accès, aussi bien en « haut-de-jardin » qu'en « rez-de-jardin », a également un rôle à jouer dans l'enrichissement des habitudes de lecture, plus ou
moins figées, de la catégorie majoritaire que représentent les lecteurs venus pour
l'étude ou la recherche. Une ouverture sur la littérature contemporaine permet
d'offrir au public universitaire le plaisir, qui n'est pas si fréquent, de la découverte,
en lui donnant l'occasion de trouver au hasard d'un butinage autre chose que ce
qu'il est venu chercher ou que ce qui est directement utile à son travail. Une
récente enquête sur les publics de la Bibliothèque nationale de France[1] met ainsi
en évidence le fait que les pratiques des lecteurs venus mener à bien un travail
précis peuvent varier selon les moments. Plusieurs d'entre eux déclarent s'accorder
de temps à autre une pause durant laquelle ils découvrent les ouvrages du libre
accès dans une démarche décrite comme ludique, au sens le plus noble de ce
terme, voire presque magique, puisqu'en partie livrée au hasard. Butinage et
feuilletage sont tantôt l'occasion de relancer une recherche, tantôt le moment du
repos du chercheur, qui, en se levant pour parcourir les rayons, se détend et se
distrait d'un travail trop absorbant, tout en n'ayant pas l'impression de perdre son
temps. Un doctorant déclare dans cette enquête ainsi avoir « découvert un nombre
de romanciers qu'[il] ne soupçonnai[t] pas » pendant ces pauses. Cette possibilité
de surprise est d'autant plus importante que trop d'universitaires, même littéraires,
semblent aujourd'hui lire assez peu les écrivains contemporains.

Plus important peut-être, la présence d'écrivains qui ne sont pas encore des
objets d'étude aura toutes chances de susciter chez certains étudiants ou certains
enseignants l'envie de s'attacher à de nouveaux objets, de stimuler leur intérêt

---

1. Enquête SCP sur la satisfaction des publics, 2000.

pour des genres ou des écritures atypiques, d'engendrer de nouvelles problématiques sur la littérature populaire, les lettres francophones ou la jeune poésie française. Il s'agit d'ailleurs plutôt d'accompagner le mouvement actuel d'ouverture de l'université sur le contemporain que de véritablement le créer. Les instances universitaires sont en effet de plus en plus intéressées par les littératures contemporaines ou marginales, ne serait-ce qu'en raison du nombre croissant d'étudiants, qui rend nécessaire un renouvellement des sujets traditionnels d'étude : les cours, les maîtrises et les thèses sur les littératures populaires, la science-fiction ou les littératures francophones, par exemple, se multiplient depuis quelques années.

Jusqu'à une date assez récente, il existait de fait assez peu d'ouvrages de référence (de dictionnaires, par exemple) ou de manuels de vulgarisation concernant la période contemporaine. Ils se multiplient depuis quelques années, mais soit s'avèrent très (trop) prudents en se cantonnant aux valeurs sûres, soit donnent lieu à controverse (on peut citer l'exemple du *Dictionnaire des lettres françaises* publié par La Pochothèque sous la direction de Martine Bercot et d'André Guyaux, qui fut retiré pour un temps de la vente). Ceux des universitaires qui s'engagent dans cette voie sont confrontés à des questions spécifiques à ce nouveau domaine : quels types d'approches méthodologiques ou critiques adopter pour rendre compte d'œuvres en train de se faire, et par conséquent susceptibles de se prolonger, de s'interrompre ou de se renier ? Comment se démarquer de la recension journalistique ? Comment, par ailleurs, prendre en compte le recouvrement des discours entre écriture et commentaire universitaire (Jean-Marie Gleize ou Jean-Michel Maulpoix, par exemple, écrivent poèmes et essais), et la confusion des rôles, qui pour être souvent très enrichissante n'en demeure pas moins troublante : certains écrivains sont également professeurs et donnent parfois des cours sur leur œuvre (Glissant, Robbe-Grillet), les auteurs sont présents et participent aux colloques et conférences les concernant (notamment, à Cerisy, Ponge, Simon, Sarraute, etc.), les critiques travaillent *sur* mais aussi souvent *avec* des auteurs vivants (le travail de Philippe Forest sur Philippe Sollers, par exemple).

Adopter une attitude de disponibilité

Une question se pose avec acuité dès lors que l'on souhaite faire une place à la littérature contemporaine : quels écrivains choisir pour la représenter au mieux ? C'est en effet un lieu commun que de dénoncer le caractère pléthorique de la production éditoriale actuelle, fut-elle réduite au seul domaine de la « littérature ». Une politique d'acquisition très sélective sera forcément nécessaire dès lors qu'aussi bien les limites des budgets d'acquisitions que le nombre d'étagères disponibles imposent leur loi, et qu'il convient par ailleurs, dans le cadre d'une bibliothèque d'étude, de ne pas empiéter trop largement sur les métrages destinés à présenter les œuvres d'écrivains plus classiques, dans leurs éditions critiques successives, et la cohorte d'études qui les accompagne (puisque dans ce domaine également l'inflation est parfois de mise). Placé face à cette nécessité de choisir, le bibliothécaire est bien seul, démuni qu'il se trouve de la plupart des sources habituelles, les outils historiques et bibliographiques qui balisent les chemins de la littérature classique.

La subjectivité peut se montrer en la matière bonne conseillère, si l'on en croit Paul Éluard qui, placé en 1947 dans une position comparable à l'heure de constituer son *Anthologie de la poésie française 1818-1918*, affirmait que « le meilleur choix de poèmes est celui que l'on fait pour soi ». Pour lui éviter, toutefois, d'être l'unique conseillère, l'« attitude de disponibilité » que prône Roland Barthes dans la citation qui ouvre cet article est essentielle : disponibilité de chaque instant à toutes les informations, impressions, émotions qui peuvent être glanées lors de lectures, dans les librairies, lors de conférences, colloques, rencontres, lectures publiques, dans la presse, dans les médias, sur Internet. Pour prendre quelques exemples de ces sources protéiformes, citons les deux livraisons de la *Revue de Littérature générale*, deux épais volumes peu coûteux et foisonnants, tenant du manuel de bricolage, qui montraient sans démontrer comment la littérature d'aujourd'hui se construit non plus à partir de messages mais à partir de matériaux et de procédés ; les petits fascicules colorés et réguliers des *Cahiers du Refuge* du Centre international de poésie Marseille, qui fournissent textes, photographies et éléments bio-bibliographiques sur les poètes contemporains d'ici et d'ailleurs ; ou encore, sur la grande toile mondiale, où l'on trouve plus de littérature contemporaine qu'on ne l'imaginerait *a priori*, les sites féconds en découvertes, informations et inédits de François Bon, *Remue.net*[1], ou Patrick Cahuzac, *Inventaire/Invention*[2], parmi tant d'autres.

En tout état de cause, il est nécessaire de faire preuve d'humilité et d'être conscient de l'impossibilité de décider lesquels, parmi les contemporains, marqueront l'histoire littéraire, où les hiérarchies sont mouvantes, et aucune gloire immarcescible. La continuelle réévaluation des écrivains du passé est là pour rappeler l'inanité de tout jugement de valeur et il importe de garder sans cesse présent à l'esprit le caractère éminemment relatif et subjectif des jugements de valeurs actuels. Il est en effet impossible d'évaluer objectivement le niveau culturel d'une œuvre : sa « qualité », loin d'être une propriété intemporelle, intègre un grand nombre de présupposés et de préjugés d'une époque ; son degré de légitimité culturelle ne saurait être défini de manière intrinsèque, indépendamment de ses lecteurs. Toute tentative en ce sens tombe en effet dans le cercle vicieux consistant à définir le niveau de l'œuvre par le niveau de son public[3]. Un auteur de qualité est tout au plus un auteur considéré comme tel par les détenteurs de la légitimité culturelle à un moment donné. La bibliothèque, et *a fortiori* la Bibliothèque

---

1. *http://www.remue.net*.
2. *http://www.inventaire-invention.com*.
3. Comme le montre très bien Patrick Parmentier dans son article : « Lecteurs en tous genres », pp. 125 à 153 dans Martine Poulain (dir.), *Pour une sociologie de la lecture : lecture et lecteurs dans la France contemporaine*, Paris, Éditions du Cercle de la Librairie, 1988, 241 p.

nationale de France, a d'ailleurs sa place dans ce dispositif, comme lieu de perpétuation des critères de légitimité culturelle : le cercle vicieux, toujours...

Tout cela vaut pour les écrivains très médiatisés, dont le renom pourrait n'être qu'un feu de paille, mais également pour ceux qui jouissent dans les cercles autorisés restreints (trop souvent constitués en chapelles) d'une admiration qui pourrait tout aussi bien s'avérer surfaite ou contingente. Une diffusion restreinte, élitaire, paraît souvent le critère de la qualité mais il n'est en rien objectif. De même, associer systématiquement popularité médiatique et qualité médiocre serait céder à la facilité : des auteurs comme Amélie Nothomb, Christine Angot, Michel Houellebecq ou Philippe Delerm, au-delà de leur réussite médiatique, se caractérisent par une écriture qui comporte une véritable spécificité, même si leur réussite conduit certains à les dénigrer.

Chacun s'entendra bien entendu sur l'opportunité de privilégier les écrivains dont l'écriture est la plus travaillée, dans la mesure où ils se prêtent davantage, par leur richesse stylistique, aux analyses proprement littéraires. Toutefois des écritures plus populaires ou plus médiatiques peuvent également être étudiées de manière très fructueuse, dans le cadre d'études thématiques, historiques ou sociologiques.

Tout au long du XXᵉ siècle, dans les milieux littéraires et artistiques, on a souvent considéré la difficulté d'un texte, voire son « illisibilité » supposée ou réelle, comme un critère de qualité, pensant après Marcel Proust[1] que le créateur marquant produit des livres gros d'avenir, qui pour cette raison même demeurent souvent incompris de ses contemporains. Mais, d'une part ce jugement est trop souvent empreint de considérations morales reposant sur l'effort consenti (par l'auteur puis par le lecteur), et d'autre part on est en droit de se demander si ce raisonnement tient encore à l'aube du XXIᵉ siècle : de mouvements en faux mouvements, le XXᵉ siècle a peut-être valorisé de manière excessive la « modernité » puis la « postmodernité » de tout ce qui choque ou bouscule les idées reçues : considérer aujourd'hui certaines provocations (thématiques ou stylistiques) comme gage systématique de qualité devient de plus en plus difficile.

On pourrait considérer que le roman est le genre que la postérité retiendra comme le plus représentatif de notre époque et que c'est lui qu'il convient de mettre en valeur. Mais le statut social et culturel des genres est, on le sait, éminemment variable lui aussi, et l'histoire littéraire a vu nombre d'enterrements ou de résurrections inattendues concernant parfois des genres entiers[2] : ainsi le roman, aujourd'hui souverain, n'a été reconnu comme un genre sérieux par l'Académie

---

1. « De temps en temps il survient un nouvel écrivain original [...]. Ce nouvel écrivain est en général assez fatigant à lire et difficile à comprendre parce qu'il unit les choses par des rapports nouveaux. On suit bien jusqu'à la première moitié de la phrase, mais là on retombe. Et on sent que c'est seulement parce que le nouvel écrivain est plus agile que nous. », Marcel Proust, Préface à *Tendres stocks*, NRF, 1921, 157 p. ; *Contre Sainte-Beuve*, Paris, Gallimard, 1989, « Bibliothèque de la Pléiade », p. 615.
2. Voir par exemple : « Les hiérarchies littéraires » dans Luc Fraisse (dir.), *Revue d'histoire littéraire de la France*, mars-avril 1999, n° 2.

française qu'à la fin du XIXᵉ siècle. Une simple modification du regard critique a souvent permis de découvrir dans des genres considérés comme pauvres des richesses insoupçonnées ; les formalistes russes l'ont montré, la canonisation des procédés de certains genres d'abord considérés comme vulgaires est souvent à la source du renouvellement des genres élevés ; peut-être l'avenir donnera-t-il raison à Borges, qui prédisait que le genre de l'avenir serait le roman policier.

À la Bibliothèque nationale de France, les œuvres contemporaines, comme celles des autres siècles, sont regroupées par corpus d'auteurs mêlant romans, nouvelles, théâtre, poésie, essais, correspondances, entretiens, ainsi que les périodiques et ouvrages critiques. Leur catégorisation par genre n'étant donc aucunement mise en avant, il est parfois utile de fournir aux lecteurs des pistes pour débuter une recherche ou entreprendre des lectures, en rédigeant, par exemple, des bibliographies autour de fonds ou de thèmes spécifiques. Cela a récemment été le cas de la poésie contemporaine, qui est largement représentée à travers un large choix de revues de création (*Doc(k)s, If, Java, Jungle, Nioques, Ralentir travaux, Théodore Balmoral*, etc.), des anthologies, des essais tentant d'inventer un nouvel art poétique (*L'Art poétic* d'Olivier Cadiot, *À quoi bon encore des poètes* ? de Christian Prigent), ou encore les recueils de jeunes poètes tirant la poésie vers des contrées plus ludiques (Pierre Alféri, Katalin Molnar, Yves Di Manno, Pascalle Monnier, Michèle Grangaud). Ce fonds est en outre en renouvellement permanent, par le désherbage et l'ajout de nouveaux corpus, pour faire place à des découvertes récentes : Nathalie Quintane, Charles Pennequin ou Christophe Tarkos.

Au-delà des considérations de genres, une bibliothèque peut choisir soit de privilégier les auteurs dont la notoriété actuelle laisse penser qu'ils marqueront l'histoire littéraire, ou constitue à tout le moins une bonne raison de s'y intéresser en tant que témoins d'une période, soit au contraire tenter de réparer les injustices de la médiatisation, élire des écrivains moins connus ou méconnus, à l'écriture considérée comme plus difficile, moins accessible au grand public. L'une des options retenues lors de la constitution des collections à la Bibliothèque nationale de France était de proposer en libre accès surtout ce qui ne l'est pas ailleurs. Il est en effet assez aisé de se procurer, dans les bibliothèques municipales ou en librairie, pour un coût relativement modique dès lors qu'ils existent en collection de poche, les ouvrages très médiatisés ou « grand-public ». Or il est assez rapidement apparu, à partir notamment des questions et remarques orales recueillies en salle de lecture, ainsi que des demandes d'acquisition écrites, que ce sont justement ces ouvrages qu'une majorité de lecteurs auraient souhaité trouver en matière d'œuvres contemporaines. Il avait ainsi dans un premier temps été décidé de représenter Pierre Alféri ou Medhi Belhaj Kacem plutôt que Jean d'Ormesson ou Henri Troyat ; dans un second temps, cette politique d'acquisition a été infléchie vers un équilibre plus nuancé, un échantillonnage plutôt qu'un juste milieu, une « cohérence plurielle[1] ».

---

1. Dominique Lahary prône ainsi, concernant la lecture publique, une « cohérence plurielle, contra-

... peut-être une œuvre future

La Bibliothèque nationale de France est un établissement éclaté : la littérature contemporaine s'y trouve fragmentée en différents domaines ou types de supports. La responsabilité de représenter au mieux le théâtre incombe à la bibliothèque de l'Arsenal, même si les principaux auteurs sont également représentés dans les salles de lecture du site François-Mitterrand. Il convient également d'évoquer l'effort du département de l'Audiovisuel pour faire de la littérature française contemporaine un de ses pôles d'excellence en tentant de réunir l'essentiel des entretiens, documents et émissions radiophoniques et télévisuels la concernant, qui entrent de plein droit dans les archives de la littérature du XXᵉ siècle. Le département des Estampes et de la Photographie propose aussi de nombreux documents, à commencer par un large choix de recueils poétiques ou non à tirage limité et agrémentés de gravures, tirages photographiques, etc.

La Bibliothèque nationale de France possède, enfin, de nombreux manuscrits d'écrivains du début du XXᵉ siècle (Marcel Proust bien sûr, Colette, Sartre, Simone de Beauvoir, Merleau-Ponty, Georges Bataille, Max Jacob, le journal intime de Romain Rolland, etc.), mais aussi d'écrivains plus proches de nous (Nathalie Sarraute, les archives de Georges Perec à l'Arsenal, Hélène Cixous, Edmond Jabès, Dominique Fernandez, les correspondances de Michel Butor et François Nourissier[1]).

Auprès des écrivains contemporains, la prestigieuse institution qu'est la Bibliothèque nationale de France souffre parfois d'un déficit d'image : elle est plus spontanément associée aux grands noms du passé, et, pour un écrivain contemporain, y imaginer ses manuscrits conservés, à côté de ceux de Pascal, Hugo, Proust ou Valéry, relève à la fois du rêve et du cauchemar. Du Panthéon à l'embaumement, il n'y a que peu de distance et l'établissement conserve une image trop officielle, dont l'intimité de la création s'accommode mal. En outre, demander à un écrivain vivant de se séparer de documents aussi personnels que précieux conserve un parfum peu tentant d'inventaire après décès. Pourtant Hélène Cixous, par exemple, déclare avoir souhaité déposer ses manuscrits à la Bibliothèque nationale de France pour que d'autres lecteurs trouvent ce qu'elle même, en tant que lectrice et critique aime y trouver : les traces du processus de création[2].

---

dictoire, "aventureuse", selon la belle expression de Roger Caillois. Seule cette apparente incohérence est cohérente avec l'enchevêtrement des publics, des usages, des missions, étant entendu que par le pluriel de "publics" on n'entendra pas seulement des groupe socioculturels distincts : un même individu est lui-même des publics », dans « Pour une bibliothèque polyvalente : à propos des best-sellers en bibliothèque publique », *Bulletin d'informations de l'ABF*, nᵒ 189, 2000, pp. 92 à 102.

1. Je renvoie pour davantage de précision au beau numéro de la *Revue de la Bibliothèque nationale de France*, consacré aux « Manuscrits d'écrivains du XXᵉ siècle », nᵒ 6, 2000.

2. « Je veux la forêt avant le livre, la foison de feuilles avant les pages, j'aime la création autant que le créé, non, plus », Hélène Cixous, « Sans arrêt, non, état de dessination, non plutôt : le décollage du bourreau », *Repentirs*, RMN, 1991.

Il faut d'ailleurs se demander si le manuscrit d'écrivain contemporain n'est pas en passe de basculer dans l'archéologie, comme le suggère l'ironique et émouvante déclaration de Julien Gracq :

> En littérature, je n'ai plus de confrères. Dans l'espace d'un demi-siècle, les us et coutumes neufs de la corporation m'ont laissé en arrière un à un au fil des années. J'ignore non seulement l'ordinateur, le CD-Rom et le traitement de texte, mais même la machine à écrire, le livre de poche, et, d'une façon générale, les voies et moyens de promotion modernes qui font prospérer les ouvrages de belles-lettres. Je prends rang, professionnellement, parmi les survivances folkloriques appréciées qu'on signale aux étrangers, auprès du pain Poilâne et des jambons fumés chez l'habitant[1].

Avec l'usage de plus en plus fréquent de l'ordinateur par les écrivains, en effet, la pratique manuscrite parfois alterne avec la frappe au clavier, parfois disparaît complètement, parfois remonte jusqu'aux étapes du proto-manuscrit (notes de travail, plans, fragments, carnets). À l'heure du couper/copier/coller et de l'écrasement des fichiers informatiques, le « brouillon d'écrivain » et les études génétiques, d'invention relativement récente, appartiendront bientôt au passé. Pour l'instant un certain nombre d'écrivains, qui ont encore à l'esprit le modèle du brouillon flaubertien ou proustien, conservent les états successifs de leurs fichiers informatiques, mais jusqu'à quand ? Le manuscrit est sans doute un objet en voie de disparition, qui n'aura il est vrai duré que deux siècles, tant il est vrai que manuscrits et brouillons n'ont guère été conservés systématiquement avant le XIXᵉ siècle. Peut-être devrons-nous rechercher d'autres moyens de sauvegarder le travail de création, par exemple par la sauvegarde des différents états successifs d'un fichier informatique, voire l'utilisation de logiciels (qui existent) permettant de garder véritablement trace action par action, avec la durée de chacune d'elles, du processus de création assisté par un logiciel de traitement de texte, à la double condition, toutefois, que ce processus ait entièrement lieu de manière informatisée (alors que, dans la pratique, de nombreux écrivains alternent frappe, impression et correction et/ou rédaction manuelle) et que les écrivains aient envie de s'équiper d'un tel « mouchard » de leurs ratures.

Internet et les nouvelles technologies posent encore d'autres questions concernant la création littéraire d'aujourd'hui et de demain. La notion d'auteur s'y dilue, au profit peut-être de la notion de lecteur, tandis que la « mort de l'auteur » annoncée par Roland Barthes[2] ou la « dissémination » du texte, chère à Deleuze

---

1. Julien Gracq, *Le Monde*, 5 février 2000.
2. « Ainsi se dévoile l'être total de l'écriture : un texte est fait d'écritures multiples, issues de plusieurs cultures et qui entrent les unes avec les autres en dialogue, en parodie, en contestation ; mais il y a un lieu où cette multiplicité se rassemble, et ce lieu, ce n'est pas l'auteur, comme on l'a dit jusqu'à présent, c'est le lecteur : le lecteur est l'espace même où s'inscrivent, sans qu'aucune ne se perde, toutes les citations dont est faite une écriture ; l'unité d'un texte n'est pas dans son origine, mais dans sa destination. », Roland Barthes, « La mort de l'auteur », dans *Le Bruissement de la langue*, *op. cit.*, pp. 61 à 67.

ou Derrida, rejoignent les réalités plus contemporaines de l'hypertexte et du texte interactif. Il n'est pas certain que de si nombreux commentateurs aient raison de reprendre en chœur la formule hugolienne « Ceci tuera cela », mais il n'est pas non plus certain que le XXIᵉ siècle continuera de parler de « littérature » ni à valoriser la fonction d'écrivain. À l'heure où une réflexion s'élabore sur les modalités possibles d'un dépôt légal des documents en ligne, comment le bibliothécaire conservera-t-il demain ces fragments en constante évolution de la création littéraire contemporaine ? Comment, dans un premier temps, rendre compte de la création en ligne ? À l'heure où la Bibliothèque nationale de France ébauche un répertoire de sites littéraires[1], mais en se cantonnant prudemment au terrain plus stable des sites d'étude, comment répertorier, signaler ces nouvelles ressources, parmi lesquelles on trouve de toute évidence beaucoup de « déchets » et d'« expériences », pour reprendre les termes de Roland Barthes, mais aussi sans doute des « œuvres futures » ?

Christine GENIN,
Bibliothèque nationale de France

---

1. *http://www.bnf.fr/pages/liens/d4/slf/acclitfr-slf-d4.html* pour la littérature française.

Quelle place pour les littératures francophones dans une bibliothèque d'étude ?

Les littératures francophones nous ouvrent à un autre paysage, à d'autres solitudes, à d'autres souffrances, elles nous font entendre d'autres cris, d'autres rires, d'autres écritures. Elles nous font découvrir des univers symboliques différents et mettent en relation des phénomènes littéraires avec leur contexte socioculturel. Représenter ces littératures de façon visible c'est constituer un savoir organisé en vue d'un enseignement, c'est contribuer à en faire une discipline universitaire.

Aux États-Unis et dans les pays anglo-saxons, de nombreux travaux d'étude sont menés sur les littératures africaines et celles des Caraïbes, ou sur la littérature québécoise. Les francophonies littéraires sont considérées comme une discipline spécifique au même titre que la littérature française. Dans les bibliothèques, elles en sont séparées. Le plus souvent les littératures suisse et belge sont réunies à la littérature française, mais en même temps une petite section critique, englobant les anthologies, l'histoire et la critique se trouve regroupée sous l'étiquette Belgique ou Suisse.
En France, pendant longtemps, l'institution universitaire a manifesté un faible intérêt envers ces disciplines. Aujourd'hui une évolution apparaît, liée à la création de modules d'enseignement portant sur ces domaines. Certaines universités en font même leur spécialité, telle l'université de Limoges.
Pour assurer à ces littératures une place plus juste, dans la recherche et l'enseignement, il faut bien sûr un travail théorique ; il faut aussi des actions médiatiques. Les bibliothèques d'étude ont donc un rôle à jouer, elles doivent faire une place aux littératures francophones. Or leur visibilité n'a pas toujours été évidente à l'intérieur de ces bibliothèques.
Ces littératures, qu'elles soient anciennes et classiques comme celles de Suisse ou de Belgique, qu'elles soient récentes, mais reconnues et bien représentées dans l'édition, comme la littérature québécoise, les littératures africaines ou celles des Caraïbes, sont le plus souvent mêlées aux textes littéraires français, donc peu mises en valeur. Tandis que les littératures émergentes, comme la littérature kanake, ne sont même pas représentées ni signalées. Pourtant, si dans certaines bibliothèques d'étude il est encore conseillé, dans de petits guides à usage interne, de les classer en langue française, dans d'autres, elles sont rassemblées et séparées ensuite par zones et pays sous la rubrique littératures francophones.
La notion de francophonie littéraire est une notion complexe qui recouvre des réalités bien différentes : littératures dites internes (comme celle des Antilles), littératures dites externes (celles de l'Afrique), littératures francophones (liées à une acculturation imposée), littératures francophiles (liées à une acculturation demandée). Mais une chose est sûre : ces littératures existent, elles ne sont ni réductibles entre elles, ni réductibles à la littérature française. Elles peuvent s'intégrer à d'autres ensembles : la culture européenne (pour la Suisse, la Belgique, la Roumanie), la culture américaine (pour le Québec et les Caraïbes), la culture méditerranéenne (pour le Maghreb, le Moyen-Orient, la Roumanie ou les Caraïbes)... elles ont une assise géographique. L'organisation par zones des francophonies littéraires est donc indispensable, et c'est celle qui a été choisie à la Bibliothèque nationale de France.

Les choix de la Bibliothèque nationale de France

Jusqu'en 1960, la BN a reçu par dépôt légal la quasi-totalité de ce qui était imprimé et édité dans les colonies francophones. Après les indépendances, cela a continué, car les liens intellectuels et économiques étaient restés et parce que la Bibliothèque nationale se devait de prolonger l'enrichissement de ces fonds francophones et pour continuer sa mission de bibliothèque phare de la francophonie, de poursuivre cette politique. Dès l'élaboration du projet de l'EPBF (Établissement public de la Bibliothèque de France), des propositions pour une charte documentaire ont mis l'accent sur la francophonie au niveau Référence (« haut-de-jardin » aujourd'hui). La charte elle-même mentionne très précisément les littératures francophones dans l'annexe 2. Des chiffres sont donnés : 4 300 volumes au niveau Référence, 200 volumes au niveau Recherche (« rez-de-jardin » aujourd'hui). L'organisation par grandes zones géographiques est acquise : neuf grandes zones sont décrites. En ce qui concerne les créoles, langues et littératures seront représentées. Le problème de l'oralité est posé, mais reste à résoudre. La charte constitue une bonne base de travail pour les littératures francophones, tout en étant très ouverte. Ainsi elle laisse entendre qu'au niveau Recherche (« rez-de-jardin ») « un nombre cependant légèrement accru donnerait évidemment une meilleure image de ces littératures et de leur très grande actualité ». L'ouverture de la BNF avec l'organisation en départements thématiques, et le libre accès aux ouvrages ont été l'occasion de valoriser les écrits francophones. Qu'en est-il pour ces littératures aujourd'hui ? En ce qui concerne les acquisitions (magasins et libre accès) nous poursuivons la politique de l'ancienne BN, avec un effort plus particulier vers les pays du Sud, dans lesquels le commerce et la conservation des livres connaissent des difficultés. Dans les collections offertes en libre accès nous ne prétendons pas à l'exhaustivité, mais les achats sont développés surtout en direction des littératures émergentes. Celles-ci, peu étudiées à l'université, permettent une politique documentaire plus ouverte.

Le secteur des francophonies littéraires, à la bibliothèque d'étude (« haut-de-jardin »), comme à la bibliothèque de recherche (« rez-de-jardin ») les regroupe donc dans les salles des littératures d'expression française. Elles sont organisées en 10 grandes zones géographiques traditionnelles : Afrique Noire, Amérique du Nord (Louisiane, Québec, Nouveau-Brunswick), Asie/Pacifique (Cambodge, Laos, Vietnam, Nouvelle Calédonie, Polynésie), Caraïbes (Antilles, Guyane et Haïti), Maghreb (Tunisie, Algérie, Maroc), Océan Indien (Madagascar, Comores, Seychelles, Mascareignes), Proche-Orient (Égypte, Liban, Syrie), Europe (Grèce, Pologne, Roumanie, Russie, Tchécoslovaquie) et la Suisse et la Belgique, qui ne sont pas considérées en tant que pays mais en tant que zones géographiques, puisque la Suisse englobe la Suisse romande et le Val d'Aoste et la Belgique, la Belgique wallonne et le Luxembourg. Cette organisation n'est ni parfaite, ni immuable, elle peut s'étendre et évoluer.

Très vite, il a été évident que le niveau recherche (« rez-de-jardin ») ne pouvait se passer des fonds francophones en libre accès. Le nombre de volumes est passé de 200 à 800 et, aujourd'hui, il atteint 2 000. Les deux espaces réservés aux littératures francophones sont aujourd'hui très semblables, même si le fonds est un peu moins étendu en « rez-de-jardin », puisque les chercheurs ont accès aux richesses patrimoniales des magasins, très importantes nous l'avons vu. Une nouvelle zone, la zone EUR, a été créée, regroupant des pays de l'Europe de l'Est et du Sud. Cette création souligne la diversité des francophonies littéraires, montre qu'elles ne sont pas toutes issues de la colonisation, que la francophonie n'est pas seulement politique et mentionne son fort ancrage européen. La zone Asie doit évoluer vers une zone Asie/Pacifique, qui mettra davantage en lumière la littérature kanake et les textes polynésiens francophones.

Cette organisation par zones, choisie par la BNF, évolue, bouge, s'engage, permet une mise en lumière, suscite lectures, questions, dialogues et études.

Rassemblées, séparées, mais rattachées à la littérature française, les francophonies littéraires ont été mises en évidence. Rassemblées parce que les littératures francophones sont passées par les mêmes phases parce que leur histoire est surtout une histoire comparée. Séparées car le bilinguisme de l'écrivain n'est pas une situation individuelle mais une situation de diglossie (deux langues qui coexistent dont l'une est prépondérante). Séparées car les concepts utilisés pour la description de la littérature française ne sont pas toujours pertinents pour la francophonie littéraire. Rattachées à la littérature française car le français entretient avec les autres langues (créole, langues vernaculaires) des liens de convivialité linguistique, parce qu'elles ont toutes des relations très sentimentales avec la littérature française.

Ainsi, les littératures francophones manifestent leur pluralité, leur importance et leur visibilité, et c'est l'image que la Bibliothèque nationale de France a voulu en donner.

Marie-France Eymery,
Bibliothèque nationale de France

Accueillir un écrivain,
promouvoir les œuvres littéraires

> Chacun sait qu'il y a de nos jours deux littératures :
> la mauvaise est proprement illisible : on la lit beaucoup.
> Et la bonne qui ne se lit pas. C'est ce qu'on a appelé,
> entre autres noms, le divorce de l'écrivain et du public.
>
> Jean PAULHAN

Quand la bibliothèque – devenue médiathèque – tend à n'être parfois qu'un empilement de services disparates, quand sa mission lui impose d'accueillir tous les publics, et que ce public, quoi qu'on en dise, la fréquente, le sens que l'on donne aux collections repose avec acuité la question de la place de la littérature et, sans doute, de l'édition dite de création.

En cette fin 2000, la concentration de l'édition, continue depuis vingt ans, a franchi un nouveau palier avec la création du duopole Vivendi, d'un côté, et Hachette de l'autre. Des quatre grands éditeurs réputés indépendants (Gallimard, Le Seuil, Albin Michel et Flammarion), le dernier vient d'être racheté par l'italien Rizzoli-Corriere della Serra.

La distribution, de son côté, accroît la mécanisation de ses tâches : la surproduction éditoriale n'est plus une aberration culturelle, mais une nécessité économique. Comme le rappelait (cruellement) Christian Chalmin, alors directeur de la diffusion des Presses de la Cité (*Livres Hebdo*, 4 juillet 1988) : « Nous essayons de rapprocher les éditeurs du marché. Il ne s'agit pas de les empêcher de publier leurs "coups de cœur", mais il faut bien canaliser la production en fonction du marché. »

Pour la librairie, la situation ne semble guère plus engageante. Selon Pascal Fouché (*Le Monde*, 22 juin 1999), l'ensemble des librairies indépendantes, réellement indépendantes, c'est-à-dire n'appartenant ni à un éditeur (Extrapole, par exemple), ni à un groupement (librairies du Savoir...), ni à des grandes surfaces (Leclerc, FNAC), ne réalise qu'à (grand) peine le chiffre d'affaires de la FNAC.

Ces regroupements interrogent sur l'existence de fonds diversifiés accessibles : le lecteur, sa liberté de penser, l'existence même de sa pensée et de sa sensibilité sont comme pris en tenaille entre la grande distribution de l'édition et celle de la librairie.

De bonnes bibliothèques, quelques bonnes librairies, l'édition de création sont-elles les derniers lieux où on ne se préoccupe pas de formater le lecteur et sa connaissance ?

« La vraie vie, la vie enfin découverte et éclaircie, la seule vie par conséquent pleinement vécue, c'est la littérature » nous rappelle Marcel Proust. Et Jean Roudaut poursuit dans *Les Dents de Bérénice* :

> Si la littérature est la vraie vie, c'est qu'elle est la vie de l'esprit ; elle rend lisible, en un livre ouvert, ce qui est vécu dans le tâtonnement et l'obscurité. Elle révèle et transcende : elle est dès ce monde, ce qui avait été promis aux élus, dans un autre. La littérature constitue le monde de l'esprit – et la bibliothèque est la représentation sinon de sa pérennité glorieuse, du moins le témoignage de l'interminable effort pour être dans l'intelligence de ce qui est, et transformer en signification la pesanteur matérielle.

Si nous avons choisi de mettre en avant ce court passage, c'est qu'il nous semble emblématique de la fonction aujourd'hui essentielle de la bibliothèque ; le texte, qui a pour sous-titre *Essai sur la représentation et l'évocation des bibliothèques* a été publié chez Deyrolle, en 1996. Cette maison d'édition n'existe plus aujourd'hui.

La littérature dite de création en bibliothèque ne prend son sens qu'autour de l'accueil de l'écrivain, ou, pour le moins, de son œuvre qu'il s'agit de mettre en valeur. Notre problématique est donc bien celle-ci ; et tout autre tentative ne doit servir, finalement, qu'à ramener à la littérature qui se fait ou se redécouvre.

Pourquoi accueillir un écrivain en bibliothèque ? C'est d'abord pour rendre hommage à « l'interminable effort pour être dans l'intelligence de ce qui est ». Cet hommage peut prendre plusieurs chemins : le plus classique est l'invitation en bibliothèque, qui peut faire l'objet d'un programme plus vaste (mise en valeur de l'édition de création), la plus célèbre est sans nul doute « la promenade littéraire », pratique que la Bibliothèque publique d'information (BPI) a conçue dès 1994, puis, contrainte à l'exil pendant deux ans rue Brantôme, amplifiée, la plus imaginative est celle de la bibliothèque municipale d'Annecy qui charge un écrivain d'inviter d'autres écrivains, la plus délicate à mettre en œuvre – financièrement, humainement – étant la résidence assortie de bourses d'écriture.

La venue d'un écrivain rend lisible le fonds de la bibliothèque, permet de donner un sens aux collections ; elle est la rencontre d'une œuvre particulière et de son lecteur : rencontre née d'un double désir, le désir singulier de l'auteur et celui du lecteur qui y cherche ce que, précisément, il y trouve ; et non l'inverse. La résolution – partielle – de ce désir, le souhait de le faire partager avec un public est à la base de toute rencontre.

1. L'accueil

Accueillir un écrivain, c'est donc mettre en avant des collections constituées. Nous posons comme principe que le service public se doit non d'accompagner dans une vaine course des livres qui se vendent seuls – les fameux non-livres – mais bien au contraire de promouvoir la littérature, la philosophie, la poésie qui se construisent et s'élaborent. Accueillir un écrivain c'est d'abord réfléchir à une politique d'acquisition, cette politique qui fera que, bien que de nature encyclopédique, aucune bibliothèque ne devrait être semblable à une autre. Les acquisitions concernent les ouvrages, mais aussi les périodiques et revues. C'est un sujet particulièrement épineux et sensible puisque, par essence, les revues littéraires sont souvent éphémères, de par la volonté de leur créateur (revue *Prétextes*, par exemple) ou de par la contrainte économique. Les abonnements, on le sait bien, c'est le chemin de croix du bibliothécaire. Et pourtant, l'existence même de la revue est essentielle à la littérature.

Le choix de la mise en valeur (sur table, vitrine, présentoir) est, dès l'entrée de la bibliothèque, son signe de reconnaissance, son label, auquel le public l'identifiera ensuite.

Pour revenir à la phrase de Jean Paulhan citée en exergue, inviter une vedette plumitive permettra sans nul doute de remplir une salle de conférences. Cette affluence se fera vraisemblablement sur un malentendu entre politique culturelle et politique de communication. Poser l'exigence de la politique culturelle indique alors combien l'accueil digne d'un écrivain est entreprise folle de risque et d'absence totale de rentabilité immédiate.

L'exigence, la curiosité et la prise de risque inhérentes à ce type de programmation a trouvé, néanmoins, ou heureusement, de belles réalisations. Depuis une vingtaine d'années, « Les Rencontres pour lire », organisées en Basse-Normandie par François de Cornière, attirent, pour des lectures aussi médiatiques que celle d'Alexandre Vialatte, le plus grand auteur français d'origine auvergnate de la fin du XIXᵉ siècle, ou de Pierre Autin-Grenier, grand apologue de l'entrecôte, plusieurs centaines de spectateurs, comme les « Lectures sous l'arbre » de Cheyne éditeur, au Chambon-sur-Lignon (Haute-Loire), chaque été. Dans un esprit identique, la médiathèque de Romorantin invite, par exemple, la compagnie Le Champ de l'Alouette pour une mise en lecture de *La Découverte de l'Afrique* de Raymond Cousse, et reçoit plus de cent personnes.

Il n'y a pas de mystère : le choix de l'auteur, voire d'une programmation, se fait sur les lectures personnelles et passionnées du ou des bibliothécaires chargés de cette mise en œuvre. La capacité de transmission auprès de l'équipe, puis auprès du public, tient à la passion mise dans ce choix-là.

La mise en valeur d'une œuvre peut prendre plusieurs voies : une conférence, la mise en lecture, une thématique originale, ou une rencontre-débat.

La conférence est un genre qui semble assez incongru à mettre en pratique, sauf dans le cas où cette conférence est à elle seule un exercice de rhétorique : *La Conférence de Cintegabelle*, de Lydie Salvayre, est, à cet égard un parangon.

Des programmes plus importants (de type carte blanche à un éditeur, à une thématique géographique, historique, etc.) sont le prétexte à la venue d'auteurs peu ou mal connus. À cette occasion, et nous avons pu le constater avec les 21 ans des éditions Obsidiane, un éditeur qui expose tout ou partie de son catalogue, dévoile ainsi la cohérence de son travail et du fonds qu'il exploite. Inviter un auteur, un traducteur, voire un ou des plasticiens qui lui sont proches, entraînent des liens d'amitié, d'affection qui perdurent au-delà de la simple exposition ponctuelle, et engendrent des correspondances, des projets : parfois plus qu'il n'en faut pour emplir la vie d'un homme, fut-il bibliothécaire.

La mise en lecture d'un texte est réalisée par un ou plusieurs comédiens. Elle suppose, induit, espère, une complicité avec une troupe professionnelle installée, une scène nationale, un centre dramatique. Cette complicité peut aller jusqu'à la programmation conjointe de lectures (à la bibliothèque) et de spectacles (au théâtre). Il est évidemment nécessaire, avant de programmer, d'avoir vu une représentation d'une compagnie invitée. Denis Wetterwald, meilleur lecteur d'Alexandre Vialatte (plutôt le seul, dit-il) tente ainsi la réhabilitation de l'homme aux immenses possibilités, dont le centenaire de la mort a été célébré au mois de mars 2001. L'ensemble présenté à Blois – « L'homme n'est que poussière : c'est dire l'importance du plumeau » – proposait une exposition, une lecture publique à laquelle participait aussi Claude Duneton, et un spectacle à la Halle aux Grains-Scène nationale.

La rencontre-débat qui est animée par un(e) bibliothécaire ou un(e) journaliste suppose des qualités qui ne s'improvisent pas : écoute, questions qui déroulent logiquement, réponses, interventions du public, encadrement de la discussion. Cette formule, difficile, acrobatique, permet au public de mieux percevoir l'œuvre et l'écrivain en présence. Elle induit souvent de la part de l'invité un dévoilement de lui-même qu'il faut savoir maîtriser. Une bonne rencontre-débat mêle questions, lecture (par l'auteur, par un comédien), interventions du public, dans un temps forcément circonscrit : 1 h 1/2 à 2 h sont des maximum. Compte tenu de la complexité de l'opération, les centres régionaux du livre (CRL) offrent des formations à l'accueil de l'écrivain en bibliothèque, ainsi qu'à l'animation de débats. *Le Matricule des Anges* et son sémillant directeur proposent également des formations du même type.

Quel que soit le mode d'animation retenu, l'ensemble devra s'articuler selon une ligne culturelle cohérente : le public ne se retrouve, ne se fidélise, que dans un choix rigoureux et revendiqué. Ceci implique aussi une politique de communication esthétique, lisible et qui, donc, a un coût.

2. La question du public

En terminologie managériale et municipale, l'administré est devenu un usager. Nous ne sommes pas loin du client. Mais si nos lecteurs, nos emprunteurs, doivent pouvoir se sentir dépositaires, eux aussi, de leur bibliothèque, il faut les associer à la programmation. Néanmoins, la bibliothèque ne peut mener qu'une politique d'offre et non de demande. Aussi, l'intervention de l'usager, pour ce type de programmation, ne peut être que marginale : accompagner une manifestation d'envergure locale (le Goncourt du 1ᵉʳ Roman et le Prix Emmanuel-Roblès, créé en parallèle pour asseoir une politique qui pourrait n'être que médiatique) ou nationale et pimpante (Lire en Fête et le Printemps des Poètes). C'est ainsi que se sont créés des clubs de lectures, des cafés-lecture, qui associent libraires, bibliothécaires, lecteurs, et peuvent aller jusqu'à l'organisation de lectures collectives en vue de décerner un prix : à cet égard, le Goncourt des lycéens, soutenu par la FNAC, est un exemple de l'implication réelle de jeunes dans la lecture de romans, selon des critères esthétiques et littéraires qui leur sont propres. On peut discourir à l'infini sur la caution que cette manifestation apporte au « vrai Goncourt » : il n'empêche, toutes les expériences de ce type ont abouti à une meilleure formation du public, formation dont le but inavoué est aussi de dénouer la tension entre la nécessaire appropriation du public, pour que, de spectateur, il devienne acteur, et la professionnalisation toujours inachevée des bibliothécaires.

3. Les formations

Outre les formations déjà citées, les CRL et les agences de coopération, offrent des formations originales qui s'appuient sur une volonté de faire connaître une édition souvent marginalisée. La forme la plus efficace est la présentation et le commentaire de son catalogue par l'éditeur lui-même. C'est ainsi que le CRL-Centre et la bibliothèque municipale de Blois ont organisé une journée de formation sur les « revues littéraires » (avec l'aide inestimable d'Ent'revues) et une série de trois journées sur la mise en valeur, la connaissance et la diffusion de l'édition de création régionale. Ces journées sont l'objet d'une large distribution de catalogues, où, bien sûr, chacun aura à cœur de compléter son fonds.

4. Les partenaires

Les CRL et les agences de coopération sont les éléments moteur d'une politique de la littérature en région autour de la littérature jeunesse. En région Centre, le CRL a mis en place « Les Ambassades », opération itinérante, rurale et urbaine de littérature contemporaine. En Poitou-Charentes, l'office du livre a créé « Poésie hors limite », « Anguille sous roche » et l'agence pour le livre en Auvergne a lancé « Littinérance ». Ces manifestations fonctionnent sur un mode à peu près commun : choix collectif fortement encadré, durée et territoire limité (la région), voire prise en charge partielle des frais d'accueil par l'agence. Cette visibilité régionale, jointe à l'assurance d'une prise de risque professionnelle amoindrie, entraîne l'adhésion de nombreuses bibliothèques, y compris et surtout les plus petites.

Les CRL et les agences de coopération sont par ailleurs, par l'intermédiaire très précieux de la Fédération française de coopération entre bibliothèques (FFCB), centre de ressources concernant toute question juridique, administrative ou financière pour la rémunération de l'écrivain invité.

Dans les directions régionales des affaires culturelles (DRAC), les conseillers dits sectoriels (livre et lecture, théâtre, action culturelle) sont d'utiles interlocuteurs et conseils. Outre leurs domaines de compétence, ils couvrent un champ transversal dont nous ne pouvons que nous nourrir. Ils proposent des applications de dispositifs nationaux (contrat ville-lecture...) aux réalités régionales.

Le Centre national du livre (CNL) intervient de différentes façons : par ses propres programmes (Les Belles Étrangères, par exemple), par des incitations financières. Celles-ci peuvent concerner des animations importantes et qui engagent l'établissement et son personnel sur une longue durée. Elles aident à la constitution de fonds thématiques, et offrent, selon des critères précis, des bourses aux écrivains en résidence. Les dossiers proposés sont soumis pour avis aux conseillers livre et lecture de la DRAC.

5. La question de la rémunération

Toute prestation – d'un comédien, d'un journaliste, et, de surcroît, car c'est de lui qu'il s'agit, de l'auteur invité – mérite salaire. En règle générale, les écrivains, acceptent, sauf quelques stars, les émoluments prévus par la charte des auteurs jeunesse, qui est une bonne base de discussion. L'hébergement, le transport, le ou les repas, sont à prévoir en plus. L'écrivain publiant pour être lu, il souhaite légitimement que ses livres soient achetés, donc vendus sur place par un libraire ; qui en profitera pour compléter son fonds car le bouche à oreille, les hésitations, les réflexions déclenchent des ventes longtemps après la rencontre.

6. Les résidences

La pratique de la résidence suppose une approche et un rapport différents à l'écrivain vivant. Dans le principe, la résidence (de quelques semaines à plusieurs mois) permet à l'artiste invité de commencer, de poursuivre ou de composer une œuvre. Selon les dispositions immobilières et financières de la commune, l'écrivain est en pointillé/résidence (3 jours/mois), en turbo/résidence (pour une durée très brève) ou en accueil sur une durée longue.

Être en résidence signifie, pour le moins, un projet d'écriture qui s'articule sur le lieu proposé par la collectivité et accepté : il peut s'agir d'un travail sur la mémoire collective, sur un fleuve, sur un morceau d'histoire locale, sur un arbre entrevu dans la cour d'une médiathèque. La résidence est donc un prétexte de générosité pour la collectivité d'accueil, qui aide un écrivain à vivre de son art.

Une résidence, c'est donc un lieu (maison patrimoniale, appartement, château) confortable, grand, capable d'accueillir une famille. C'est aussi une attention portée à l'invité, pour qu'il se repère dans ce qui sera, l'espace d'une courte durée, son lieu de vie, c'est enfin un projet conjoint, qui doit trouver une mise en valeur à la bibliothèque (lectures), auprès d'une compagnie, de classes. La concrétisation finale est en général l'édition d'un texte, d'un article, d'une nouvelle. C'est ainsi qu'à l'occasion d'une résidence à Saint-Claude, Xavier Bazot a réalisé un ouvrage indispensable : *Où habiter, où écrire ?*, publié par le CRL-Franche-Comté, et qui fait, mieux que nous-mêmes, le tour de la question.

La résidence est bien différente d'une bourse ; elle nécessite un accueil réel, même si, comme dit Xavier Bazot : « Vous jouissez d'autant mieux du lieu que vous savez que vous allez le quitter. » Cet accueil peut impliquer la scolarisation des enfants, l'accès aux services publics (bibliothèque, crèche...), bref les services de base pour un nouveau résident. Il ne s'agira donc pas d'une envie passagère, mais d'un investissement personnel de longue durée.

Un cas particulier de résidences : le réseau des villes-refuges

Le Parlement international des écrivains (PIE), fondé en 1994 par Salman Rushdie, a créé et initié un réseau de villes, dites villes-refuges, destinées à accueillir des écrivains persécutés dans leurs pays d'origine, pour « inventer de nouvelles formes d'intervention des écrivains dans la vie publique, en finir avec les plaidoiries... » selon son secrétaire général, Christian Salmon.

Le réseau des villes-refuges est mondial : Mexico, Barcelone, Amsterdam, Berlin, Venise, mais aussi, en France, la région Basse-Normandie, la région Franche-Comté, la région Île-de-France, Ferney-Voltaire et Blois.

L'accueil de l'écrivain est conditionné à l'adhésion au PIE ; la durée de son séjour est de 1 an minimum, 2 ans maximum s'il a une famille. Le montant de la bourse est fonction de la taille de la famille, ainsi que le logement que la ville met à disposition. Par définition, ces écrivains sont étrangers : kosovars, afghans, algériens, chinois, congolais... Ils ne sont donc pas tous francophones.

Blois reçoit depuis le 1er juin 2000 un écrivain congolais, Maxime N'Debeka, ainsi que sa famille. Ils sont hébergés dans un appartement meublé mis à disposition par la ville. Après une période de repos et d'adaptation de six mois, Maxime N'Debeka va intervenir dans les lycées de la région et proposer à la bibliothèque un certain nombre de lectures et de conférences en invitant écrivains et musiciens amis.

7. Les ateliers d'écriture

Les années 1990 ont vu émerger, en ZUP, en ZEP, en maison d'arrêt, des ateliers d'écriture, auxquels Marc Petit, dans un article désormais passé à la postérité, préfère les « ateliers de lecture ». Il n'empêche : l'idée est excellente, et les dérives nombreuses. Pour l'excellence, rappelons modestement les travaux de Jacques Serena, de François Bon. Celui-ci vient d'ailleurs de publier une sorte de boîte à outils littéraire : *Tous les mots sont adultes* (Fayard, 2000). Car il est bien question ici de littérature, c'est-à-dire de la langue réelle qui se parle et se construit aujourd'hui. « Les ateliers sont pour moi le lieu d'une découverte surprenante du monde lui-même, parce qu'en le nommant nous découvrons l'exigence pour l'écriture de s'ouvrir à des syntaxes et des formes neuves, que ce réel neuf exige, et qui nous le révèlent en retour » écrit François Bon : cette précision placée d'emblée pose que l'atelier d'écriture n'est pas le fait de travailleurs sociaux qui feraient émerger le poète qui sommeille en chacun, mais bien la rencontre d'un écrivain. Un vrai, avec un public duquel il pense tirer quelque profit – sa langue – et à qui il apportera, par surcroît, une (petite) maîtrise du monde. Un atelier d'écriture se déroule en principe sur de longues périodes, à fréquence régulière, et peut donner lieu à publication.

En guise de conclusion : *Le Vestiaire* de Jean-Jacques Viton

À vite lire, ces lectures publiques, ces résidences, ces tentatives de défense de l'édition de création, ne seraient qu'organisation, prestation, billets de train, nuits d'hôtel, trac pour l'organisateur et pour l'invité : bref, un sacerdoce. Si, au-delà de ces inévitables tracasseries administratives qu'il faut bien connaître pour mieux les maîtriser, ces lectures en public existent et s'amplifient, trouvant toujours de nouvelles formes pour s'immiscer entre le catalogage Unimarc et le festival local, mêlant plastique, esthétique, musique et écriture, c'est parce qu'elles correspondent à un désir et non à un besoin. Le désir de l'organisateur, un certain désir du public et celui de l'auteur. Les bibliothèques, lieux propices à de telles alchimies, sont, comme l'écrit Jean-Jacques Viton, « les réceptacles passagers d'un bagage de mots, d'accents, de tons et de passions ».

Thierry ERMAKOFF,
Conseiller pour le livre et la lecture,
Direction régionale des affaires culturelles Auvergne

Pour accueillir un écrivain

Avant la rencontre
– Avoir lu (et aimé) ses livres.
– Les avoir fait lire à son équipe, au public.
– Prendre contact avec l'auteur (par écrit, par téléphone) pour convenir de la soirée, de la lecture, du transport, du défraiement.
– Ne pas multiplier les interventions dans la journée (à déconseiller : 3 classes l'après-midi, 1 lecture en soirée).
– Prévoir le repas et l'hébergement (dans un bon hôtel).
– Compléter le fonds.
– Signaler sa venue dans la bibliothèque et à la presse (demander une revue de presse à l'éditeur).
– Préparer un livret : invitation reprenant heure, lieu, quelques extraits significatifs de l'œuvre et une bio-bibliographie.
– Envoyer une invitation officielle (ne pas oublier les lecteurs fidèles, ni les élus).
– Prévenir le libraire afin qu'il puisse organiser un dépôt-signature.
– Prévoir et envoyer les billets de train (le cas échéant). Aller chercher l'invité à la gare (si gare il y a). Faire connaissance en visitant la ville d'accueil.

Après la rencontre
– Prévoir un cocktail final (qui permettra d'autres rencontres).

Adresses utiles
Parlement international des écrivains (PIE) : 1, allée Georges-Leblanc, 93300 Aubervilliers, tél. 01.48.11.61.35.
Médiathèque de Romorantin : Faubourg Saint-Roch, 41200 Romorantin, tél. 02.54.94.41.86.
Les Rencontres pour Lire-Théâtre de Caen : 135, boulevard du Maréchal-Leclerc, BP 71, 14007 Caen Cedex, tél. 02.31.30.48.20.
Thierry Guichard, Le Matricule des Anges, BP 225, 34004 Montpellier Cedex. Tél./Fax 04.67.92.29.33. Lmda@Lmda.net
Lectures sous l'arbre-Cheyne : 43400 Le Chambon-sur-Lignon.
Fédération française de coopération entre bibliothèques (FFCB) : 54, boulevard Richard-Lenoir, 75011 PARIS, tél. 01.43.57.85.02.

Thierry Ermakoff

Bibliographie sélective complémentaire

Éditeurs et éditions de littérature

ASSOULINE, Pierre, *Gaston Gallimard*, Paris, Balland, 1984.

CORTI, José, *Souvenirs désordonnés*, Paris, Librairie José Corti, 1983.

La littérature française contemporaine. Rencontres de Chédigny 1996, Vendôme, Centre régional du livre-Région Centre, 1997.

MONNIER, Adrienne, *Rue de l'Odéon*, Paris, Albin Michel, 1960.

NADEAU, Maurice, *Grâces leur soient rendues. Mémoires littéraires*, Paris, Albin Michel, 1990.

NYSSEN, Hubert, *Du texte aux livres, les avatars du sens*, Paris, Nathan, 1993.

SCHIFFRIN, André, *L'Édition sans éditeurs,* La Fabrique éditions, 1999.

Les rendez-vous de l'édition 1 et 2, Paris, Bibliothèque publique d'information-Centre Georges-Pompidou, 1998 et 2000, collection « BPI en actes ».

Sociologie de la littérature

Actes de la recherche en sciences sociales, « Éditeurs, éditions », n° 126-127, mars 1999 et n° 130, décembre 1999.

BOURDIEU, Pierre, « Le champ littéraire », *Actes de la recherche en sciences sociales*, n° 89, 1991.

BOURDIEU, Pierre, *Les Règles de l'art. Génèse et structure du champ littéraire*, Paris, Seuil, 1992.

Bulletin d'informations de l'Association des bibliothécaires français, n° 189, 2001, « Acquisitions et gestion des collections ».

ESCARPIT, Roger, *Le Littéraire et le Social. Élements pour une sociologie de la littérature, Paris*, Flammarion, 1970.

HEINICH, Nathalie, *L'Épreuve de la grandeur. Prix littéraires et reconnaissance*, Paris, La Découverte, 1999.

HEINICH, Nathalie, *Être écrivain. Création et identité,* Paris, La Découverte, 2000.

ISER, Wolfgang, *L'Acte de lecture : théorie de l'effet esthétique*, Bruxelles, Mardaga, 1985.

JAUSS, Hans Robert, *Pour une esthétique de la réception*, Paris, Gallimard, 1978.

La Lecture littéraire, sous la direction de Michel Picard, Paris, Clancier-Guénaud, 1987.

LEENHARDT, Jacques, JOSZA, Pierre, avec la collaboration de Martine BURGOS, *Lire la lecture, essai de sociologie de la lecture*, Paris, Sycomore, 1982.

MARCOIN, Francis, *À l'école de la littérature*, Paris, les Éditions Ouvrières, 1992.

THIESSE, Anne-Marie, *Le Roman du quotidien. Lectures et lecteurs populaires à la Belle Époque*, Paris, Seuil, 2001 (« Points-Histoire »).

VIALA, Alain, *Naissance de l'écrivain. Sociologie de la littérature à l'âge classique*, Paris, Minuit, 1985.

Sur la littérature en bibliothèque

Animation et bibliothèques. Hasard ou nécessité ?, Paris, Bibliothèque publique d'information-Centre Georges-Pompidou, 1996.

CALENGE, Bertrand, *Les Politiques d'acquisition : constituer une politique d'acquisition dans une bibliothèque*, Paris, Éditions du Cercle de la Librairie, 1994 (« Collection Bibliothèques »).

CALENGE, Bertrand, *Conduire une politique documentaire*, Paris, Éditions du Cercle de la Librairie, 1999 (« Collection Bibliothèques »).

CALENGE, Bertrand, « La collection entre offre et demande » ? *Bulletin des bibliothèques de France*, n° 2, 2001.

CARACO, Alain, *Intégrer les ressources d'Internet dans la collection*, Enssib, 2000 (« La Boîte à outils »).

COMPTE, Jean-Marie, « Politique d'action culturelle de la médiathèque François-Mitterrand à Poitiers », *Bulletin des bibliothèques de France*, n° 1, 1997.

Conseil supérieur des bibliothèques, *Rapport du président pour l'année 1999*.

LAHARY, Dominique, « Pour une bibliothèque polyvalente. À propos des best-sellers en bibliothèque publique », *Bulletin d'informations de l'Association des bibliothécaires français*, n° 189, 2000.

Les politiques d'acquisition en bibliothèques, Journées d'études 1999, http://www.adbdp.asso.fr/je1999

Site Biblio.fr : archives : débat sur les best-sellers (juin 2000).

Site de la BPI : http://www.bpi.fr : voir rubriques BPI-doc. Base de dépouillement de périodiques concernant l'actualité. Contient de très nombreuses biographies d'écrivains contemporains.

Site Mauvais genres en bibliothèques : http://www.mauvaisgenres.com

Site Internet Poldoc : enssib.fr/autres-sites/poldoc/

TABAH, Dominique, « Le livre et la lecture en Seine-Saint-Denis », *Bulletin des bibliothèques de France*, n° 1, 1990.

TRAVIER, Dominique, *Une politique d'acquisition pour une bibliothèque d'étude et de recherche*, Enssib, 2001 (« La Boîte à outils »).

COLLECTION BIBLIOTHÈQUES

Sous la direction de Martine POULAIN

Abrégé de la classification décimale de Dewey (nouvelle édition à partir de la XXIᵉ édition intégrale en langue anglaise), par Annie BÉTHERY

Accueillir, orienter, informer. L'organisation des services aux publics dans les bibliothèques, par Bertrand CALENGE

L'Action culturelle en bibliothèque, sous la direction de Viviane CABANNES et Martine POULAIN

Administration et bibliothèques (nouvelle éd. 1996), par Marie-Thérèse JARRIGE, avec la collaboration de Jean PÉCHENART

L'Art d'informatiser une bibliothèque. Guide pratique (2ᵉ édition mise à jour et augmentée), par Pierre-Yves DUCHEMIN

La Bibliothèque « hors les murs », par Claudie TABET

Les Bibliothèques dans l'université, sous la direction de Daniel RENOULT

Les Bibliothèques en France, 1991-1997, sous la direction de Dominique AROT

Bibliothèques et documents numériques : concepts, composantes, techniques et enjeux, par Alain JACQUESSON et Alexis RIVIER

Bibliothèques et évaluation, sous la direction d'Anne KUPIEC

Les Bibliothèques municipales, par Anne-Marie BERTRAND

Les Bibliothèques publiques en Europe, sous la direction de Martine POULAIN

Le Catalogage : méthodes et pratiques. I. Monographies et publications en série, par Marie-Renée CAZABON et Isabelle DUSSERT-CARBONE

Choix de vedettes matières à l'intention des bibliothèques (nouvelle édition 1998), par Martine BLANC-MONTMAYEUR et Françoise DANSET

Concevoir, réaliser et organiser une bibliothèque, par Danielle TAESCH-WAHLEN

Conduire une politique documentaire, par Bertrand CALENGE

La Conservation, sous la direction de Jean-Paul ODDOS

Construire une bibliothèque universitaire. De la conception à la réalisation, sous la direction de Marie-Françoise BISBROUCK et Daniel RENOULT

Désherber en bibliothèque. Manuel pratique de révision des collections, par Françoise GAUDET et Claudine LIEBER

Le Droit d'auteur et les bibliothèques, sous la direction de Yves ALIX

Drôles de bibliothèques (2ᵉ édition revue et augmentée), par Anne-Marie CHAINTREAU et Renée LEMAÎTRE

Économie et bibliothèques, sous la direction de Jean-Michel SALAÜN

Les Images dans les bibliothèques, par Claude COLLARD, Isabelle GIANNATTASIO et Michel MELOT

L'Informatisation des bibliothèques (nouvelle édition 1996), par Alain JACQUESSON

Jeux et enjeux du livre d'enfance et de jeunesse par Jean PERROT

Lectures, livres et bibliothèques pour enfants, sous la direction de Claude-Anne PARMEGIANI

Lire des livres en France des années 1930 à 2000, par Nicole ROBINE

Lire en France aujourd'hui, sous la direction de Martine POULAIN

Management des bibliothèques. Programmer, organiser, conduire et évaluer la politique documentaire et les services des bibliothèques de service public, par Thierry GIAPPICONI et Pierre CARBONE

Le Management du personnel en bibliothèque, par Jöelle MULLER et Jean-Louis MULLER

Manuel théorique et pratique d'évaluation des bibliothèques et centres documentaires, par Thierry GIAPPICONI

Manuel de bibliographie générale (nouvelle édition 1996), par Marie-Hélène PRÉVOTEAU
et Jean-Claude UTARD

Musique en bibliothèques, sous la direction de Michel SINEUX

Nouvelles Alexandries. Les grands chantiers de bibliothèques dans le monde,
sous la direction de Michel MELOT

Ouvrages de référence pour les bibliothèques, sous la direction de Marcelle BEAUDIQUEZ
et Annie BÉTHERY

Ouvrages et volumes. Architecture et bibliothèques, par Anne-Marie BERTRAND et Anne KUPIEC

Le Patrimoine. Histoire, pratiques et perspectives, sous la direction de Jean-Paul ODDOS

Les Petites Bibliothèques publiques, par Bertrand CALENGE

Les Politiques d'acquisition, par Bertrand CALENGE

Revues et magazines. Guide des périodiques à l'intention des bibliothèques publiques
(4ᵉ édition), par Annie BÉTHERY et Jacqueline GASCUEL

Science en bibliothèque, sous la direction de Francis AGOSTINI

Stratégie marketing des services d'information : Bibliothèques et centres de documentation,
par Florence MUET et Jean-Michel SALAÜN

Unimarc. Manuel de catalogage (nouvelle édition 1999), par Marie-Renée CAZABON

Les Villes et leurs bibliothèques : légitimer et décider 1945-1985, par Anne-Marie BERTRAND

Votre bâtiment de A à Z : mémento à l'usage des bibliothécaires, par Anne-Marie CHAINTREAU
et Jacqueline GASCUEL

Sous la direction de Jacqueline GASCUEL,
Conservateur en Chef honoraire

Le Catalogage : méthodes et pratiques. II. Multimédias, par Marie-Renée CAZABON,
Pierre-Yves DUCHEMIN, Isabelle DUSSERT-CARBONE et Françoise MOREAU

Censure et bibliothèques au XXᵉ siècle, par Marie KUHLMANN, Nelly KUNTZMANN
et Hélène BELLOUR

L'Édition électronique. Publication assistée par ordinateur. Information en ligne.
Médias optiques, par Hervé Le CROSNIER

Les Logithèques, par Joëlle MULLER

Les Ludothèques, par Annie CHIAROTTO

Les Petits Français illustrés, 1860-1940, par Claude-Anne PARMEGIANI

Un espace pour le livre : guide à l'intention de tous ceux qui construisent, aménagent
ou rénovent une bibliothèque (2ᵉ édition entièrement refondue), par Jacqueline GASCUEL

Photocomposition par PFC (Dole)

Achevé d'imprimer par Corlet Imprimeur, S.A.
14110 Condé-sur-Noireau (France)
Nº d'Imprimeur : 54250 - Dépôt légal : Juin 2001